U0918312

重　庆　社　会　科　学　院
重庆市人民政府发展研究中心丛书

当代中国社会发展理论创新研究

邓龙奎　著

中国社会科学出版社

图书在版编目(CIP)数据

当代中国社会发展理论创新研究／邓龙奎著．—北京：中国社会科学出版社，2015.8

ISBN 978-7-5161-6570-6

Ⅰ.①当… Ⅱ.①邓… Ⅲ.①社会发展—研究—中国 Ⅳ.①D668

中国版本图书馆 CIP 数据核字(2015)第 160083 号

出 版 人 赵剑英
责任编辑 田 文
特约编辑 陈 琳
责任校对 张爱华
责任印制 王 超

出 版 中国社会科学出版社
社 址 北京鼓楼西大街甲 158 号
邮 编 100720
网 址 http://www.csspw.cn
发 行 部 010-84083685
门 市 部 010-84029450
经 销 新华书店及其他书店

印刷装订 北京君升印刷有限公司
版 次 2015 年 8 月第 1 版
印 次 2015 年 8 月第 1 次印刷

开 本 710×1000 1/16
印 张 13.75
插 页 2
字 数 237 千字
定 价 55.00 元

内容摘要

进入21世纪以后，全面建设小康社会、加快推进中国特色社会主义现代化的伟大实践迫切需要科学的理论予以指导。中国共产党顺应时代的要求提出了科学发展观。在贯彻落实科学发展观的实践中，当代中国社会发展理论取得了新的进展。本书在借鉴和吸收国外社会发展理论的合理成分以及分析和整合学界对社会发展理论已有研究成果的基础上，以马克思主义社会发展理论为基础，根据贯彻落实科学发展观的新实践，揭示出了当代中国社会发展理论所取得的新进展。

本书除“导言”和“结论”以外，主要由两大部分组成。

第一部分在厘清什么是社会发展的基础上，阐述了马克思主义社会发展理论的主要内涵，分析了当代西方社会发展理论的得与失以及对当代中国社会发展的启示，概述了我国学者关于社会发展研究呈现出的新特点和取得的新进展，最后概述了马克思主义社会发展理论顺应时代的变化所进行的理论创新与发展。

第二部分在对国内外社会发展理论已有研究成果进行分析和整合的基础上，在唯物史观的指导下，根据贯彻落实科学发展观的新实践，从人的发展理论、社会转型理论、社会发展阶段理论、社会发展动力理论、社会建设理论五个方面揭示了当代中国社会发展理论所取得的新进展，其主要内容如下。

第一，人的自由全面发展是当代中国社会发展的价值追求。首先，以人为本的科学发展观的提出，确立了人的主体地位，阐释了人的自由全面发展的丰富内涵，在新的历史条件下进一步丰富和发展了马克思主义人的发展理论。其次，论述了在构建社会主义和谐社会的进程中，必然会不断地化解社会发展与人的发展之间的矛盾，促进人的发展，使人的发展呈现出新的特征。最后，论述了人的自由全面发展是人类社会发展不断追求的目标，并指出在现阶段应从生产力的发展、制度建设、教育、健康人格的培养与塑造、生态文明建设等方面着手促进人的自由全面发展。

第二，当代中国社会转型呈现出人本性、整体性与和谐性的特征。首先，通过分析经济社会形态视角内的社会转型和技术社会形态视角内的社会转型，揭示出当代中国社会正处于从传统社会向现代社会转型和从苏联模式的社会主义向中国特色社会主义的双重转型阶段。其次，论述了科学发展观在当代中国社会转型期间的理论指导作用。科学发展观对推进当代中国社会转型期经济社会的健康发展具有重大的意义，使当代中国社会转型理论在新时期呈现出人本性和整体性的新特征。最后，分析和论述了当代中国社会转型与和谐社会构建之间的关系。在分析当代中国社会转型面临着诸多问题和挑战的基础上，深入探讨社会转型与社会和谐之间的关系，并揭示出在构建和谐社会进程中当代中国社会转型所呈现出来的和谐性特征和发展趋势。

第三，当代中国社会发展进入了全面建设小康社会的发展阶段。首先，在借鉴和吸收西方思想家关于人类社会发展阶段划分思想的合理因素基础上，根据马克思主义社会形态划分理论和马克思主义经典作家关于未来社会发展阶段的构想，指出我国正处于不发达的社会主义阶段，即社会主义初级阶段。其次，通过对当代中国社会发展阶段的纵向分析和横向考察，阐明当代中国社会发展这种历时态和共时态的现实统一就是全面建设小康社会的新阶段，从而丰富了社会主义初级阶段理论。最后，论述了在科学发展观的指导下全面建设小康社会的价值诉求和基本路径。

第四，分析和论述了在科学发展观指导下当代中国社会发展动力理论所取得的新进展。现阶段，坚持以人为本的科学发展观，就将马克思主义社会发展目的论和社会发展动力论有机地统一起来。在推动当代中国经济社会科学发展的动力系统中，社会基本矛盾仍然是推动当代中国经济社会科学发展的根本动力，改革和科学技术是推动当代中国社会科学发展的直接动力。经济建设、政治建设、文化建设、社会建设、生态文明建设“五位一体”是当代中国社会发展的合力。“五位一体”的各部分并非是简单的并列关系，而是各部分相辅相成、不可偏废，共同形成一种合力推动当代中国社会科学发展。这些具体的动力因素在驱动机制的作用下，展开为不同的驱动过程，形成一个个推动当代中国经济社会科学发展的动力。由于这些动力具有多向性和多样性的特点，就需要一种整合机制将这些不同的趋向和力量统一起来，形成一种积极的合力推动当代中国经济社会科学发展。

第五，坚持以人为本，在改善民生和创新管理中推进社会建设。首先，在科学发展观的指导下，当代中国的社会建设要坚持以人为本的价值取向，将以人为本的理念渗透到教育、就业、医疗卫生、社会保障、居民收入、社会管理等方面的社会建设中去。同时，要按照全面协调可持续发展的要求，处理好现代化建设中各方面的关系，在当代中国经济社会发展进程中不断地推动社会建设向前发展。其次，在构建社会主义和谐社会的进程中，社会建设是构建社会主义和谐社会的基本途径与核心内容，促进社会和谐是当代中国社会建设的目标追求。最后，论述了当前社会建设的首要任务就是要进一步改善民生和创新社会管理。其一，要进一步加强教育、就业、居民收入、社会保障、医疗卫生等领域的民生建设，这是当前社会建设的重点任务，它与最广大人民群众的切身利益息息相关。其二，要加强和创新社会管理，加快形成新形势下社会管理的体制机制，建设中国特色社会主义社会管理体系。

关键词：科学发展观；当代中国社会发展理论；创新

Abstract

After entering the 21st century, there's an urgent need for the creation of certain scientific theory in order to build a moderately prosperous society and accelerate the socialist modernization with Chinese characteristics. Scientific outlook on development is put forward by the Communist Party of China to keep abreast with the requirements of the modern era. In the practice of implementing scientific outlook on development, there are new achievements in contemporary theory on social development. This thesis reveals the new progress made in contemporary theory on social development, by absorbing the reasonable components of the social development theory abroad, analyzing and integrating the current research results of social development theory, on the basis of the Marxist theory on social development and the new practice of implementing the scientific outlook on development.

Despite the introduction and conclusion, this thesis consists of two parts:

The first part explains the main content of the Marxist theory on social development, after clarifying what is social development, analyzes the strengths and weaknesses of contemporary Western theories on social development, overview the new features and new progress of the theories on social development made by Chinese scholars, and finally narrate the theoretical innovation and development of the Marxist theory on social development.

Based on the analysis and integration of the current academic achievements made by the scholars both domestic and international, the guiding of historical materialism and the new practicing of scientific outlook on development, the second part reveals thenew progress of the theories on social development made by Chinese scholars from five aspects—human development theory, social transformation theory, the theory on stages of social development, the theory on the driving forces of social development, and the theory on the construction of society. Followed are the main contents:

Firstly, the value pursuits of contemporary Chinese society arefree and overall development of the people. On one hand, the people - oriented scientific outlook on development establishes the dominant position of the person and clarifies the rich connotation of human development, which further enriches Marxist theory on human development in the new historical conditions. On the other hand, in the process of building a harmonious socialist society, the contradictions between social development and human development have been resolved gradually, which promotes the development of human. At last, the free and overall development of people is the goal of the development of human society. And the free and overall development of people should be promoted from the aspects as followed: the development of productive forces, the system construction, education, cultivating and shaping healthy personality, and ecological civilization.

Secondly, people - orientedness, integrity, and harmony are the features showed in the transition of contemporary Chinese society. On one hand, it is showed in the thesis that contemporary Chinese society is in the dual transition phase: from a traditional society to a modern society and from the Soviet model of socialism to socialism with Chinese characteristics, by analyzing the social transformation from the perspective of social forms on economy and social forms on technology. On the other hand, scientific outlook on development is playing a role as guidance in the contemporary social transition of China. Scientific outlook on development accelerates the healthy development of the economy and society of China in social transition, which makes the theory of social transition in contemporary China possess the feature of people - orientedness and integrity in the new era. Finally, the relations between the transition of contemporary Chinese society and building a harmonious society are elaborated in the thesis. After analyzing the problems and challenges facing contemporary social transition of China, the relations between the transition of contemporary Chinese society and building a harmonious society are discussed. Also illustrated in the thesis are the harmony and the trend of development in the process of contemporary social transition in China.

Thirdly, China has ushered in a new stage of building a well – off society. On one hand, by absorbing the reasonable component of the thought on stages of development of human society of western thinkers abroad, on the basis of the Marxist theory on stages of development of human society, the thesis points out that China is on the phase of undeveloped socialism, that is to say the primary stage of socialism. On the other hand, based on the longitudinal analysis and lateral inspecting of the stage of contemporary Chinese social society, it can be concluded that the realistic combination of the diachronic Chinese social development and synchronic Chinese social development is the new stage of building a well – off society, which enriches the theory on primary stage of socialism. At last, the value pursuit and basic path of the building a well – off society are discussed in the thesis, based on scientific outlook on development.

Fourthly, what has been newly achieved in the theory on social driving forces by China based on scientific outlook on development is analyzed and illustrated in this thesis. Now, adhering to the people – oriented scientific outlook on development is the combination of Marxist theory on the purposes of social development and Marxist theory on social driving forces. Social basic contradiction remains the fundamental driving force in promoting the economic and social development of contemporary China, and reform, science and technology are the direct driving forces to promote the scientific development of contemporary Chinese society. Economic construction, political construction, cultural construction, social construction and ecological construction are forming a joint force to promote the development of contemporary China. These five parts are in not simple parallel relationship, but promote each other and form a joint force to promote the scientific development of contemporary Chinese society. These specific driving factors form different process of driving the economic and social development of China. Because of the diversity and multi – direction of these driving factors, certainintegration mechanism should be implemented to unify different forces and trends, which, thus, form a positive joint force to drive the economic and social development of contemporary Chinese society.

Finally, we mustadhere to the people - orientedness concept, and promote social construction in the process of improving people's livelihood and innovating management. On one hand, based on the guidance of scientific outlook on development, the social construction of contemporary China must adhere to the people - orientedness concept and put this concept into education, employment, health care, social security, people's income and social management, etc. At the same time, according to the requirement of comprehensive, balanced and sustainable development, the all aspects of the modernization should be properly handled, in order to push forward the development of the social construction in the process of contemporary Chinese economic and social development. On the other hand, in the process of building a harmonious socialist society, the social construction is the basic approach and the core of building a harmonious socialist society, and promoting social harmony is the pursuit the construction of contemporary Chinese society. In the end, the primary task of current stage of social construction is to improve the people's livelihood and innovate social management. For one thing, China must improve the social construction in the areas of education, employment, residents' income, social security and health care, etc, which are the important tasks of social construction and closely bound up with the interests of people. For another, China must strengthen and reform social management, set up the system of social management as soon as possible and build socialist social management system with Chinese characteristics.

Keyword: scientific outlook on development; contemporary China's social development theory; innovation

目　录

导　言

一　选题缘由及意义

（一）选题缘由

在当代，社会发展问题是一个在世界范围内受到广泛关注的重大问题。发展不仅是世界的主题，也是当代中国的主题。进入21世纪以后，中国的改革开放进入关键时期，当代中国社会发展也进入了一个新阶段。在新的阶段上，新的社会发展实践需要新的理论的指导，当代中国社会发展的目标如何确定、发展的道路如何选择等诸如此类的问题都需要正确的发展理论来引导。为适应新世纪、新阶段的发展要求，中国共产党立足于中国特色社会主义社会发展的实践，提出了科学发展观这一关于发展的重大战略思想，回答了当代中国社会为什么发展、为谁发展、靠谁发展、如何发展的问题，成为推进当代中国社会发展的思想资源。

科学发展观是对当代中国发展问题深入认识的新成果，是关于当代中国发展的新的科学理论体系，是中国特色社会主义社会发展必须长期坚持和贯彻的指导思想。科学发展观是在准确把握世界发展进步的潮流，在继承和发展马克思主义社会发展理论的基础上，根据当代中国经济社会发展的新实践而提出来的。科学发展观的第一要义是发展，离开了发展就没有任何意义。科学发展观所强调的发展是既合规律又合目的的发展，也就是说，科学发展观的发展必须是科学的发展。坚持以人为本，是经济社会发展的根本价值取向，也是马克思主义的基本观点，它是科学发展观的核心。离开了以人为本，经济社会的发展将会走上歧途。科学发展观要求经济社会的发展必须是全面协调可持续的发展，并把统筹兼顾作为深入贯彻落实科学发展观的根本方法。可以说，科学发展观是一个系统、完整、科学的理论体系，是“马克思主义关于发展的世界观和方法论的集中体现，”① 它是中国特色社会主义事业健康发展必须长期坚持的指导思想。

改革开放以前，国内学者很少有将社会发展理论作为主题进行研究。中国学者真正理解并开展关于社会发展理论的研究，是在改革开放以后，是在重新提出社会主义现代化建设的目标以后。在当代中国社会主义现代化建设实践基础上，国内学者对社会发展理论的研究取得了可喜的成果，这些成果对当代中国社会发展具有积极的作用。科学发展观是当代中国社会发展理论的最新成果。如果说以毛泽东同志为核心的第一代中央领导集体在社会主义建设实践中所取得的关于社会发展的理论成果为当代中国社会发展理论的创立奠定了坚实的基础；以邓小平同志为核心的第二代中央领导集体成功创立了当代中国社会发展理论；以江泽民同志为核心的第三代中央领导集体在新的历史时期进一步丰富和发展了当代中国社会发展理论，并成功把中国特色社会主义事业推向21世纪；在新世纪新阶段，以胡锦涛同志为核心的党中央在中国特色社会主义建设实践基础之上提出了科学发展观，科学地回答了实现什么样的发展、怎样发展等重大问题，使当代中国社会发展理论趋于成熟。

当代中国社会发展理论是对马克思主义社会发展理论的继承和发展，科学发展观是当代中国社会发展理论的最新成果。科学发展观提出以后，才使当代中国社会发展理论得以形成（或臻于成熟）。但是，如何处理好特殊的个别的社会发展理论和一般的社会发展理论的关系，当代中国社会发展理论与当代西方社会发展理论的关系，还需要进一步认真思考。根据当代中国社会发展现实和全球化进程中出现的矛盾和问题，我们必须要在新的实践基础上创新社会发展理论，有效地解决经济社会发展进程中出现的矛盾和问题，推动当代中国经济社会健康发展。为此，本书拟在借鉴国外社会发展理论的合理之处，整合和提炼学界已有的当代中国社会发展理论的研究成果的基础上，在科学发展观提出以后对当代中国社会发展理论的基本内容、基本特征和它们之间的关系进行分析，揭示出当代中国社会发展理论所取得的新发展。

① 胡锦涛：《坚定不移沿着中国特色社会主义道路前进　为全面建成小康社会而奋斗》，人民出版社2012年版，第7页。

（二）选题意义

一是丰富了马克思主义社会发展理论。科学发展观提出以后，使当代中国社会发展理论趋于成熟。本书拟在分析和整合国内学者对社会发展理论研究成果的基础上，借鉴和汲取国外社会发展理论的合理内容和有益成果，在贯彻落实科学发展观的新实践基础上，力图揭示出当代中国社会发展理论所取得的新发展，从而丰富了马克思主义社会发展理论。

二是为当代中国社会发展战略的制订提供理论支撑。社会发展战略的制订需要科学的社会发展理论的支撑。如果没有社会发展理论的研究，社会发展战略的制订就会缺乏直接理论基础。本书在科学发展观提出以后力图揭示的当代中国社会发展理论的新发展，对当代中国社会发展战略的制订具有指导意义。

三是有利于促进全面建设小康社会的目标早日实现，有利于促进社会主义和谐社会的构建。全面建设小康社会，构建社会主义和谐社会，需要科学的社会发展理论的指导。本书从分析科学发展观入手，结合中国实际情况，揭示出的当代中国社会发展理论所取得的新发展，对构建社会主义和谐社会、全面建设小康社会具有一定的理论指导意义。

二　研究现状与述评

从 20 世纪 50 年代开始，随着世界政治格局的变化和经济全球化趋势的加速，整个社会发展呈现出许多新情况，也引发了许多新矛盾，出现了许多新问题，这都需要在理论上予以说明和解决，对社会发展问题的研究越来越受到社会的重视，国内外学者在社会发展研究领域均取得了较多成果。现根据已获得的文献，将国内外关于社会发展理论的研究状况予以梳理。

（一）当代西方学者社会发展理论研究现状

西方社会发展理论的派别很多，围绕着发展中国家如何实现社会发展，摆脱贫困落后的发展状态问题，西方社会形成了不同的社会发展理论，主要包括现代化理论、依附理论和世界体系理论。

现代化理论产生于20 世纪五六十年代，其主要代表人物有美国经济史学家罗斯托和美国政治学家萨缪尔·亨廷顿。其中，罗斯托在 1960 年出版的《经济成长阶段》中把社会发展分为五个阶段，即传统社会、为起飞创造前提条件阶段、起飞阶段、迈向成熟阶段和高额大规模消费阶段。后来，罗斯托在 1970 年又加上了“追求生活质量阶段”，并认为所有国家的经济发展都要经过这六个阶段。罗斯托认为，发达国家已经在过去的不同时期通过了“起飞”阶段，发展中国家现在正在步它们的后尘。这种理论主要以西方的社会进化论和经济学为分析框架，展开对西方国家现代化进程的研究。现代化理论将人类社会发展划分为“传统社会”与“现代社会”两个阶段，现代化过程即是人类从“传统社会向现代社会的转变”。西方发达国家是世界上最先进入现代社会的地区，发展中国家要走出传统社会，唯一可能的选择就是模仿西方的发达国家，遵循西方发达国家社会发展的模式，所以现代化就等于西方化。

依附理论产生于 20 世纪六七十年代，对现代化理论进行了批判。这个理论是由一些比较激进的学者，尤其是南美的理论家提出来的，其理论主要以美国经济学家 A. G. 弗兰克、埃及社会学家萨米尔·阿明和美国马克思主义经济学家保罗·斯威齐为代表，其代表作有弗兰克的《拉丁美洲：不发达和革命》、阿明的《不平等的发展》等。保罗·斯威齐创办了《每月评论》和每月评论出版社。每月评论出版社在 1959 年出版了保罗·巴兰的《增长的政治经济学》，标志着马克思主义的依附理论的开端。他们系统地建构了一个“中心—外围”式的“依附理论”，即不发达国家依赖发达国家。发达国家的发达是以另一些国家的不发达为代价的，不发达是世界资本主义体系必要的组成部分。因此，他们反对现代化理论的“西化”模式，认为西方化的过程就是不发达国家被纳入不平等的“中心—外围”式的国际经济体系的依附化过程，不发达国家失去了自主发展的可能性。因此，他们呼吁不发达国家要保持本民族生产的自主性及内生性，走独立发展的道路，尽快与发达国家脱钩。但是，各个国家的发展离不开世界上其他国家的发展，整个世界紧密地联系在一起，不发达国家走与世界体系脱钩的道路是不现实的，不发达国家的发展关键在于怎样在世界体系的联系中走自己的路。

20 世纪 70 年代中期，以华勒斯坦为代表的“世界体系理论”看到现代化理论将发展中国家的发展完全归结为内部问题的不足，主张将发展中国家的发展纳入到世界总体背景中来认识。这种理论认为，世界所有国家构成整个世界体系，是一个经济、政治、文化诸因素统一的大体系，这一体系划分为“中心”、“半外围”和“外围”几个层次。世界体系理论探讨了现存世界格局形成和演化的原因、条件，分析了各国在世界体系中的地位及相互关系，并对今后世界的发展变化作出预测。世界体系理论克服了依附理论的单向依赖关系，相互依存概念更准确地反映了复杂的世界经济与政治结构。世界体系理论把世界看作一个整体，从整体中寻找本民族发展的位置，在方法上是正确的，但仅把经济的依赖性作为划分中心、半外围、外围类型的依据，结论上有失偏颇，不能科学地说明当今世界的经济、政治的复杂格局。

除了上述关于发展中国家如何实现社会发展的理论之外，还有以社会未来发展为研究对象的对未来社会的预测理论也受到了发达国家和发展中国家的普遍关注和重视。

对社会未来发展的预测和探讨始于20世纪50年代，主要有悲观学派、乐观学派和后工业社会学派。罗马俱乐部的研究报告《增长的极限》是悲观学派的代表作。在《增长的极限》中，悲观学派提出了“增长的极限”问题，对流行于西方的高增长理论进行了深刻反思。罗马俱乐部的这份研究报告“考虑的是从长远来看正在逐渐耗竭的自然资源（煤、石油）问题，以及从整个地球来看的四大世界问题：人口、投资、农业投资和污染。每一个问题都带有一定的变化指标，并且这些变化在1960—1970年期间被认为是以‘正常’的速度进行的。”① 根据这些决定和限制增长的基本因素，得出了各种自然资源的枯竭的悲观结论。乐观学派以美国赫德森研究所的研究人员为核心，在其代表作《今后200年》中认为人类社会已进入一个为期400年（1776—2176）的经济社会大过渡时期，大过渡时期完成后，人类将走向一个新的伟大时代。该学派对社会的未来发展持乐观态度。对社会未来发展的预测和探讨最有影响的是后工业社会学派，其代表人物有美国著名学者丹尼尔·贝尔、阿尔温·托夫勒、约翰·奈斯比特。其代表作有贝尔在1973年出版的《后工业社会的来临》、托夫勒在1980年出版的《第三次浪潮》、奈斯比特在1982年出版的《大趋势》。其中，丹尼尔·贝尔在1959年奥地利的一次学术讨论

---

① ［法］弗朗索瓦·佩鲁著：《新发展观》，张宁、丰子义译，华夏出版社1987年版，第192页。

会上首次提出“后工业社会”的概念，提出了对未来社会发展的设想。他在《后工业社会的来临——对社会预测的一项探索》中，全面阐述了未来社会的政治、经济和文化的特征，其核心思想是离开社会发展的经济、政治制度，片面地以技术、知识在社会发展中的决定作用预测人类社会的未来，并认为一切国家都要走前工业社会—工业社会—后工业社会的发展道路，资本主义工业社会和社会主义工业社会将在后工业社会中趋同。

国外学者针对发展中国家的发展问题进行研究，先后形成了不同的社会发展理论。但是，西方学者不可能真正站在非西方国家立场上来说话；西方社会发展理论所提出的问题也不完全是发展中国家真正存在和迫切需要解决的问题；西方社会发展理论不足以解释发展中国家的实际情况。因此，中国作为一个发展中的大国，应当建立符合本国实际、具有本国特色的马克思主义社会发展理论。但同时也应该吸收和重视西方社会发展理论中的许多有益成果和合理因素。

（二）国内学者社会发展理论研究现状

随着经济社会的快速发展，当代中国社会发展出现了许多新情况、新问题。为解决这些问题，国内学者对社会发展理论的研究取得了许多有价值的成果，如对人的发展、社会发展动力、社会发展阶段、社会转型、社会建设等方面从不同的角度、不同的层面进行了广泛、深入地研究，从而深化了对当代中国社会发展理论的认识。现将国内学者对这些方面的研究状况综述如下。

1. 关于人的发展研究

人类社会发展的目的是什么？这一问题是思想家们一直思考的重要问题。马克思主义哲学认为，人的自由全面发展是人类社会发展的最终目的，而在每一个具体的历史阶段，人的发展的内涵又是有差别的。贾高建教授认为：“从根本上说，作为社会主体的人的发展是目的，而作为社会客体的社会结构体系的发展是手段。”① 可以说，人的发展是社会发展的目的，是马克思主义哲学的一个基本观点。陈新夏教授认为，马克思人的

① 贾高建著：《社会发展理论与社会发展战略》，中共中央党校出版社2005年版，第92页。

发展理论是价值取向与科学认识二重维度的统一。通过对人的发展理论提出和展开过程的梳理可见，在价值取向上，马克思确定了人类活动的基本价值目标，将人的发展主体定位于个人，揭示了人的发展自由全面的特征；在认识上，马克思科学地界定了人的发展主体，阐明了实现人的发展的条件和途径。① 在当代中国社会发展的进程中，怎样促进人的发展呢？陈志尚教授在《人的自由全面发展论》中阐述了人的自由全面发展思想的理论来源，马克思人的自由全面发展思想轨迹，人的自由全面发展的基本理论，人的发展和社会发展的辩证关系，在现阶段怎样促进人的自由全面发展等问题。② 北京大学的徐春博士在《人的发展论》中通过系统地发掘和整理马克思主义理论宝库中有关人的发展的思想理论，全面阐述了人是真正发展的动物，人的发展的内在原因和动力，人的本质与发展，人的生存与发展，人的自由与发展。同时，从中国国情出发，探讨了促进人的发展的条件和途径。③ 可以说，对人的发展的研究，一直受到国内学者的高度关注，并取得了丰硕的成果。但是，关于人的发展研究也存在着一定的不足。人的发展的条件包括自然条件和社会条件。马克思比较关注人的发展的社会条件，对人的发展的自然条件重视不够。现阶段，人们越来越关注人的生存条件、生存方式、生活质量问题。因此，要求学界在科学发展观提出以后，对人的生存条件、生存方式、生活质量等问题进行更为深入的研究。

2. 关于社会发展动力研究

国内学者在这方面的研究取得了可喜的成果，推进了人们对社会发展动力的深入认识。其中，徐伟新在《新社会动力观》中，根据人类社会发展的历史，提出自然动力论、神学动力论、人性动力论、理性动力论、竞争动力论、民本动力论等观点，并指出马克思、恩格斯实现了社会发展动力论的革命性变革，提出了合力论（亦即系统动力论）。在此基础上，探讨了社会主义社会发展的动力问题，提出了自主劳动论、合理需要论、利益协调论、社会改革论等观点。④ 庞元正在《当代中国科学发展观》中，对社会发展动力理论在人类思想史上的发展历史进行了回顾，并根据

① 陈新夏：《马克思人的发展理论的二重维度》，《学术与探索》2005 年第 1 期。

② 陈志尚主编：《人的自由全面发展论》，中国人民大学出版社 2004 年版。

③ 徐春著：《人的发展论》，中国人民公安大学出版社 2007 年版。

④ 徐伟新著：《新社会动力观》，经济科学出版社 1996 年版。

新时期的国情，提出了创新动力论，阐述了理论创新、科技创新、制度创新、文化创新在社会发展中的重要作用。[①] 杨信礼在《发展哲学引论》中指出，人们对社会发展动力问题的认识有单一动力论和综合动力论的区别，并分析了社会发展动力机制的结构、功能和运行过程，阐述了社会发展的整合机制和整合程序。[②] 阎树群、张瑞才认为，马克思主义社会发展动力理论在中国的发展，经历了一个由社会矛盾论到社会主义社会基本矛盾论和改革动力论，再到"三个代表"是力量之源和以人为本的科学发展观的历史进程。[③] 可见，根据中国社会主义建设的实践，对社会发展动力的探索取得了可喜的成果。但是，科学发展观提出以后，在构建社会主义和谐社会的历史进程中，推动当代中国社会科学发展的动力因素还有待于进一步深入研究。

3. 关于社会发展阶段研究

在人类社会历史发展的进程中，要科学地确定每一个具体的社会所处的历史发展阶段，尤其是弄清楚我们自己所处的社会发展阶段，对解决社会发展的历史任务具有重要意义。思想家们对社会发展的阶段问题提出了各种见解，赵家祥教授在《历史过程论和历史动力论》中，对西方思想家的历史阶段划分理论进行了考察，重点考察了维科、黑格尔、斯本格勒、汤因比等的历史阶段划分理论。同时，详细论述了马克思主义的社会形态划分理论，从经济社会形态和技术社会形态两个视角对历史阶段进行了划分。[④] 贾高建教授也把社会形态划分的多维视角与社会发展阶段的定位联系起来，认为"我们在对一定的社会发展阶段进行定位分析时，既要从经济社会形态的视角考察这一阶段上社会的'主义'类型，又要从技术社会形态的视角考察这一阶段上社会的技术类型"[⑤]。庞元正在阐述了马克思、恩格斯、列宁、毛泽东关于社会发展阶段的理论构想和实践探索的基础上，详细论述了社会主义初级阶段理论，把21世纪的头20年作

① 庞元正主编：《当代中国科学发展观》，中共中央党校出版社2004年版。

② 杨信礼著：《发展哲学引论》，陕西人民出版社2001年版。

③ 阎树群、张瑞才：《马克思主义社会发展动力理论中国化的历史轨迹与创新成果》，《思想战线》2010年第6期。

④ 赵家祥著：《历史过程论和历史动力论》，吉林人民出版社2006年版。

⑤ 贾高建著：《社会发展理论与社会发展战略》，中共中央党校出版社2005年版，第33—34页。

为全面建设小康社会的阶段，对我国当前的发展阶段进行了新定位。① 但是，小康社会是否具有社会发展阶段的意义和在什么意义上它具有社会发展阶段的意义，还有待于进一步分析和深化。

4. 关于社会转型研究

从人类社会发展的历史进程看，中国从半殖民地半封建社会进入社会主义社会，面临的困难和问题很多。现在，中国正处于一个社会发展的关键时期，学界对中国社会转型问题的研究也蓬勃兴起，厘清社会转型的意义就显得尤为重要，陈晏清认为，社会转型主要是指社会的结构性的变迁。② 在当代，社会转型是指由传统社会向现代社会的过渡。③ 刘祖云认为，社会转型是指社会从一种类型向另一种类型转变的过渡过程。具体地讲，是社会从传统型向现代型转变的过渡过程，是一种整体性的社会发展过程，是传统因素与现代因素此消彼长的进化过程。④ 贾高建认为，研究社会转型问题离不开社会形态理论。因此，研究社会转型时要从社会形态的不同划分标准出发，从不同的视角对社会转型进行探讨。⑤ 高燕宁、卢萍、柳春清在《当代中国社会发展概论》中认为，社会转型就是指社会主体对社会基本要素整体上的渐进性变革。社会转型包括三个层次的基本内涵：首先是社会结构的调适，其次是社会体制的更新，再次是价值观的重塑。在此基础上，对当代中国社会转型及其基本模式、当代中国社会转型过程中的控制性发展进行了探讨。⑥ 国内学者虽然在社会转型问题上取得了许多研究成果，但是在贯彻落实科学发展观的实践基础上，对当代中国社会发展在社会转型期间所面临的问题却有待于进一步深入地研究和探讨。

5. 关于社会建设研究

国内学者对社会建设理论进行了广泛、深入地探讨，取得了许多有价值的成果。为了深入研究社会建设理论，学术界对社会建设概念中的“社会”进行了界定。有学者认为，构建社会主义和谐社会中的“社会”是与

---

① 庞元正主编：《当代中国科学发展观》，中共中央党校出版社 2004 年版。

② 陈晏清主编：《当代中国社会转型论》，山西教育出版社 1998 年版，第 5 页。

③ 同上书，第 18 页。

④ 刘祖云著：《从传统到现代——当代中国社会转型研究》，湖北人民出版社 2000 年版。

⑤ 贾高建著：《社会发展理论与社会发展战略》，中共中央党校出版社 2005 年版。

⑥ 高燕宁、卢萍、柳春清著：《当代中国社会发展概论》，人民出版社 2005 年版。

自然相对，包括政治、经济、思想文化在内的广义的社会，而中国特色社会主义事业总体布局“四位一体”中的“社会建设”的“社会”则是指与政治、经济、思想文化并列的狭义的社会。① 梁树发教授认为，“社会建设理论中所指的‘社会’是从狭义的角度讲的，是一个具体的发展领域，是与经济、政治、文化相并列的一个领域，特指社会关系、社会环境、社会管理等方面的状况，主要涉及与人们日常生活密切联系的社会公共事务”②。同时指出，社会建设主要包括四个层面的内容：一是有效整合社会关系，化解社会矛盾，促进社会各种力量良性互动；二是加强社会制度（机制）建设；三是社会组织建设；四是社会事业和公共服务的发展。③ 有学者在科学发展观的视域下对社会建设理论进行了探讨。辛向阳在《科学发展观的基本问题研究》中指出，社会建设理论的提出是贯彻落实科学发展观的必然结果，并探讨了推进社会建设、改善民生的战略途径和社会主义和谐社会建设的具体措施。④ 李善峰等在《科学发展观·社会建设论》中对中国社会建设面临的新形势、社会建设的指导思想、目标任务和原则、社会建设的实践要求等进行了阐述，并从加快发展社会事业、优化社会结构、完善社会管理、加强制度建设、正确处理社会矛盾、激发社会创造活力等方面对社会建设进行了深入的探讨。⑤ 杨信礼在《科学发展观研究》中，从实施积极的就业政策、发展和谐劳动关系，坚持教育优先发展、促进教育公平，加强医疗卫生服务、提高人民健康水平，加强制度建设、保障社会公平正义，完善社会管理、保持安定有序等方面对社会建设进行研究。⑥ 可见，当前学术界对社会建设理论的研究取得了许多重要的研究成果。2012 年 11 月，根据中国特色社会主义建设的实际情况，胡锦涛同志在党的十八大上将中国特色社会主义事业的总体布局由“四位一体”发展为经济建设、政治建设、文化建设、社会建设、生态文明建设“五位一体”，进一步丰富了中国特色社会主义事业的内涵。

当然，国内学者对社会发展理论的研究不仅仅是上述的五个方面，其

① 郑杭生：《关于和谐社会建设的几个问题》，《江苏社会科学》2005 年第 5 期。

② 梁树发主编：《社会与社会建设》，人民出版社 2007 年版，第 37 页。

③ 同上书，第 40—41 页。

④ 辛向阳著：《科学发展观的基本问题研究》，中国社会出版社 2008 年版。

⑤ 李善峰等著：《科学发展观·社会建设论》，山东人民出版社 2008 年版。

⑥ 杨信礼著：《科学发展观研究》，人民出版社 2007 年版。

研究领域还涉及对发展观的哲学反思、发展的道路、发展的模式、社会发展的自然前提和历史前提问题、交往与社会发展的关系问题、社会发展的代价和评价问题、社会发展的客观规律性和主体选择性问题、全球化问题、现代化问题等方面。可以说，国内学者对当代中国社会发展理论的相关问题所进行的深入思考和研究，具有很强的现实针对性，为中国特色社会主义建设提供了有力的理论支撑。

国内学者对社会发展理论的研究取得了丰硕的成果，其社会发展理论的研究具有很强的现实针对性、深刻的理论洞察力。总的来说，关于社会发展理论的研究，更多地侧重于社会发展的一般规律，以及一般历史进程和发展道路。近年来则相对集中于一定阶段上社会发展过程的具体展开，尤其是围绕着当代中国社会发展进程中的一系列重大问题而展开的。虽然关于当代中国社会发展问题的研究取得了丰硕的成果，但是在贯彻落实科学发展观新的实践基础上，当代中国社会发展理论所取得的新发展还需进一步挖掘和梳理；在科学发展观提出以后如何处理好坚持马克思主义社会发展理论与借鉴国外社会发展理论的关系还有待于进一步厘清和深化。故本书拟在借鉴国外社会发展理论的有益成果，在梳理和整合已有社会发展理论研究成果的基础上进行新的探讨，在科学发展实践的基础上力图挖掘和梳理出当代中国社会发展理论所取得的新发展。

三 主要内容与创新之处

（一）主要内容

本书拟从科学发展观入手，在对国内外社会发展理论已有研究成果进行分析和整合的基础上作出新的探讨，在贯彻落实科学发展观的新实践基础上揭示出当代中国社会发展理论所取得的新发展。为达到上述目的，除“导言”和“结语”外，本书的主要内容如下：

第一部分，社会发展和社会发展理论（第一章）

第一章，在厘清什么是社会发展的基础上，阐述马克思主义社会发展理论的主要内涵，分析当代西方学者的社会发展理论的得与失以及对当代中国社会发展的启示，概述我国学者当下的社会发展研究呈现出的新特点和取得的新进展，最后分析当代中国社会发展面临的问题和挑战，并揭示出马克思主义社会发展理论顺应时代的变化所进行的理论创新与发展。一是通过对社会、社会革命、社会变迁、社会转型与社会发展之间关系的考察，揭示出社会发展的内涵。在此基础之上，阐述了社会发展理论的逻辑分层以及当代中国社会发展理论与历史唯物主义之间的关系。二是阐述马克思主义社会发展理论的主要内涵，其中科学实践观是马克思主义社会发展理论的基础；整体发展是社会发展的基本原则；人的自由全面发展是社会发展的价值追求；社会基本矛盾是社会发展的内在动因。三是通过考察、分析当代西方社会发展理论的得与失，认识到当代西方社会发展理论不可能完全解决发展中国家真正存在的问题。中国作为最大的发展中国家应在汲取其有益成果和合理因素的基础上，结合本国的实际情况，建立具有中国特色的马克思主义社会发展理论。四是概述我国学者面对21世纪国内外复杂多变的新形势和出现的新问题，在现代化问题研究、可持续发展研究、全球化问题研究、人本化问题研究等方面所呈现出来的新特点和取得的新进展。五是在分析当代中国社会发展所面临的问题与挑战的基础上，阐述马克思主义社会发展理论顺应时代变化，逐步形成的新的发展理念，如社会发展的人本化、社会发展的整体性、社会发展的协调性、社会发展的可持续性、社会发展成果的共享性、社会发展的全球化等。这些新的发展理念集中体现在科学发展观上，科学发展观是马克思主义社会发展理论的最新成果。

第二部分，科学发展观与当代中国社会发展理论创新（第二、三、四、五、六章）

在对当前阶段社会发展理论的成果——科学发展观的分析基础上，在对学界关于社会发展理论的已有研究成果进行分析和整合的基础上，在当前贯彻落实科学发展观新实践的基础上，揭示出在科学发展观提出以后当代中国社会发展理论所取得的新发展。

第二章，分析和论述了在科学发展观指导下人的发展理论的创新与实践。一是以人为本的科学发展观的提出，确立了人的主体地位，阐释了人的自由全面发展的丰富内涵，在新的历史条件下进一步丰富和发展了马克思主义人的发展理论。二是分析当代中国社会发展进程中影响人的发展的因素。同时，论述了在构建社会主义和谐社会的进程中，必然会不断地化解社会发展与人的发展之间的矛盾，促进人的发展，使人的发展呈现出新的特征。三是论述了人的自由全面发展是人类社会发展不断追求的目标，在现阶段应该怎样促进人的自由全面发展。

第三章，分析和论述在科学发展观指导下当代中国社会转型所呈现出来的新特点和发展趋势。一是通过分析经济社会形态视角内的社会转型和技术社会形态视角内的社会转型，厘清当代中国社会转型的实质和特点，从而揭示出当代中国社会正处于从传统社会向现代社会转型和从苏联模式的社会主义向中国特色社会主义的双重转型阶段。二是论述科学发展观在当代中国社会转型期间的理论指导作用。科学发展观对推进当代中国社会转型期间经济社会的健康发展具有重大的意义，使当代中国社会转型理论在新时期得到了进一步的丰富和发展。三是分析和论述当代中国社会转型与和谐社会的构建之间的关系。在分析当代中国社会转型面临着诸多问题和挑战的基础上，深入探讨社会转型与社会和谐之间的关系，并揭示出在构建和谐社会进程中当代中国社会转型理论所呈现出来的新特点和发展趋势。

第四章，分析和论述科学发展观视域下当代中国社会发展阶段理论所取得的新进展。一是阐述西方思想家关于社会发展阶段的理论和马克思主义社会形态划分理论，以及马克思、恩格斯、列宁、毛泽东关于未来社会发展阶段的构想，揭示出当代中国社会发展阶段理论的理论渊源。二是通过对当代中国社会发展阶段的纵向分析和横向考察，阐明当代中国社会发展这种历时态与共时态的现实统一就是全面建设小康社会的新阶段，从而进一步丰富了社会主义初级阶段理论。三是分析和论述了科学发展观是全面建设小康社会的必然要求和理论指导，并阐述在科学发展观的指导下全面建设小康社会的价值诉求与基本路径。

第五章，分析和论述在科学发展观指导下当代中国社会发展动力理论所取得的新进展。一是论述了推动当代中国社会科学发展的目的和依靠力量；阐述了推动当代中国社会科学发展的根本动力和直接动力；在此基础上揭示出经济建设、政治建设、文化建设、社会建设、生态文明建设“五位一体”是推动当代中国社会科学发展的合力。二是阐述了推动当代中国社会科学发展的驱动机制的构成要素和环节及驱动机制正常运转的条件。三是阐述了推动当代中国社会科学发展的整合目标、整合手段与整合程序。

第六章，分析和论述了科学发展观视域下的社会建设理论。一是论述了科学发展观是社会建设的理论指导。二是论述了社会和谐是当代中国社会建设的目标追求，社会建设是构建社会主义和谐社会的基本途径与核心内容。三是论述了改善民生和创新管理是当前社会建设的首要任务。论述了在社会建设中改善民生的重要性，并探讨了以改善民生为重点推进社会建设的途径；同时，论述了要加强社会建设，就必须进一步加强和创新社会管理，构建中国特色社会主义社会管理体系。

本书的研究重点是在分析和整合国内社会发展理论的基础上，借鉴国外社会发展理论的合理和有益之处，并根据贯彻落实科学发展观的新实践，力图挖掘和梳理出当代中国社会发展理论所取得的新发展。其研究难点是在对当代中国社会发展理论的新发展进行挖掘和梳理时，根据马克思主义社会发展理论，结合当代中国贯彻落实科学发展观的新实践，厘清当代中国社会发展理论所取得的新发展的主要内容。为解决这一难题，根据在科学发展观提出以后当代中国社会发展的新实践，至少有以下问题需要认真思考：一是科学发展观视域下的人的发展问题；二是科学发展观视域下的当代中国社会转型问题；三是科学发展观视域下的当代中国社会发展阶段问题；四是科学发展观视域下的当代中国社会发展的动力问题；五是科学发展观视域下的社会建设问题。所以，本书在第二部分力图解决这些问题，在贯彻落实科学发展观的新实践基础上，尝试着厘清社会哲学层次上的当代中国社会发展理论所取得的新发展的主要内容。

（二）创新之处

第一，在贯彻落实科学发展观新的实践基础上，揭示出了当代中国社会转型所呈现出的人本性、整体性与和谐性的特征。

第二，揭示出“五位一体”[①] 是推动当代中国社会科学发展的合力。作为推动当代中国社会科学发展动力系统的合力是一个开放系统，它一定还包含着其他一系列推动当代中国社会科学发展的因素，如人民群众物质文化生活需要、体制创新与社会和谐等。

第三，从科学发展观入手，在对国内外社会发展理论已有研究成果进行分析和整合的基础上作出新的探讨，在贯彻落实科学发展观的新实践基础上力图厘清当代中国社会发展理论的逻辑体系。对人的发展问题、社会转型问题、社会发展阶段问题、社会发展动力问题、社会建设问题等进行研究和探讨，以便形成了当代中国社会发展理论所应该具有的最基本的逻辑体系。

---

① “五位一体”是指经济建设、政治建设、文化建设、社会建设、生态文明建设。

四 研究方法

由于社会发展的总体性和多维性，需要我们在研究当代中国社会发展理论时也要运用相应的研究方法，去揭示出当代中国社会发展的深层次联系。为此，拟采取以下研究方法：

第一，整体性的研究方法。从哲学的角度对当代中国社会发展理论进行研究，不是从经济、政治、文化等领域进行具体研究，而是从当代中国社会结构的整个体系着眼去研究社会发展，把当代中国社会真正当作一个有机的整体来对待，把当代中国社会发展作为一个统一的进程来进行研究，从而揭示出在科学发展观提出以后当代中国社会整体发展的深层次联系，力图解决当代中国社会发展的普遍性和根本性的问题。

第二，历史和逻辑相统一的方法。在社会发展的历史进程中，充斥着繁杂的历史事件，在这些历史事件的背后却蕴含着社会发展的本质性的联系，蕴含着支配人类社会发展的一般规律。因此，要揭示出社会发展的本质和规律，必须采取历史和逻辑相统一的方法，既要研究当代中国社会发展的实际历史进程，又要以理论的、逻辑的形式再现当代中国社会发展的实际进程中所蕴含的联系和规律。

第三，实践反思的方法。实践是人类社会产生和发展的基础，人类社会生活的本质是实践的。实践观点是研究社会发展的历史进程中出现的诸多问题的根本观点。因此，在研究当代中国社会发展理论时，要运用以实践为基础的思维框架来理解和思考社会发展的本质与规律。

第四，运用比较、借鉴的方法。在研究中加以比较，借鉴西方社会发展理论研究成果，尤其是在研究发展中国家的社会发展方面所取得的成果，对分析在科学发展观提出以后当代中国社会发展的现状和当代中国社会发展理论的新发展都具有重要的意义。

第一章　社会发展和社会发展理论

迈入21世纪以后，社会发展问题越来越受到人们的重视。在新的历史阶段，随着科学技术的日新月异，人类社会进入了发展的快车道。但是，在人类社会快速发展的进程中，各种深层次的矛盾和问题也逐渐凸显出来，这不得不使人们对社会发展问题进行反思。什么是社会发展？社会发展的目的是什么？人类究竟应该如何应对和解决社会发展进程中凸显的矛盾和问题？诸如此类的问题长期困扰着人们的头脑。因此，人们首先必须从哲学的层面厘清什么是社会发展？在此基础上揭示出社会发展内在的、深层次的联系，从而推动人类社会快速健康地向前发展。

一　什么是社会发展

社会发展是一个涵盖了经济发展、政治发展、文化发展等在内的综合发展过程。研究社会发展问题，是一个庞大的系统工程，需要从不同的领域入手进行探索，诸如经济发展研究、政治发展研究、文化发展研究，这就需要社会科学各门学科的共同合作。当然，各门具体学科在研究社会发展问题时都具有自己的侧重点。马克思主义哲学应该从社会整体发展的统一进程去研究社会发展，注重社会发展问题的整体性研究。

除了哲学外，社会学也把社会发展作为自己的研究对象，对社会发展进行整体性的研究。但是，社会学研究社会发展问题时，更多地运用经验的、实证的方法对现实的、具体的社会发展问题进行更为实证的考察和研究。作为哲学研究的社会发展，不是对具体的社会发展问题进行实证研究，而主要是运用逻辑手段，对复杂的社会发展现象进行抽象、概括，揭示出社会整体发展的普遍本质和一般规律。本节拟从社会、社会革命、社会变迁、社会转型与社会发展之间的关系入手，力求对社会发展有一个较为全面的理解。

（一）社会与社会发展

要对社会发展进行较深入地理解，首先就要厘清什么是社会，社会的本质是什么？

在西方思想史上，早期资产阶级社会学家 H. 斯宾塞认为社会是个人所组成的集合体，是个体群。美国社会学家 F. H. 吉丁斯把社会规定为受自然过程制约的心理现象，而密执安大学教授 C. H. 库利则认为社会是各个人思想之间的关系。法国社会学家埃米尔·迪尔凯姆认为，社会可以被看作一个实体，为了避免“病态”的社会出现，就要满足社会系统的需要。美国的社会学家丹尼尔·贝尔在《后工业社会的来临》中认为，社会可以分为经济、政治和文化三大领域，这些领域是相互协调和统一的。当然，把社会看作个人集合体的观点不是对社会的科学认识，它停留在对社会的现象性的解释上，掩盖了社会的本质性特征。可见，虽然西方学者从不同的角度理解社会，把社会看作一个统一的有机整体，但均未能揭示出社会的本质是什么。

社会的本质是什么呢？马克思指出：“社会——不管其形式如何——是什么呢？是人们交互活动的产物。”① 在马克思看来，社会首先是人们认识世界和改造世界的活动的产物。在认识世界和改造世界的实践活动中，人必然与自然界发生各种各样的关系；为了实现人与自然之间的物质变换，人与人之间必然发生关系，人与人之间必须互相交换其活动，并结成一定的社会关系。可见，社会本质上不是个人的集合体，而是人们的社会关系的总和。正如马克思指出的那样，“社会不是由个人构成，而是表示这些个人彼此发生的那些联系和关系的总和”②，“生产关系总和起来就构成所谓社会关系，构成所谓社会”③。离开人们的实践，离开人们之间的关系，特别是人们的物质生产实践和生产关系，就不能正确说明社会。当然，由于人类认识世界和改造世界的实践活动是变化发展的，社会也不是一个僵化不变的实体，而是随着实践的变化而逐渐发生变化的机体，是

---

① 《马克思恩格斯选集》第 4 卷，人民出版社 1995 年版，第 532 页。
② 《马克思恩格斯全集》第 46 卷（上），人民出版社 1979 年版，第 220 页。
③ 《马克思恩格斯选集》第 1 卷，人民出版社 1995 年版，第 345 页。

“一切关系在其中同时存在而又互相依存的社会机体”[①]，是“一个能够变化并且经常处于变化过程中的有机体。”[②] 综上所述，所谓社会，就是在人类实践活动基础上形成的各种社会关系的总和，是各种关系相互依存、相互作用并处于变化发展过程中的有机体。

历史唯物主义者认为，人类社会是变化发展的，是在曲折中不断前进的。怎样准确理解社会发展呢？要厘清什么是社会发展，就要涉及对社会发展与社会进步关系的理解。“进步”一般解释为“人和事物的向前发展”，“发展”一般解释为“人和事物由简单到复杂、由低级到高级的变化”。[③] 可见，“进步”和“发展”是两个同义词。但是，这两个词的应用范围不一样，“进步”一般“用于社会历史领域”，“发展”则“适用于世界的一切领域”。[④] 在社会历史领域里，这两个词可以互相替代。社会进步和社会发展这两个范畴“都是对社会运动总体上的前进上升过程的表征”[⑤]，是同义词。那么，如何理解社会发展的实质呢？所谓社会发展，“是指社会有机体在人的实践活动基础上所表现出来的合乎人们主观目的和自主需要的，从而有着特定方向和一定规律的一种运动变化形式”[⑥]。关于社会发展的含义，我们可以从以下几个方面进一步来理解。[⑦] 首先，人是社会的主体，社会发展的最终目的是为了实现人的发展。社会发展是人的发展的基础，为人的发展创造条件，而人的发展又可以促进社会的进一步发展。其次，社会发展的基础是实践。社会实践是人类社会不断前进的基础，具体的实践活动在不同的历史条件下呈现出不同的面貌，它永远不会停留在同样的水平上。伴随着社会实践由低级到高级的发展，人类社会也呈现出由低级阶段向高级阶段的发展趋势。正如马克思所说，“社会生活在本质上是实践的”[⑧]。社会发展是人的实践活动的展开，离开了实践，人类社会就不可能发展。再次，社会发展是有规律的。人类社会历史的出发点是现实中的人，人在改造世界和认识世界的实践活动中必然

① 《马克思恩格斯选集》第1卷，人民出版社1995年版，第143页。
② 《马克思恩格斯选集》第2卷，人民出版社1995年版，第102页。
③ 袁吉富等著：《社会发展的代价》，北京大学出版社2004年版，第1页。
④ 同上书，第2页。
⑤ 同上书，第3页。
⑥ 邱耕田著：《发展哲学导论》，中国社会科学出版社2001年版，第76页。
⑦ 同上书，第76—79页。
⑧ 《马克思恩格斯选集》第1卷，人民出版社1995年版，第60页。

与自然界发生关系，人类改造自然的能力就是生产力。在改造自然的过程中，人与人之间也必然发生各种各样的关系，这就是生产关系。生产力与生产关系的矛盾运动不断推进人类社会从低级到高级、由简单到复杂地向前发展。最后，社会发展是一个评价性范畴。在社会历史领域，发生着各种各样的社会变化，但并不是任何社会变化都可以称之为社会发展，只有符合主体价值标准的变化才能称之为社会发展。可见，社会发展这一范畴并不是只对社会领域的运动变化状态的一种纯客观的事实性描述，而是内含着主体的需要和利益标准的一种价值判断。

（二）社会革命与社会发展

在人类社会历史的发展进程中，新兴的阶级和守旧的阶级的矛盾不可调和，为了打破旧的生产关系的束缚，为新兴阶级的发展开辟道路，通常会进行社会革命。这个时候，整个社会发展处于一种激烈的变动之中，社会的经济结构、政治结构、文化结构等都将发生深刻的变化，人们的生产方式、生活方式、价值观念都将发生很大的变化，整个社会或社会生活的某个方面将发生根本性的变革。

历史唯物主义认为，导致整个社会或社会生活的某方面发生变革有着深层次的原因。社会革命的发生，是由生产力、生产关系（经济基础）和上层建筑三者之间的矛盾运动引起的。当旧的生产关系不适应生产力的发展，甚至成为了生产力进一步发展的桎梏，这就要求旧的生产关系必须发生变革，生产关系的总和即经济基础发生变更，必然要求上层建筑或快或慢地发生变革，以适应经济基础的变更。变革后的上层建筑通过对经济基础（即生产关系的总和）的影响以促进生产力的发展。① 可以说，社会革命是生产力发展的要求，也是人类社会进一步发展的客观要求。

社会革命的发生，既可能表现为暴力革命的形式，也可能表现为和平的形式。一般来说，由于旧的统治阶级不甘心退出历史的舞台，总是要竭尽全力保护他们的既得利益，必然对新兴的阶级进行多方面的打击和压制。这样，新兴的阶级与旧的统治阶级之间的冲突就不可避免，就会爆发一个阶级推翻另一个阶级的暴力革命。从人类社会发展的历史看，一种社会形态代替另一种社会形态，基本上都爆发了暴力形式的社会革命，建立

① 参见《马克思恩格斯选集》第 2 卷，人民出版社 1995 年版，第 32—33 页。

了新的社会制度，促使社会生活发生了深刻的、全面的变革。当然，在各种主、客观条件具备的情况下，社会革命表现为和平的形式也是可能的。恩格斯晚年在《卡尔·马克思〈1848年至1850年的法兰西阶级斗争〉一书导言》里指出，由于历史条件和阶级斗争形势的变化，无产阶级的斗争应采取新的形式——议会斗争，以便在新的革命形势下积极地积累革命力量，不断把革命推向前进。恩格斯晚年根据历史条件的变化和阶级斗争的新形势，认为社会革命采取和平的形式是可能的。但是，我们不能认为恩格斯在晚年放弃了暴力革命的斗争形式，而主张用和平的方式进行社会革命，恩格斯指出："我认为，如果你们宣扬绝对放弃暴力行为，是决捞不到一点好处的。"①

社会革命在特定的社会发展阶段发生，对人类社会的发展作用巨大，马克思就社会革命对人类社会发展的历史作用有一个评价，认为"革命是历史的火车头"②。马克思在这里充分肯定了社会革命对人类社会发展的伟大作用。社会革命为什么具有历史发展的火车头的伟大作用呢？社会革命不是无缘无故地发生的，它是社会基本矛盾运动的必然结果。当生产力与生产关系、经济基础与上层建筑之间的矛盾非常尖锐时，就必然阻碍生产力的发展，社会就会陷入停滞的局面，甚至会出现倒退。这个时候，只有爆发社会革命，才能打碎旧的上层建筑，建立新的上层建筑，扫除旧的生产关系，建立新的生产关系，从而在新的社会形态下解放生产力和发展生产力，促使社会发展完成一次飞跃。

当然，在肯定社会革命的伟大作用时，也应重视社会改革在社会发展进程中的重要作用。社会革命和社会改革是解决人类社会基本矛盾的两种不同的形式。社会革命通常是在社会基本矛盾非常尖锐，旧的社会形态被新的社会形态所代替的时候所采取的形式。社会改革是每一种社会形态在发展的进程中采取的形式。从历史发展进程来看，随着生产力的发展，每一种社会形态的发展都要经历若干发展阶段。在每一个发展阶段，都需要对不适应生产力发展的环节和部分进行改革，以解放和发展生产力。尤其是当新的更高的生产关系的物质存在条件还没出现，生产力在旧的社会形态下还能继续得到一定程度的发展，就暂时不会发生社会革命。人们将会

---

①《马克思恩格斯全集》第39卷，人民出版社1974年版，第401页。

②《马克思恩格斯选集》第1卷，人民出版社1995年版，第456页。

提出社会改革的要求，那么社会改革就在社会发展进程中起着重要的作用。

（三）社会变迁与社会发展

人类生活的社会是丰富多彩的，如同一个有机体一样处于不断地新陈代谢和发展变化的过程之中，生活于其中的人们能够真切地感受到社会变迁无时无刻不在发生。从理性的层面怎样来认识社会变迁，比较有代表性的社会变迁理论主要有以下几种：

一是历史循环论。历史循环论认为人类社会历史的活动和变化如同人的生命一样，是按照产生、成长、衰落和死亡的轨迹循环往复。意大利的哲学家维科认为人类社会历史要经历神灵时代、英雄时代和凡人时代三个阶段。凡人时代即人民统治的时代，是人类社会历史发展的顶峰。在经过这三个阶段后，社会又回到起点，如此循环往复。历史循环论者只看到了历史的表面现象，没有深入到历史的本质层面。虽然人类社会历史的变迁是非常复杂的，但总是在迂回曲折中向前发展的。

二是社会进化论。社会进化论者法国哲学家 A. 孔德认为，与人类智力的发展要经过神学阶段、形而上学阶段和科学阶段相适应，社会历史的发展也要经过三个阶段，即远古时代的神学阶段、中世纪以来的形而上学阶段和 18、19 世纪开始进入的科学阶段。他把人类社会历史看作一个不断发展的渐进过程，沿着一定的历史阶段向前发展。社会进化论主要受英国生物学家达尔文的生物进化学说的影响，直接援引这种自然进化论来说明社会历史的活动和变化。这种理论虽然看到了社会历史是不断发展的，但没有揭示出社会发展的根本原因。

三是社会均衡论。社会均衡论认为，社会是一个由各个部分组成的庞大的系统，具有自我调节的功能。由于各个部分联系紧密、相互依存，一个部分发生变化必然会导致别的部分发生相应的变化，从而使整个社会系统恢复到均衡状态，趋于平衡与和谐。美国社会学家 T. 帕森斯认为，社会系统的各个部分和组成要素之间具有相互依赖的关系，如果一个部分因内部或外部的原因导致整个社会失衡，社会系统的其他部分就会采取矫正措施，使社会恢复到均衡状态。

四是社会冲突论。社会冲突论认为，社会冲突是普遍存在的客观事实，整个社会系统就是一个由各个部分矛盾地联结在一起的整体。这些普遍存在的社会冲突必然引起社会变迁，变迁后的社会仍然会产生新的矛盾和冲突。可以说，社会冲突既是社会变迁的原因，也是社会变迁的结果。德国社会学家 R. 达伦多夫认为，社会权威地位的缺乏、权力分配的不均是产生社会冲突的根源。这种社会冲突会通过改变统治地位的占有者而导致社会结构的变迁。这种社会结构的变迁根据统治地位上的人员变动情况分为革命式、改良式和革新式三种类型。无论是革命式的社会变迁，还是改良式和革新式的社会变迁，都只能用新的权威结构来取代旧的权威结构。新的社会结构内部又会产生新的对立和冲突，社会就是在这种不断产生的社会冲突中向前发展的。

这四种有代表性的社会变迁理论虽然从不同的角度阐述了人类社会历史变化和运动的原因，但都没有科学地揭示出社会变迁的根本动因。马克思在创立唯物史观的进程中，才科学地揭示出社会变迁的根本动因。在《1844 年经济学哲学手稿》中，马克思指出生产劳动是社会存在和发展的基础。同时，马克思从异化劳动理论出发，进一步分析了生产劳动的内在矛盾，为揭示生产力与生产关系之间的辩证关系奠定了基础。在《关于费尔巴哈的提纲》中，马克思确立了科学实践观，并把实践引入历史观，揭示了社会生活的实践本质。人是社会的主体，社会生活的一切领域都是由人参加的，而人的最主要的活动就是生产实践。离开了生产实践活动，人类就不能生存，社会就不能存在，也就谈不到社会生活了。当然，人类的实践活动不限于生产实践活动，还包括阶级斗争、科学实验等其他形式的实践活动。离开了人的实践活动，就无所谓社会和社会生活。这样，马克思正确地阐述了社会实践是历史发展的动力。在《德意志意识形态》中，马克思、恩格斯从“现实的个人”出发去考察历史，认为生产实践是人的最基本的活动，人们在生产实践活动中所结成的人与人之间的关系是最基本的社会关系。马克思、恩格斯指出，人们在改造自然的生产实践活动中，必然与自然发生关系，表现为人与自然的关系，表现为一定的生产力；同时，人们在生产实践活动中必然要结成一定的交往关系，这就是生产关系。生产力和生产关系的矛盾运动推动了社会的变迁。马克思、恩格斯不仅揭示了生产力和生产关系的辩证运动，还进一步阐明了经济基础与上层建筑辩证关系的原理。在此基础上，马克思、恩格斯将人类社会历史划分为从低级阶段到高级阶段的五种社会形态，即部落所有制、古代国家所有制和公社所有制、封建所有制、资本主义所有制和共产主义所有制。在《〈政治经济学批判〉序言》中，马克思指出："物质生活的生产方式制约着整个社会生活、政治生活和精神生活的过程。"① 在这里，马克思强调了生产力和生产关系的矛盾运动是社会变迁的根本动因。马克思进一步指出，当生产关系与生产力的发展不相适应，阻碍了生产力的发展，就会发生社会革命。这时，上层建筑也会随着经济基础的变更而发生变革。② 从这里可以看出，社会变迁是由社会的经济基础发生变动引起的，庞大的上层建筑也会随着经济基础的变更而发生或慢或快的变革；而经济基础的变更是由生产力的发展所引起的，社会革命是生产力和生产关系的矛盾发展到一定的阶段所导致的，只有通过社会革命来完成社会结构的重大变迁。

在生产力、生产关系（经济基础）和上层建筑三者之间矛盾运动的推动下，必然引起人类社会的变迁，其变迁根据矛盾性质的不同具有不同的表现形式。当生产力、生产关系（经济基础）、上层建筑三者之间基本相适应的时候，整个社会随着生产力的发展，是逐步向前发展的，其社会变迁是前进的、正向的。当然，在生产力、生产关系（经济基础）、上层建筑三者之间基本相适应的时候，也会出现某些环节和部分不适应生产力的发展状况，可以通过改革的方式进行局部调整以解放和发展生产力。当生产关系不适应生产力的发展状况，阻碍了生产力的发展时，整个社会的发展将会处于停滞状态，甚至会出现暂时的倒退，其社会变迁是停滞的、甚至是负向的。但是社会始终是在曲折中向前发展的，那时社会革命将会到来，新的生产关系将会代替旧的生产关系以适应生产力发展的要求。这时的社会变迁是剧烈的，是带有质变性质的社会变迁。

由于生产力和生产关系、经济基础和上层建筑之间的矛盾在不同的时期具有不同的性质，引起的社会变迁的方向也会发生变化。根据社会变迁的不同方向，社会变迁可以分为进步的、正向的社会变迁和退步的、负向的社会变迁。社会发展是一种特定的社会变迁过程，它不包含退步的、负向的社会变迁，只是特指一种进步的、正向的社会变迁过程。因此，社会变迁是一种比社会发展更为广泛的概念，社会发展只是一种特定的、从低级阶段走向高级阶段的社会变迁过程。马克思在科学实践观基础之上创立

① 《马克思恩格斯选集》第 2 卷，人民出版社 1995 年版，第 32 页。

② 同上书，第 32—33 页。

了唯物史观，揭示出人类社会发展要依次经历以下几种社会形态：原始社会、奴隶社会、封建社会、资本主义社会、共产主义社会。马克思关于社会形态的划分，表明了人类社会是从低级阶段向高级阶段发展的。当然，人类社会的发展并不是一帆风顺的，在特定的历史条件下会遇到挫折，甚至是暂时的倒退，这时的社会变迁是负向的、退步的。但是人类社会变迁的总趋势是前进的、上升的，是在曲折中前进，螺旋式上升的。

（四）社会转型与社会发展

社会转型是关于特定时期社会历史发展的概念，是社会发展的一种特殊过程。从一般意义上讲，社会转型是指一种社会类型向另一种社会类型转变的过渡过程。它意味着社会系统内在结构的变迁，人们的生产方式、生活方式、价值观念等各方面将发生全面而深刻地变革。什么是社会类型呢？现代汉语词典将“类型”解释为具有共同特征的事物所形成的种类。这里所讲的社会类型，则是从社会演进角度出发，把每个社会看成一个特殊集团，根据其规模、结构等特征对其所进行的分类。由于人们划分社会类型的标准不一样，可以对社会进行不同的分类。如马克思主义者以生产关系为标准，将人类社会划分为原始社会、奴隶社会、封建社会、资本主义社会、社会主义社会和共产主义社会。美国的丹尼尔·贝尔从生产力的角度出发，依据技术方面的差异，将人类社会划分为前工业社会、工业社会和后工业社会。①

在马克思主义哲学看来，社会转型是指一种社会类型向另一种社会类型转变，它是以社会形态的划分为基础的。马克思的社会形态概念，是以生产关系为标准，将人类社会历史的发展按照历时态的关系展开划分为不同的社会类型。因此，从马克思主义哲学的角度探讨社会转型离不开马克思的社会形态理论。马克思根据不同历史阶段生产关系（经济基础）及其与之相适应的上层建筑来区分不同的社会形态，确立了“五形态”说。马克思认为，这依次经历的五种社会形态是原始社会、奴隶社会、封建社会、资本主义社会、社会主义社会和共产主义社会。马克思认为，当生产关系与生产力的发展不相适应，并阻碍了生产力继续发展的时候，就会发

---

① 参见［美］丹尼尔·贝尔著《后工业社会的来临——对社会预测的一项探索》，高铦、王宏周、魏章玲译，新华出版社1997年版，第11页。

生社会革命，一种新的生产关系将逐渐代替旧的生产关系，一种新的社会形态将会逐渐取代旧的社会形态。当然，一种新的社会形态取代旧的社会形态，并不是一蹴而就的，而是一个漫长的历史过程。社会转型是一种社会类型向另一种社会类型的转变，因此它也需要一个长期的历史过程才能实现。在人类社会发展的历史长河中，在正常历史条件下，五种社会形态依次转变。在近现代人类社会发展的历史上，除了西方的从封建社会向资本主义社会的转型外，还有具有中国特色的从封建社会向社会主义社会转型。针对中国社会转型的这种特殊性，关于社会形态结构模式的研究就很有意义。在新中国成立初期，我们曾经将一种具体的社会形态结构模式等同于对这种社会形态的本质规定，如将市场经济看作资本主义社会形态的本质规定，将计划经济看作社会主义社会形态的本质规定。但随着社会主义建设实践的发展和认识的深入，我们才认识到市场经济并不等于资本主义，计划经济也不等于社会主义。一种社会形态可以根据具体的历史条件的不同采取不同的结构模式，而且不同的结构模式之间可以根据具体的历史条件相互转换。如中国根据社会发展实际从社会主义计划经济体制转向社会主义市场经济体制，这是一种社会主义形态没有发生转变条件下的社会结构模式之间的转变，同时，也是一种社会转型，只是这种社会结构模式的转型与社会类型的转型所属逻辑层次不一样。但这两种类型的社会转型又是相互联系的，社会结构模式的转型是从属于社会类型的转型的。

除了在传统的马克思主义社会形态理论的基础上，按照五种社会形态的划分来理解社会转型之外，近年来理论界还提出了其他的划分标准。近年来，理论界在汲取国外学者关于社会类型划分的合理成分的基础上，在唯物史观的视域下进一步拓展了马克思主义社会形态理论，认为划分社会形态可以有多种标准。如美国的丹尼尔·贝尔以生产力为标准，并考察生产力对社会各领域的技术方面的影响，将人类社会划分为前工业社会、工业社会、后工业社会。国内学者在汲取其合理成分、并在历史唯物主义的基础上进行改造，提出了“技术社会形态”的概念。他们认为，从生产力的层次入手，考察生产力对技术方面的影响。根据在不同社会中由于生产力发展状况的不同，受生产力发展水平制约的技术方面就会呈现出不同的特点。根据人类社会不同历史时期的技术特征，可以将人类社会划分为渔猎社会、农业社会、工业社会、信息社会等一系列基本形态。所以，根据新的马克思主义社会形态理论的研究成果，我们不仅可以从生产关系的层次出发，从经济社会形态的视角来理解社会转型，还可以从生产力的层次出发，从技术社会形态的视角来理解社会转型。而且，可以将两种不同视角的社会转型结合起来，从不同的侧面更加全面地认识处于社会转型期的社会发展所面临的任务和存在的问题，从而有针对性地制定方针、政策促进社会健康快速发展。

在人类社会历史的发展进程中，社会转型只是发生在特定的社会发展阶段。当一种社会形态产生以后，总有一个逐渐走向成熟的过程，在这个过程中总会有新的社会因素在现存社会内部逐渐形成和生长。当新的社会因素生长到一定的程度时，社会发展就进入了转型过程。在社会转型阶段，两种不同类型的社会结构体系此消彼长，共存于同一个发展过程；革命性变革成为推动社会发展的必要环节；社会运行处于一种非常规的特殊状态。[①] 从马克思主义哲学的角度看，当旧的生产关系与生产力的发展不相适应，并阻碍了生产力进一步发展的时候，新的生产关系就将代替旧的生产关系，一种社会形态将逐渐代替另一种社会形态，一种社会类型将逐渐代替另一种社会类型，整个社会将发生整体性的转变，这个时期就是处于社会转型阶段。在社会转型阶段，整个社会将逐渐发生全面的变化，在经济、政治、文化、社会、生态等领域都将发生深层次的转型，这些领域发生的转型都是从属于社会类型的转型。因此，社会转型是特定的社会发展过程，它具有自己的特殊性。在这一特殊时期，社会转型是“社会结构的优化，社会结构的变迁，带来的是社会生活内容的扩展、更新、充实和发展”[②]。这种社会内容的创新性体现在经济、政治、文化、社会、生态等各领域。当然，社会转型带来的社会内容的创新是一种社会进步，它有力地推动了整个社会向前发展。同时，在这一特殊时期，社会失范问题也会凸显出来，对整个社会的正常运行造成很大的影响，这需要我们加强对社会转型问题的研究，科学认识社会转型这一特定的社会发展过程的各方面的问题，找出其内在的深层次联系和规律，制定出在社会转型期科学的社会发展战略。

---

① 参见贾高建著《社会发展理论与社会发展战略》，中共中央党校出版社 2005 年版，第 86—87 页。

② 贺善侃著：《当代中国社会转型期社会形态研究》，学林出版社 2003 年版，第 49 页。

（五）社会发展理论

通过对社会、社会革命、社会变迁、社会转型与社会发展关系的阐述，从哲学的层面厘清了什么是社会发展。而社会发展理论则是以社会发展整体为其研究对象，它“主要侧重于研究社会发展的机制和规律，研究社会发展过程内部和外部的各种联系，研究社会发展是怎样和会怎样的问题”①。

从哲学的角度看，社会发展理论的研究可分为三个不同的理论层次：一是从哲学的高度研究社会发展的一般规律和一般历史进程，这是哲学历史观层次的社会发展理论研究，历史唯物主义研究属于这一个理论层次；二是对一定阶段上社会发展的具体过程的展开而进行的研究，这是社会哲学层次的社会发展理论研究；三是对社会发展的一个特定阶段上的特定方面的问题的研究，如社会现代化问题研究，就属于专题层次的社会发展理论研究。② 第一个层次是从唯物史观的高度对社会历史发展的一般规律和一般进程等进行的研究，它对其他两个层次的社会发展理论的研究具有一般方法论的意义。在进行其他两个层次的社会发展理论的研究时，不应丢弃唯物史观的理论传统，而要遵循唯物史观所揭示的社会历史发展的一般规律，在新的实践基础上对唯物史观进行科学的继承和发展。当然，我们也不应将唯物史观的方法论作用与借鉴国外社会发展理论的方法对立起来，而应将两者协调和统一起来。第二个层次是社会哲学层次的社会发展理论研究，它是对一定阶段上社会发展过程的具体展开进行全方位的研究。它是从一般哲学历史观派生出来的社会哲学层次的研究，对从唯物史观的高度进行的社会发展理论研究具有某种基础作用，而对专题层次的社会发展理论研究具有一般的方法论作用。第三个层次是对一定阶段社会发展的一个方面的问题进行研究，它是这三个层次的社会发展理论研究中最低的逻辑层次，对以上两个层次的社会发展理论研究都具有某种基础作用。因此，在对社会发展理论进行研究时，要处理好这三个层次的社会发展理论研究的关系，既不要混淆这三个层次的社会发展理论研究的逻辑层次，也不要将它们简单地对立起来。

---

① 贾高建著：《社会发展理论与社会发展战略》，中共中央党校出版社 2005 年版，第 5 页。

② 同上书，第 15—19 页。

当代中国社会发展理论主要是研究当代中国发展的规律和相应的机制，研究当代中国社会发展进程中的各种内部和外部的联系。当然，当代中国社会发展是一个涵盖经济发展、政治发展、文化发展在内的系统工程，这样一个庞大的工程需要哲学和其他社会科学诸学科的共同努力才能承担下来。社会科学的各门学科由于自身的学科性质不一样，研究的切入点和侧重点也是有差别的，如经济学侧重于经济领域的研究，政治学侧重于政治领域的研究。那么从马克思主义哲学的角度，应如何展开对当代中国社会发展理论的研究呢？我认为，对当代中国社会发展理论的研究不应该侧重于哪一个具体的领域，而应该是对当代中国社会发展的一个整体性研究，将当代中国社会作为一个有机统一的整体来对待，从哲学的角度来研究当代中国社会发展的内在的深层次联系和根本性的问题。本书所研究的当代中国社会发展理论，属于社会哲学层次的社会发展理论研究，既需要哲学历史观层次的社会发展理论的方法论指导，又需要提炼和吸收专题层次的社会发展理论的研究成果。因此，在对当代中国社会发展理论进行研究时，要处理好与其他两个层次的社会发展理论研究的关系，尤其是要处理好与历史唯物主义之间的关系。

二　马克思主义社会发展理论

在马克思创立唯物史观之前，思想家们在历史观上滑入唯心主义的泥潭。马克思在科学实践观的基础上创立了唯物史观，把唯心主义从它最后的避难所里驱赶出去，彻底恢复了唯物主义的权威。在创立唯物史观的基础上，马克思将科学实践观作为社会发展理论的基础，实现了社会发展理论的革命性变革。后来，以列宁、毛泽东、邓小平、江泽民、胡锦涛等为代表的马克思主义者在实践中不断丰富和发展了马克思主义社会发展理论。

（一）科学实践观是马克思主义社会发展理论的基础

人类社会如何发展，是思想家们长期思考的重要问题。在人类思想史上，思想家们根据不同的理论基础，得出了各不相同的关于社会发展的结论。在古希腊，柏拉图的《国家篇》大体上包括三部分，第一部分包括一个理想国的组织，这是历史上最早的乌托邦，它被要求体现柏拉图的

“理念”。这是典型的唯心主义社会发展观。在中世纪，奥古斯丁在《上帝之城》中认为，世界被划分为两个城，一个是“世俗之城”，一个是“上帝之城”，人类社会历史发展要符合上帝的安排，不断地从“世俗之城”向“上帝之城”进发。在近代，黑格尔在《历史哲学》中认为，理性是世界的主宰，世界历史因而显示出一种合理的历程。在黑格尔看来，整个人类社会发展史不过是实现理性自由的进步史，它是“绝对精神”的外化，而绝不是人类实践的产物。看来，马克思以前的思想家们有的以理念为出发点去演绎社会发展历史，有的认为人类社会发展要符合上帝的旨意，有的把上帝的旨意替换成“绝对精神”，认为人类社会发展的历史不过是“绝对精神”的体现，都无一例外地脱离不了唯心主义的立场。这些思想家在社会发展观上陷入唯心主义的泥潭，究其原因是缺乏科学实践观。在西方近代思想史上，虽然康德、黑格尔、费尔巴哈对实践进行过论述，但都没有科学地诠释实践。康德正式把实践概念引入哲学，提出了“实践理性”概念。但是康德的“实践”局限于伦理范围，其他实践活动则被排斥在外。黑格尔也提出“实践”概念，但在黑格尔那里实践是一种抽象的理念活动；现实生活中的实践只是“绝对精神”的外化。费尔巴哈虽然把实践和生活联系起来，但他理解的实践是一种生物学意义上的活动，就是吃喝、享用对象等；费尔巴哈在社会发展观上仍然是一个唯心主义者，他夸大了宗教在历史发展中的作用，认为人类历史就是宗教变迁的历史。

马克思、恩格斯从现实的人出发，通过分析现实的人所从事的物质资料的生产活动，从而在科学实践观基础上实现了社会发展理论的革命性变革。在《莱茵报》时期，马克思从理性出发去批判社会现实。后来，在现实生活的斗争中，马克思逐渐认识到不应该从黑格尔的理性国家出发去改造社会，而应从社会现实出发去寻找理解人类社会发展的“钥匙”。在《〈黑格尔法哲学批判〉导言》中，马克思就对黑格尔从理性出发，认为国家决定市民社会的观点进行了批判，提出了市民社会决定国家的观点。在《神圣家族》中，马克思、恩格斯指出，历史的发源地不在天上的云雾中，而在尘世的粗糙的物质生产中。马克思、恩格斯在这里肯定了生产实践活动在人类社会历史发展中的决定作用。在被恩格斯称为新世界观“天才萌芽”的《关于费尔巴哈的提纲》中，马克思对实践进行了科学的诠释。在马克思看来，实践是现实的、感性的人的能动的活动，是人特有的存在方式，是历史的、现实的和具体的社会活动。马克思在科学实践观基础上阐明了社会生活的本质，他认为“全部社会生活在本质上是实践的”[①]。就是说，社会生活的基础是实践活动。因为人是社会的主体，社会生活的所有领域都是人参加的，而人的最主要最基本的活动则是生产实践。离开了人的生产实践活动，人类社会就不能存在下去，也就谈不到社会生活了，就更谈不上社会的发展了。在《德意志意识形态》中，马克思认为人类社会历史的出发点是一些现实的个人，现实生活中人们的第一个历史活动就是生产物质生活本身。[②] 马克思、恩格斯从物质生活资料的生产出发，认为在生产实践活动中人与自然、人与人之间必然要发生关系。人与自然之间的关系表现为生产力，人与人之间的关系表现为生产关系，生产力与生产关系的矛盾运动推动了人类社会的发展。在此基础上，马克思、恩格斯论述了生产力、生产关系（经济基础）、上层建筑三者之间的矛盾关系，揭示了人类社会发展的规律，实现了社会发展理论的革命性变革。可见，生产实践活动是人类社会发展的基础。可以说，科学实践观的引入，是马克思实现社会发展理论革命性变革的关键；科学实践观是马克思主义社会发展理论的基础。

列宁继承了马克思、恩格斯关于社会发展的理论，在俄国社会主义建设的实践基础上，创造性地提出了俄国社会主义建设的基本思路。十月革命后，列宁认识到在经济文化落后的俄国建设社会主义的特殊性，他指出：“现在一切都在于实践，”[③] 这说明列宁非常重视实践的重要作用。在帝国主义联合起来武装干涉新生的苏维埃俄国的时候，列宁在十分危急的形势下，不得不实行“战时共产主义”政策。战争结束后，列宁根据苏维埃俄国的实际情况，从“战时共产主义”政策转向新经济政策，实际上意味着向社会主义的过渡方式由直接过渡转变为迂回过渡。这表明，列宁在当时苏维埃俄国社会建设实践基础上提出来的新经济政策，是建设社会主义的新思路。

毛泽东运用马克思主义的基本原理，探索中国社会发展之路，在实践基础上提出了关于中国社会发展的基本思路。在新中国成立初期，毛泽东

① 《马克思恩格斯选集》第1卷，人民出版社1995年版，第56页。
② 同上书，第79页。
③ 《列宁选集》第3卷，人民出版社1995年版，第381页。

根据中国的实际情况，在实践中提出了社会主义“三大改造”的方针、政策，尤其是成功地对民族资本家实行了和平赎买政策，使社会主义制度基本确立。邓小平紧紧围绕“什么是社会主义、怎样建设社会主义”这个根本问题，较为系统地阐述了中国社会主义的发展道路、发展阶段、发展动力、发展机遇、发展条件、发展战略等相关问题。可以说，邓小平总结了中国社会主义建设的实践经验，回答了中国社会发展进程中的一系列问题，丰富和发展了马克思主义社会发展理论。江泽民在继承和发扬中国共产党前两代领导集体的社会发展理论的基础上，对新时期中国社会发展问题进行了深入思考，形成了具有中国特色的社会发展理论。江泽民根据中国正处于社会主义初级阶段的实际，紧紧抓住人民日益增长的物质文化需要同落后的社会生产之间的矛盾，以经济建设为中心，明确提出发展是执政兴国的第一要务。在新世纪、新阶段，以胡锦涛同志为核心的党中央总结我国改革开放和现代化建设的实践经验，提出了科学发展观，创造性地回答了什么是发展、为什么发展、为谁发展、靠谁发展、怎样发展等一系列重大理论问题。可见，自新中国成立以来，党的四代领导集体在不同的历史发展阶段，总结实践经验，与时俱进，提出了一系列重要的新的理论观点，进一步丰富和发展了马克思主义社会发展理论。

（二）整体发展是社会发展的基本原则

坚持社会的整体发展，是马克思主义社会发展理论的重要内容，也是马克思主义社会发展理论的一条基本原则。马克思主义社会发展理论表明，人类社会是一个处于不断变化发展过程中的复杂的有机整体，有机体理论是马克思主义社会整体发展思想的出发点。

在马克思以前，人类思想史上就有人类社会整体发展的相关探讨。古希腊哲学家亚里士多德在谈到原因时提出了“四因说”，他认为任何事物的生成和存在都有四种缺一不可的原因，这四种原因分别叫作“质料因、形式因、动力因和目的因”①。可见，任何事物的生成和存在都不能从一个方面去寻找原因，而至少要从四个方面去分析事物生成和存在的原因。亚里士多德的“四因说”蕴含着合理的整体发展的思想，并触及到了有

① ［英］罗素著：《西方哲学史》（上卷），何兆武、李约瑟译，商务印书馆1963年版，第220页。

机体的整体性特征。德国古典哲学的集大成者黑格尔把国家比作有机体，他在《法哲学原理》中指出："国家是机体……机体的本性是这样的：如果所有部分不趋于同一，如果其中一部分闹独立，全部必致崩溃。"[①] 在这里，黑格尔把国家看作一个内部各部分互相联系、互相依存的有机整体。19 世纪，孔德、斯宾塞等人将人类社会看作一个有机体，并进行了专门的探讨。孔德和斯宾塞都把社会比作生物有机体。如斯宾塞把社会有机体划分为生产系统、分配系统和调节系统。生产系统相当于生物有机体的营养系统，分配系统相当于生物有机体的循环系统，调节系统相当于生物有机体的神经系统。与社会有机体的三大系统相对应的有三大阶级，即劳动阶级、商人阶级和资本家阶级。这三大阶级在社会有机体中各有自己的职能，相互依存，缺一不可，使社会有机体处于一种理想的均衡状态。孔德、斯宾塞的有机体理论把社会当作一个有机整体有其合理之处，但是他们把复杂的人类社会与生物有机体进行简单的类比，并按照生物有机体的内在联系来解剖人类社会，是牵强附会的。

马克思批判地继承了前人关于社会有机体的思想，在科学实践观的基础上创立了唯物史观，在此过程中马克思的社会有机体思想也逐渐成熟。1847 年，马克思在《哲学的贫困》中明确提出了社会有机体概念。他认为人类社会是由社会体系的各个环节、部分有机组成的，是相互依存、相互联系的一切关系构成的有机整体。[②] 因此，社会发展并不仅仅是某一方面、某一部分的发展，而是指社会体系的各个组成部分的整体的协调发展。1859 年，马克思在《〈政治经济学批判〉序言》中阐述了人类社会的基本结构，并揭示了人类社会发展的基本规律。他认为社会有机体的结构大体上可以分为生产力、生产关系（经济基础）和上层建筑三个部分，指出生产力、生产关系（经济基础）、上层建筑三者之间的矛盾运动推动着人类社会从低级阶段向高级阶段不断向前发展。在马克思看来，人类社会是一个由经济、政治、文化等方面构成的有机整体，人类社会的发展也必然表现为经济、政治、文化等领域的整体发展和协调发展。

整体发展是马克思主义社会发展理论的一个基本原则，但在社会发展过程中却有时偏离这一原则，如在理论上把唯物史观简单地理解为"经

---

① ［德］黑格尔著：《法哲学原理》，范扬、张企泰译，商务印书馆 1961 年版，第 268 页。

② 参见《马克思恩格斯选集》第 1 卷，人民出版社 1995 年版，第 143 页。

济决定论”，在实践上出现了“拉美陷阱”，导致社会出现“有增长、无发展”。人们在社会发展的实践经验中逐渐认识到社会发展包含经济增长，但也涵盖着政治、文化等各个社会体系的组成部分的发展，社会发展是社会结构各个部分的整体发展和协调发展。坚持社会整体发展，是马克思主义社会发展理论的重要特征。

（三）人的自由全面发展是社会发展的价值追求

人是社会的人，人是社会存在和发展的主体。离开人，不仅社会不存在，更不能发展。同时，社会的发展是为了人的发展，社会在实践中取得的每一个进步，都会促进人的发展。所以，人的自由全面发展是社会发展的价值追求。

人类对于自身的认识，有一个由浅入深的过程，对于人的发展的认识也同样是一个由浅入深的过程。在人类思想史上，对人的关注在古希腊的哲学家中就存在了。普罗泰戈拉提出了“人是万物的尺度”的著名命题，使人成为衡量存在的标准，主宰万物的力量，彰显了人在社会中的地位，对启发人们重视自身价值具有重要的意义。柏拉图在《理想国》中谈到公民的教育应包括音乐和体育，音乐是指属于文化领域之内的事物，体育是指有关身体的训练与适应的一切事物，而威严、礼仪和勇敢似乎就是教育所要培养的主要品质。① 可见，在古希腊，思想家们就在探讨人的发展应该包括的方面。中世纪的经院哲学家托马斯·阿奎那认为，在现实世界之上还有一个超现实的世界，这个世界需要依靠上帝的启示和信仰才能认识，而人的理智是无法认识这个超现实的世界的。阿奎那把对世界的认识中的非理性和人的发展的表现联系起来。基督教神学家奥古斯丁在《上帝之城》中阐述了人的得救理论，他认为人的发展就是要为自己最终进入“上帝之城”做好准备，人的发展的最佳目的就是逐渐摆脱世俗世界，最终进入天堂。在中世纪，由于哲学家们认为理性附属于信仰，在谈到人的发展要求时，往往拘泥于信仰方面，但由于这种信仰是以虚假认识为基础的，所以，它对于人的发展的认识也就是虚妄的。

到了近代，由于科学技术的迅速发展并显现出巨大的力量，使宗教和

---

① 参见［英］罗素著《西方哲学史》（上卷），何兆武、李约瑟译，商务印书馆 1963 年版，第 148 页。

迷信受到了怀疑，非理性的东西逐渐被理性的东西所代替。随着人们对自然规律的认识和掌握能力的进步，思想家们在人的发展问题上也充满了一种积极的态度。意大利的人文主义思想家拉伯雷（1494—1553）坚信人类可以用知识把自己武装起来，这样用知识武装起来的巨人就有力量改造自然、改造世界。薄伽丘认为，人应该是聪明的、灵活的、强壮的、有教养的全面发展的人。虽然薄伽丘等人文主义者重新确立了人的中心地位，恢复了人的价值和尊严，但是这里的“人”被剥离了最重要的社会属性，成为了“抽象的人”。德国古典哲学的集大成者黑格尔认为：“社会和国家的目的在于使一切人类的潜能以及一切个人的能力在一切方面和一切方向都可以得到发展和表现。”① 他认为，只有通过教育才能使人成为一个完善的人。通过知识教育，让儿童获得专业知识；通过对儿童精神的培养，可以提高人的素质、完善人格。在这里，黑格尔把社会发展的价值追求揭示了出来，但是黑格尔的社会和国家要符合“绝对精神”的要求，是“绝对精神”的外化和体现，人的发展也是“绝对精神”的外化和体现，而不是现实中的人的发展。19 世纪的空想社会主义者圣西门、傅立叶、欧文对人的全面发展思想的形成作出了较大的贡献。圣西门把促进所有人的全面发展作为他的人生目的，“我终生的全部劳动的目的，就是为一切社会成员创造最广泛的可能来发展他们的才能”②。他指出，一切社会设施的目的，都应从道德上、智力上和体力上去改善人数最多的和最贫困的阶级的状况。在圣西门看来，实业制度是达到人的发展的必要条件，但是，圣西门却把实业制度的建立寄托在统治阶级的身上。傅立叶认为，通过建立“法郎吉”，并让人们在“法郎吉”中从事各种劳动以培养全面发展的人。傅立叶指出：“教育应当是社会劳动的教育。教育的组织在一定意义上应当和劳动组织相似……只有这样的教育才能给社会培养出适合和谐制度生活的全面发展的公民。”③ 欧文设计了“劳动公社”或“合作新村”。在这种新型社会里，由于采用新技术和新机器，使劳动生产率大幅度提高；同时取消工农差别和脑力劳动与体力劳动的差别，使教育和劳

① ［德］黑格尔著：《美学》第 1 卷，朱光潜译，商务印书馆 1979 年版，第 59 页。

② ［法］圣西门著：《圣西门选集》下卷，何清新译，商务印书馆 1962 年版，第 286—287 页。

③ ［法］傅立叶著：《傅立叶选集》第 3 卷，汪耀三、庞龙、冀甫译，商务印书馆 1982 年版，第 343 页。

动结合起来，培养全面发展的人。虽然19世纪的空想社会主义者表达出人们对于全面发展的向往，但由于资本主义的基本矛盾还未充分暴露，加上他们自己的唯心史观的局限，空想社会主义者在人的发展理想的实现上并没有提出一个可行的方案，最终只能是一种空想。

马克思主义创始人批判地汲取了西方思想家们在人的发展方面的探索成果，对人的发展和社会发展的关系进行了深入解读，揭示了人的发展的丰富内涵，指出人的自由全面发展是社会发展的价值追求。在1848年的《共产党宣言》中，马克思、恩格斯把人的自由全面发展看作是未来新社会的根本特征，他认为，在未来的新社会里“每个人的自由发展是一切人的自由发展的条件”①。后来，马克思又指出，未来的共产主义社会是“以每个人的全面而自由的发展为基本原则的社会形式”②。可见，马克思、恩格斯把人的自由全面发展作为共产主义社会的目的，把实现人的自由全面发展看作是人类社会发展的价值追求。人的自由全面发展主要包括人的关系、素质、能力、个性的自由全面发展。③ 怎样才能使人得到全面而自由的发展呢？在马克思主义看来，生产力的高度发展以及对社会生产力的全面占有，为实现人的自由全面发展提供了物质基础和条件。生产力的高度发展是人的自由全面发展的前提和基础，对社会生产力总和的全面占有是为了把这一基础真正用于人的自由全面发展。人的自由全面发展是一个历史过程。马克思从人的发展的角度把人类历史发展分为三个阶段，即“人的依赖”阶段、“物的依赖”阶段、“自由个性”阶段。到了“自由个性”阶段，“每个人的自由发展是一切人的自由发展的条件”④，每个人将得到自由全面的发展。所以，从某种意义上讲，人类社会的发展就是一个逐步实现人的自由全面发展的历史过程。

（四）社会基本矛盾是社会发展的内在动因

人类社会是如何发展的？在马克思之前，一些思想家对这个问题进行了探索，对人类社会发展的动力作过各种不同的猜测和论述。但他们由于历史的局限性，没有提出科学的社会发展动力观。马克思在批判地继承历

① 《马克思恩格斯选集》第1卷，人民出版社1995年版，第294页。
② 《马克思恩格斯选集》第2卷，人民出版社1995年版，第239页。
③ 参见陈志尚主编《人的自由全面发展论》，中国人民大学出版社2004年版，第90页。
④ 《马克思恩格斯选集》第1卷，人民出版社1995年版，第294页。

史上关于社会发展动力的合理思想的基础上，结合新的历史时期的新的实践，揭示了社会发展的内在规律，建立了科学的社会发展动力观。

在人类社会发展的早期，人类认识自然、改造自然的能力非常低下，人类的生存和发展受自然界的影响很大。人们往往从自然界去寻找社会发展的动力，用自然现象去解释人类社会发展的原因，把人类社会发展的动力归结为自然现象或自然物。这种认识是不科学的，甚至不乏荒诞，但它却是人类寻找社会发展动力的不可逾越的一个阶段。①

早期人类试图用自然现象来解释社会的发展变化，但用自然现象解释不了实践中碰到的问题，于是就认为有一种超自然的力量在支配着整个世界，从上帝、神的意志那里去寻找社会发展变化的原因。中世纪的奥古斯丁认为，世界不是从任何物质中创造出来的，而是从无中创造出来的，是上帝创造了物质实体；并指出，人类社会的一切发展都要受上帝意志的决定。

文艺复兴时期，一些思想家把对社会发展的动力的探索从天上转到地上，把人从神的主宰下解救出来，从人的本性出发去解释人类社会发展的原因，认为人性才是推动社会发展的强大动力。17 世纪，英国的洛克认为，"一切人（包括他自己）在行为上必定总是完全被追求个人幸福或快乐的欲望所驱使"②。他主张追求个人的幸福和快乐是人的本性。爱尔维修则称人的本性是趋乐避苦。他们认为，在社会生活的各个领域中，人的利益始终起着支配作用。虽然这一时期的思想家以人权反对神权，以人性作为社会发展的动力，但是仍然没有找到社会发展的真正动因。

黑格尔认为，人性动力论虽然含有一定的合理因素，但是不全面，没有揭示出社会发展的根本动力。探索社会发展的原因，不能局限于人性动力的层面，要揭示出个人的目的、动机背后的最终目的。黑格尔指出，在自然界和人类社会产生之前，存在着一种"绝对精神"，这种"绝对精神"是"真实、是永恒、是绝对有力的存在"③，是存在于人的头脑之外的某种客观的理念，是自然界、人类社会产生和发展的最根本的动力。看来黑格尔也不是从现实的世界出发，而是将神秘的"绝对精神"作为世

① 参见徐伟新著《新社会动力观》，经济科学出版社 1996 年版，第 3—4 页。

② ［英］罗素著：《西方哲学史》（下卷），马元德译，商务印书馆 1976 年版，第 143—144 页。

③ 同上书，第 283 页。

界的主宰。这样，黑格尔的理性动力论中虽然包含着一些合理的成分，但是从整体上看还是一种彻底的唯心主义的动力观。

马克思、恩格斯汲取了黑格尔从人性背后去寻找“动力的动力”思维方式，但马克思、恩格斯并不像黑格尔那样从自然界、社会之外去寻找“动力的动力”，而是在现实社会生活中去探索人类社会发展的动力，在科学实践观基础上建立了科学的社会发展动力论。马克思、恩格斯在考察人类社会历史的过程时认为，一切历史的第一个前提就是人们必须能够生活，人们在生活中就需要吃、喝、住、穿等生活资料，人们为了获得这些需要的资料就要进行物质生产活动。在生产活动中必然表现为双重的关系，一方面是人与自然的关系；另一方面是人与人之间的关系。人与自然之间的关系表现为生产力，人与人之间的关系表现为生产关系。生产力与生产关系的统一就是生产方式，生产方式的发展变化就决定了人类社会发展的程度。马克思在1859年《〈政治经济学批判〉序言》中那段关于唯物史观的经典表述揭示了人类社会发展的客观规律。马克思认为，生产力的发展变化必然引起生产关系的变化，生产关系和经济基础的变化又引起上层建筑的变化，生产力是整个社会发展变化的最终根源。在生产力发展基础上形成的生产力、生产关系（经济基础）、上层建筑三者之间的矛盾运动是推动人类社会发展进步的根本动力。1888年，恩格斯在《路德维希·费尔巴哈和德国古典哲学的终结》中指出，要研究人类社会发展的规律，就需要探索人类社会发展的真正动力。恩格斯以资产主义生产发展的历史为依据，论证了阶级和阶级斗争与社会经济的联系、与生产关系的联系，从中看到了生产方式的矛盾永远是社会发展的物质基础，而阶级斗争是这一矛盾运动在阶级社会的表现。[①] 后来，针对资产阶级反动学者将唯物史观歪曲为“经济唯物主义”，说它只承认经济因素的决定性作用的论调，恩格斯提出了推动人类社会历史发展的“合力”思想。恩格斯在强调了生产力在人类社会发展进程中所起的最终决定作用的同时，并没有否定其他因素在人类社会发展中所起的作用。他在1890年9月《致约·布洛赫》的信中认为，构成历史运动的总合力是无数力的合力，无数力的平行四边形产生的一个合力就造成一个总的历史结果。

在马克思主义社会发展动力论的基础上，结合中国经济社会发展的实

---

① 参见《马克思恩格斯选集》第4卷，人民出版社1995年版，第250—251页。

际情况，国内学者对推动我国经济社会发展的动力进行了探索。在对社会主义社会发展动力进行探索时，有的学者提出了自主劳动论、合理需要论、利益协调论、社会改革论等观点[①]，有的学者提出了创新动力论[②]。这些学者揭示出在不同的历史时期推动我国经济社会发展的动力因素，这些具体的动力因素形成一个合力推动我国经济社会向前发展。这些具体的动力因素要发生作用，必须要经过社会基本矛盾运动这一社会发展的根本动力才能得以实现。可见，社会基本矛盾运动是推动人类社会发展的根本动因。

三　当代西方学者的社会发展理论

第二次世界大战以后，世界上虽有区域性的战争与冲突，但没有发生大规模的战争，和平与发展成为当代世界的主题，世界历史进入了一个新的发展时期。西方国家在二战以后开始进行经济的重建与复兴，一批发展中国家也面临着发展民族经济、进行社会改革的艰巨任务。这些西方国家谋求发展的实践必然在理论中得到反映，从而形成了当代西方的社会发展理论。

（一）当代西方学者社会发展理论概览

发展问题，是二战以后西方各国普遍关注的重大问题。尤其是一大批发展中国家在二战后都面临着振兴本国经济、实现政治民主与社会进步等任务，以寻求走上真正自主发展的道路。在这种形势下，一批学者把发展中国家的发展作为自己的研究对象，并提出了不同的社会发展理论，主要有现代化理论、依附理论和世界体系理论。

现代化理论有广义和狭义的区分，广义的现代化理论是指有关工业革命以来由农业社会向工业社会转变的过程与特征的理论。自工业革命以来，部分西方国家如英国、法国、德国、美国等实现了由农业经济向工业经济、农业社会向工业社会、农业文明向工业文明的转变，实现了本国的现代化。狭义的现代化理论是指20世纪60年代形成于美国的有关发展中

---

①　徐伟新著：《新社会动力观》，经济科学出版社1996年版。

②　庞元正主编：《当代中国科学发展观》，中共中央党校出版社2004年版。

国家实现工业化的社会发展理论。本书主要在狭义上使用这一概念。现代化理论的创始人帕森斯以结构功能主义为基础提出现代化理论，它的一个基本的假设是“传统—现代性”两极对立。现代化理论认为，发展中国家要实现现代化，必须要改变其落后的制度和观念，在制度上和观念上全面向西方发达国家学习，从而实现由传统社会向现代社会的转变。美国的经济学家罗斯托把经济成长的阶段划分为六个阶段，即传统社会、为起飞创造前提阶段、起飞阶段、向成熟推进阶段、大规模高额消费阶段、追求生活质量阶段等。罗斯托认为，发展中国家要实现“起飞”，面临的许多障碍需要依靠西方发达国家的帮助才能解决。现代化理论倡导以西方模式、尤其以美国模式为发展中国家现代化的普遍模式，认为发展中国家的现代化属于外源型、防御型而非内源型的，其核心内容是如何实现经济的发展。但是，现代化理论未能揭示出社会发展的真正动因是什么，把西方发达国家现代化的过程普遍化、绝对化，在实践中使一些拉美国家在现代化进程中受到挫折，走上了不得不依附于发达国家的发展道路。

依附理论于20世纪60年代初期在拉丁美洲发展起来，其主要的倡导者和支持者是拉美的一些比较激进的学者，主要代表人物有弗兰克、普雷维什、阿明、多斯桑托斯等。这些学者对西方发达国家和不发达国家经济发展的原因进行了探索，认为西方发达国家经济增长的过程是建立在对不发达国家的统治和掠夺基础之上的，西方发达国家的现代化过程就是不发达国家被边缘化的过程。他们把这一现象概括为“中心—外围”式的依附理论。弗兰克和多斯桑托斯认为，已经形成的世界经济体系将各民族国家变为这一体系的组成部分。在世界经济体系中，西方发达国家在世界经济体系中处于核心地位，发展中国家在这一体系中处于外围的依附地位。虽然西方发达国家向不发达国家提供了一些资金和技术方面的帮助，使这些国家开始了工业化的进程，但是并不能使这些国家真正走向自主发展的道路。不发达国家怎样才能走上自主发展的道路呢？依附理论认为，只要存在着依附就不可能有真正的发展。所以，要发展就必须摆脱对发达国家的依附，在经济上处于独立地位。普雷维什提出，处于外围的国家要同处于中心的国家脱钩，并在国内进行社会改革和实行工业化，才能实现发展。多斯桑托斯则认为，不必与外部完全脱钩，改变内部结构是改变外围国家对中心国家依附状态的唯一办法。但是，依附理论认为不发达国家的落后完全归因于发达国家与不发达国家间不平等的经济关系，从而过分强调了外部因素对不发达国家经济社会发展的影响，这显得比较片面，未能找到真正起决定作用的内部因素。

世界体系理论主张将不发达国家的发展纳入世界总体背景中来认识，它将整个世界作为一个经济、政治、文化诸因素统一的大体系，并分为中心、半边缘、边缘几个层次，探讨各国在世界体系中的地位及其相互关系。世界体系理论的代表人物华勒斯坦认为，世界经济体系在运行中形成了核心地区、半边缘地区和边缘地区，其中核心地区的国家通过不等价交换的方式成为主要获利的地区，而边缘地区的国家则在这种不等价交换的方式下成为受损的地区。同时，华勒斯坦指出，世界经济体系具有周期性的特征，一个国家或地区在世界经济体系中的地位是可以改变的，核心国家有可能会下降为非核心国家，低层次国家也可以通过自身的发展在世界体系中向上一层次提升。在世界政治体系中，华勒斯坦认为各个国家也处于一个权力等级结构中，核心国家可以通过政治权力来干预经济，实现利润的最大化。同时，随着经济地位的变化，国家在世界体系中的政治地位也是可能发生改变的。世界体系在文化层面则以普遍主义为核心。工业革命以后，科学性文明随着世界体系的扩张，披上了普遍主义的外衣，实质上这种普遍主义是在世界体系中处于强势地位的国家对处于弱势地位的国家的一种文化层面的渗透，从而达到控制和支配的目的。可见，世界体系理论从更大的时空范围去分析不发达国家的现代化之路，但由于过分强调世界体系的重要性，没有给民族国家应有的地位，忽视其作用，这就较为不妥了。

除了专门研究发展中国家发展问题的发展社会学提出的现代化理论、依附理论和世界体系理论之外，还有法国学者佩鲁的新发展观，美国著名学者丹尼尔·贝尔为代表的未来社会发展理论，可持续发展理论等等。其中，法国学者佩鲁提出的新发展观，是对依附理论和世界体系理论的超越。依附理论和世界体系理论不满以发达国家为核心的体系，但又无法改变这一格局，因而给出了摆脱这一体系，谋求孤立发展的解决办法。佩鲁在《新发展观》中认为，新发展是“整体的”、“综合的”和“内生的”①，发展是各个国家在世界性交往中各为主体、独立内生、平等进步的过程，以发达国家为模式的单一道路的发展观是行不通的。同时，作为

① ［法］弗朗索瓦·佩鲁著：《新发展观》，张宁、丰子义译，华夏出版社1987年版，第2页。

对以经济增长为中心的片面发展观的批判，佩鲁在《新发展观》中不仅力主发展是整体的、综合的和内生的，还将发展提到全人类的高度，认为新的发展是全人类和一切人的利益的发展。他指出，“为了一切人和完整人的发展就理应是政治家、经济学家和研究人员一致接受的目标”①，从而转向了以人为中心的综合发展观。可见，西方学者不仅关注发展中国家的发展问题，还对整个世界如何发展进行了深入探索，并取得了丰富的成果。

（二）当代西方社会发展理论的得与失

第二次世界大战以后，世界各国都在战后采取各种措施促进本国经济社会的恢复和重建。基于二战后世界各国发展的实践不断变化，发展理论也随着实践的变化不断演变。在当代西方社会发展理论的演变历程中，体现出当代西方社会发展理论的一些合理因素，同时也暴露出当代西方社会发展理论的一些弊端。

当代西方社会发展理论从一定的意义上讲，包含着某些合理的因素。第一，从经济增长论转向综合发展论。在战后初期，新独立的发展中国家都把重建和经济发展作为重点，努力促进经济的快速增长，以消除贫困，实现国家和民族的复兴和发展。在这一时期，就出现了以罗斯托的“经济成长阶段论”为代表的社会发展理论。在以经济增长为首要目标的理论的指导下，战后一些国家的经济得到了迅速发展，但也带来了经济、社会、环境、生态等多方面的难题。随着时间的推移，这种经济增长模式的弊端日趋暴露，引起了人们的反思。人们逐渐认识到发展离不开经济的增长，但是经济增长并不等于发展。发展较之经济增长包含有更多的方面，是一个涵盖经济增长在内的各个方面的综合发展。

第二，发展理念从重物轻人到以人为核心的转变。对于经济增长和人的发展的关系问题，人们的认识经历了一个由浅入深的过程。在二战以后重视经济增长有其历史的合理性，如果没有经济的增长，人的发展便无从谈起。但是，这种认识将经济增长作为社会发展的目的，重物轻人，从而偏离了社会发展的方向，必然会引起一系列的严重问题，如腐败问题、分

---

① ［法］弗朗索瓦·佩鲁著：《新发展观》，张宁、丰子义译，华夏出版社 1987 年版，第 4 页。

配不公问题、贫富悬殊问题等。这些问题不得不引起人们的反思，人们逐渐认识到发展不仅仅是经济的增长，还应包括人的发展，并认识到人的发展是社会发展的目的，如佩鲁在《新发展观》中就是持这样的观点。可见，发展理念从重物轻人逐渐向以人为核心转变，突出了人在社会发展中的重要地位。

第三，从人类中心主义到人与自然和谐共生的可持续发展的转变。在发展理念中，有一种观点认为，自然界是人类生存和发展所需物质资料的来源地，是人类征服和改造的对象，过分强调以人为中心，为满足人类的需要而不惜牺牲自然，造成了自然环境的污染和破坏，使人与自然处于对立状态。这种理念在实践中为人类社会的发展从自然界获得了基本的物质生活资料，但是由于没有处理好人与自然的关系，没有认识到人与自然是一种相互依赖的关系，导致了人与自然关系的失衡。因此，必须要实现人与自然的协调发展。一些有远见的思想家对环境问题进行了深刻的反思，20 世纪 80 年代世界环境与发展委员会在《我们共同的未来》报告中提出了可持续发展的概念，认为人与自然的协调统一是可持续发展的核心问题。可持续发展概念的提出意味着人类对环境与经济、文化、社会发展之间的关系有了更为深刻的认识。

第四，要坚持走内生为主、外源为辅的社会发展道路。现代化理论与依附理论采用非此即彼的方法来思考问题。在整个世界的发展过程中，发展中国家的发展并非是全部独立发展而不依赖于其他国家，也不是要全部依赖于发达国家才能得到发展。应该如世界体系理论所指出的那样，所有的国家是互相联系、相互依赖，同时又依赖于整个世界体系的。当然，过分强调世界体系的作用就显得不妥当了，正如佩鲁在《新发展观》里认为，新的发展观强调发展战略应当是整体的、综合的、内生的全新的发展观念，其中内生的发展是指充分正确地利用本国的力量和资源来促进发展。因此，发展中国家在寻求自身发展的进程中，既不要过分强调世界体系的作用，也不能如依附理论所说的要完全割断与发达国家之间的联系，应该走一条切合自身实际的，以内生为主、外源为辅的社会发展道路。

当代西方社会发展理论虽然具有一定的合理成分和可借鉴价值，但也具有内在的缺陷和弊端。

第一，当代西方一些学者提出的社会发展理论往往站在西方的立场，具有较浓的西方中心论的色彩。现代化理论认为，发展中国家的发展就是从传统社会走向现代社会的过程，即追求现代化、走向现代化。什么是现代化呢？现代化理论的学者认为，现代化起源于欧洲，其实质是资本主义工业化的代名词。二战后发展中国家要实现现代化，就要遵循西方发达国家的发展历程实现社会结构体制的转型和变迁。概言之，就是要照搬西方，全盘西化。可见，这种西方中心论的立场只会使这些学者关于发展中国家的社会发展理论不是建立在对发展中国家的历史和现实的真实了解的基础之上，而是以西方发达国家的模式为蓝本建构的理论体系，在实践中就造成了“拉美陷阱”现象的出现。

第二，在二战后初期，一些学者根据各个国家尤其是发展中国家迫切需要恢复和重建经济提出来的“经济增长论”虽然具有一定的合理性，但也造成了一系列严重的后果。“经济增长论”者认为增长就是发展，发展必然增长，把社会发展简单地归结为经济增长。威廉·刘易斯在《经济增长理论》中重点探讨了怎样实现经济增长的问题，沃尔特·罗斯托说他关心的是经济增长而不是其他。这样，西方发达国家工业化所走过的道路就成为发展中国家要遵循和模仿的样本。在这种单纯追求经济增长的发展理论的影响下，一些发展中国家大多走上了发达资本主义国家的老路，虽然一些发展中国家的经济总量有所增加，但是也出现了贫富分化、贪污腐败、污染严重、环境恶化、资源匮乏等一系列恶果，导致了有增长无发展的现象出现。

第三，当代一些西方社会发展理论带有形而上学思维的特点。在现代化理论中，一些学者认为传统和现代是对立的两极，现代的就是好的、完美的，传统的就是发展的障碍，应该清除这些障碍。这种形而上学思维方式导致的后果是将传统当中的合理成分也完全抛弃了，而对西方的所谓现代的东西不加分辨地全盘照搬，这就使得发展中国家的现代化进程较易误入歧途。另外，在形而上学思维方式影响下，一些西方社会发展理论所提出的模型是空洞的、抽象的。如世界体系理论是把分析的重心放在笼统的世界体系上，而没有真实地再现世界的经济、政治关系，只承认一个资本主义的体系。在世界体系理论中，包含着体系结构决定一切的命题。华勒斯坦认为，世界的发展不过是各国在世界体系中争取位置的变化而已。不去考察现实中的政治、经济、文化等在各个国家中发生的实际变化，仅用一种体系结构进行抽象的逻辑推演，有什么实际的价值？

（三）当代西方社会发展理论的启示

基于历史的原因和阶级的局限性，当代西方社会发展理论既具有一定的缺陷和弊端，也具有许多值得借鉴和汲取的合理成分。

第一，转变形而上学思维方式，在科学实践观基础上建构马克思主义社会发展理论，以推进当代中国经济社会又好又快地发展。一些当代西方社会发展理论从抽象的理性出发，建构了一些关于社会发展的理论模型，而这些所谓的模式与现实中的经济、政治、文化等的发展存在着一定的偏差，具有内在的缺陷和弊端。因此，为了使理论能够更好地指导实践，就必须使理论从实践中来，再到实践中去，使理论符合实际。为了实现这个目标，就必须继承马克思主义实践的思维方式，从现实的人及其历史发展出发，去探讨人的发展与社会发展的关系，去探讨人类社会为什么发展、怎样发展等诸如此类的问题。所以，要借鉴当代西方社会发展理论的合理成果，在马克思主义社会发展理论的基础上，结合当代中国社会发展的新实践，建构当代中国社会发展理论，以推动当代中国社会向前发展。

第二，在当代中国社会发展的进程中，虽然要坚持以经济建设为中心，但不要片面强调经济增长的作用，而要重视人的发展，实现整个社会的整体协调发展。在二战后的初期，一些国家忙于经济的恢复和重建，在这种历史条件下，出现了把单纯的经济增长看作发展的观点，在后来的实践中引起了一系列的恶果。这种情况的出现引起了西方学者的反思，逐渐认识到单纯的经济增长并不等于发展，单一的经济增长速度也不能推动社会的发展，只能导致更不发达和更不平等；社会发展不纯粹是一个经济现象，而是一个集经济、政治、文化等诸多要素于一体的完整现象。在当代中国社会发展进程中，要汲取西方社会发展进程中的经验教训，避免重蹈覆辙。根据当代中国社会发展的实际情况，必须紧紧抓住以经济建设为中心不放松，同时警惕用片面的经济增长代替经济发展，做到经济、政治、文化、社会、生态等的全面发展；必须坚持以人为本，重视人的发展。社会发展的过程就是现实中的人的活动以及他们在生产、交换过程中的相互作用，社会发展的目标是为了一切人和人的自由全面发展。

第三，要坚持内生为主、外源为辅的发展方式，将自力更生和对外开放有机结合起来，促进中国经济社会健康发展。依附理论认为，核心国家在发展过程中起主导作用，外围国家处于从属地位，核心国家和外围国家之间的不平等的经济关系是导致发展中国家贫穷落后的根本原因，发展中国家要获得发展，就要同西方发达国家脱钩，彻底摆脱对发达国家的依附关系。世界体系理论认为，一个国家的发展状况取决于整个世界体系的构成及其在世界体系中的地位。可见，依附理论和世界体系理论都过分强调了外部因素对一国发展的影响，而忽视了影响各个国家经济社会发展的内部因素。针对这种将外部因素的影响绝对化的观点，一些西方学者进行了反思，认为应该从被动的依附型发展向内源型发展转变，如佩鲁在《新发展观》中指出："这种新发展是'整体的'、'综合的'和'内生的'。"[①]"内生的"这个词表示一个国家的内部力量和资源及其合理的开发和利用。因此，在推动当代中国经济和社会的发展过程中，首先要坚持自力更生，提高本国人民的素质，注重保持本国经济、政治、文化、社会、生态等方面发展的自主性，努力增强国家经济社会发展的能力，减少对发达国家的依赖，走出一条适合本国特色的发展道路。同时，整个世界是一个有机联系的整体，正如佩鲁所说的那样，"整体的"这一术语"当然适用于具有不同规模和结构的各种实体，如一个国家、一个国家集团或整个世界"[②]。因此，中国在发展过程中也不能割断与其他国家的联系，而应坚持对外开放，互通有无，以增强自力更生的能力，从而更好地实现经济社会健康快速地向前发展。

第四，要妥善处理好人与自然之间的关系，走可持续发展道路。在20世纪50—70年代，由于人口、资源、环境的压力日益增大，人们对经济增长等于发展的模式产生怀疑并展开讨论。1987年，联合国世界与环境发展委员会在《我们共同的未来》报告中提出了可持续发展的概念，从此可持续发展理论受到了广泛的关注并逐渐成为人们的共识，它为人类社会提供了一种全新的发展理念，指明了人类社会发展的新方向。可持续发展理论涉及人与自然、人与人、代内人与代际人之间的关系问题，其核心问题是人与自然的关系问题。解决好人的问题是解决自然问题的目的，解决好自然问题归根结底是为了解决好人的生存和进一步发展的问题。因此，在当代中国社会发展进程中，要以人为本，突出人的主体地位，促使

---

① ［法］弗朗索瓦·佩鲁著：《新发展观》，张宁、丰子义译，华夏出版社1987年版，第2页。

② 同上。

人与自然和谐共生，从而实现当代中国社会的可持续发展。

四　改革开放以来我国学者的社会发展研究

从20世纪80年代以来，随着改革开放和我国社会主义现代化建设事业的逐步推进，中国的面貌发生了很大的变化，国家快速发展的现实迫切需要科学的发展理论的指导，在这种背景下社会发展理论在中国成为热点。进入21世纪以后，面临着国内外复杂多变的新形势、新问题，我国学者对社会发展理论的研究又呈现出许多新的特点，在一些重要的问题上取得了新的进展。

（一）现代化问题研究

现代化理论产生于第二次世界大战以后，主要是研究发展中国家怎样从传统社会走向现代社会。对于中国这样一个发展中国家而言，实现现代化是我国当前经济社会发展的目标。在十一届三中全会以后，随着改革开放和现代化进程的全面展开，从20世纪80年代中期开始我国学术界就有组织地进行现代化研究，并取得了丰硕成果。

1. 马克思的现代化思想

学术界对马克思的现代化思想研究取得了许多成果，1993年，罗荣渠在《现代化新论》中认为在马克思那里就已经形成了现代化思想，“现代”指的是18世纪后期工业革命以来的时代，其特征是在现代生产力引导下人类社会从农业社会向现代工业社会的过渡。哲学界也展开了对马克思现代化思想的研究。一是关于现代化的起源问题。有学者认为，马克思、恩格斯将大工业和科技革命看作现代化的前提。马克思、恩格斯认为，大工业是现代化的本质特征，科技革命对于经济的发展和社会变革具有重要的推动作用。① 二是现代化的本质。有学者认为，马克思、恩格斯把现代化理解为资本主义化的过程，马克思、恩格斯的现代化理论包括资本主义理论和东方社会理论，其中东方社会理论是马克思现代化理论的高级形式。②

---

① 王永贵：《论马克思恩格斯的现代化思想》，《马克思主义研究》2001年第1期。

② 何萍：《现代化与马克思恩格斯的东方社会理论》，《山东社会科学》2003年第2期。

2. 现代化的内涵

由于现代化理论是二战后西方学者针对世界发展问题，尤其是发展中国家的发展问题所提出来的，它认为西方的现代化道路就是发展中国家发展的道路，却未认真关注发展中国家的实际情况。中国作为一个发展中的大国，新中国成立初期虽然取得了很大的成就，但从总体上看在经济上是落后的，这使得中国的现代化最需要解决的问题就是发展经济问题。在20世纪60年代，中国提出了“四个现代化”，即工业、农业、国防和科技四个方面的现代化。四个现代化主要反映了中国希望摆脱贫困、实现国家富强的愿望，强调了经济发展的重要性。有学者认为，把现代化仅仅看作经济的现代化是不够的，还应关注其他方面，如现代化的政治、法律制度，现代化的文化等。①

3. 人的现代化

20世纪80年代以来，学术界对人的现代化展开了深入研究，取得了丰硕的成果。首先，对人的现代化的内涵和实质进行了探讨。有学者从“类哲学”的视角解读人的现代化，认为人从“人的依赖关系”到“物的依赖关系”再到人的“自由个性”的发展过程，就是人从传统不断走向现代的过程，独立人格意识的获得，是人的现代化的重要标志。② 其次，揭示了人的现代化与社会现代化的关系。有学者认为，人的现代化与社会现代化是一个双向建构过程，但人的现代化建设是更重要的因素。社会创造现代化的人，是通过人创造现代化的社会而实现的，所以现代化首先要实现人的现代化。③ 最后，探索了人的现代化实现的途径。许多学者认为，人的现代化是具体的、历史的，被社会的经济、政治、文化等诸多要素影响和制约，因而他们主张从社会发展的各个层面全面推进人的现代化。如胡平在《浅论人的现代化的实现途径》中认为，人的现实存在是多重性的，既具有个体性、现实性、精神文化性，又具有社会性、历史性、日常生活性，因而需要从经济、政治、文化等多个方面入手来实现人的现代化。④

当然，学术界除了对上述几个现代化的问题进行深入研究以外，还展

---

① 孙晓春：《关于现代化的文化思考》，《社会科学战线》1988年第4期。

② 高清海、余潇枫：《“类哲学”与人的现代化》，《中国社会科学》1999年第1期。

③ 徐舒映：《人的现代化是社会主义现代化的关键》，《聊城大学学报》（社科版）2002年第6期。

④ 胡平：《浅论人的现代化的实现途径》，《嘉兴学院学报》2004年第1期。

开了对文化现代化、政治现代化等问题的探讨，对传统文化与现代化的关系、在现代化的进程中如何有效地组织和管理社会政治生活等进行了集中的研究，并取得了许多成果，对中国尽快实现现代化具有重要的意义。

（二）可持续发展研究

可持续发展是当代西方关于社会发展的最新观念之一，反映了人类对自身生产、生活行为以及对现实与未来发展前景的深刻反思和新的认识。中国高度重视可持续发展思想，将实现可持续发展作为中国经济社会发展的重大战略之一。同时，学术界也围绕可持续发展问题进行了深入的理论探讨，在新的历史条件下丰富和发展了马克思主义社会发展理论。

1. 社会发展的目标

二战后，广大发展中国家为了尽快恢复战后的经济秩序，重建家园，大多非常重视本国的经济增长速度，把经济增长速度作为社会发展的首要目标。在这种思想的指导下，由于片面追求快速的经济增长，加之科技水平不高，就必然导致高污染、高能耗、低效益，资源和环境已不堪重负，事实上已造成了代际公平不可能实现，使子孙后代的利益受到了严重的损害。中国在改革开放初期，个别地区和部门出现了过分强调以经济增长为目标的情况，导致了资源浪费、环境污染加重的后果出现，使中国的进一步发展受到了严重的影响。在这种情况下，中国认为应促进经济社会又好又快发展，好字当头，不要为了经济的发展速度快而牺牲发展的质量，要兼顾好经济发展的速度和效益。以胡锦涛同志为核心的党中央提出了科学发展观，要求在经济社会发展进程中要做到“以人为本”，把人的自由全面发展作为经济社会发展的最终目的。可以说，中国在经济社会发展进程中出现的问题，其根源还在于没有很好地理解社会发展的目标，科学发展观的提出是对可持续发展战略的继承和发展，是马克思主义社会发展理论在当代中国的新发展。

2. 可持续发展的实质

可持续发展理论虽然已经成为世界的共识，但是怎样理解可持续发展理论的精神实质，却存在一定的差距。从总体上看，可持续发展理论的实质体现在以下几个原则中：首先，发展的原则。可持续发展理论的实质首要的是发展，离开了发展，去讨论怎样实现可持续发展就失去了意义。其次，公平原则。在可持续发展中，人与人关系的基本准则是平等原则，它包括代内平等和代际平等两个方面。代内平等要求每个国家和地区的发展都不能以损害其他国家和地区的发展为代价，它意味着每一个国家都具有平等的发展权利。代际平等要求在实现当代人发展的进程中必须关注未来的发展，不能损害下一代人的发展权利。最后，协调原则。发展是一个涉及很多系统相互协调的复杂过程。各个系统必须具有较高的协同度，才能促使整个社会的可持续发展。要努力实现人与自然和人与人之间的和谐，从本质上看人类的整体利益与自然界进化的规律是一致的，但是往往会出现局部利益和整体利益之间的冲突，不能为了局部利益而牺牲人类整体利益。因此，在可持续发展进程中，必须坚持协调原则，使资源、环境、经济、人口、社会等几大系统相互协调共同发展，并要求各个子系统之间和各个子系统内的诸要素之间相互协调共同发展。

3. 中国社会可持续发展

中国怎样实施可持续发展战略呢？有学者认为，中国在实施可持续发展战略时，要用50年时间才能真正进入可持续发展的门槛。[①] 到2030年，实现人口数量和规模的零增长，同时实现人口质量的极大提高；到2040年，实现资源和能量消耗速率的零增长，同时实现社会财富的极大提高；到2050年，实现生态和环境恶化速率的零增长，同时实现生态质量和生态安全的极大提高。到了2050年，中国顺利实现了上述三个“零增长”以后，将会更加增强自己可持续发展的综合能力。

当代中国社会正处于一个深刻的社会转型时期，其主题是实现现代化。在现代化的进程中，怎样处理好社会转型与走可持续发展道路之间的关系，则是能否顺利实现现代化的关键之一，否则现代化的进程将会受到阻碍。在现代化的进程中，坚持可持续发展的理念意义重大。胡锦涛指出：“可持续发展战略事关中华民族的长远发展，事关子孙后代的福祉，具有全局性、根本性、长期性。”[②] 在党的十八大报告中，胡锦涛将中国特色社会主义事业总体布局从“四位一体”扩展到“五位一体”，增加了生态文明建设，充分体现了我国对建设生态文明，走可持续发展道路的重视。可持续发展需要理性的思维、先进的科学技术，注重生活的意义与价

① 杨多贵、牛文元：《跨越三大台阶中国实现可持续发展战略》，《科学决策》2000年第5期。

② 中共中央文献研究室编：《十六大以来重要文献选编》（中），中央文献出版社2006年版，第69页。

值，强调经济发展的质量，追求人类活动方式的可持续性，所以必须要明确当代中国社会转型的历史归宿问题，用可持续发展理论来规范、引导现代化，从而将可持续发展与当代中国社会转型和现代化有机结合起来，在当代中国社会转型中顺利实现现代化，实现中华民族的永续发展。

（三）全球化问题研究

20 世纪 80 年代以来，在世界范围内出现了强劲的全球化趋势。这种趋势对发达国家和发展中国家的经济社会发展均产生了深刻的影响，在客观上推进了人类社会的发展，但也带来了一系列的新问题和新情况。进入 21 世纪以后，在全球化进程中所产生的全球性的问题经过长期积累而显露出来，这些问题在规模上和危害程度上都是巨大的。因此，对于全球化的问题，人类不能不认真进行研究和积极应对。中国学者在全球化的背景下也展开了积极的研究，力图充分认识所遇到的问题，从而进一步揭示当代社会发展的本质。

1. 全球化的内涵

由于价值认同背景和学科视野的不同，人们对全球化的内涵从不同的角度有不同的理解。有学者认为，在知识发展的背景下，出现了由旧全球化时代向新全球化时代的重大转变。旧全球化主要以工业文明为基础，其基本结构是“工业文明—农业文明”；新全球化时代则将知识经济生产方式作为社会的主要支柱，以后工业文明作为其根本原则，其基本结构是“后工业文明（知识经济生产方式）—工业文明”。[①] 有学者认为，“全球化是人类随着其主体能力的提高，特别是由于物质生产和交往的普遍化，各个国家和民族在全球范围内实现经济、政治、文化的全方位沟通融汇，以达成越来越多的共同利益、共同文化与价值认同以及实践上的协同互动的过程。”[②] 可见，全球化是包括经济、政治、文化和社会生活等在内的全球化，而不仅仅指经济的全球化。

2. 全球性思维方式和价值观念

面对全球化的浪潮，中国必须参与全球化的进程，在与其他国家竞争

---

① 任平：《新全球化时代的马克思主义：问题、视界与前景》，《苏州大学学报》（哲社版）2000 年第 2 期。

② 杨信礼等著：《当代社会发展的哲学研究与论辩》，百花洲文艺出版社 2007 年版，第 379 页。

与合作的过程中推进本国经济社会的健康发展，为此必须确立与全球化浪潮相适应的思维方式和价值观念。首先，要确立整体性的思维方式。世界是由各个民族国家和地区组成的，每一个民族国家和地区自身也是一个具有开放性的社会系统。在全球化的背景下，每一个民族国家和地区必须与其他民族国家和地区在经济、政治、文化诸方面相互交流、相互依存。因此，中国在参与全球化的进程中必须要具有整体性的思维方式，在与其他国家的交流合作中促进经济社会的快速发展。其次，要确立共生共赢的价值观念。在全球化时代，参与全球化进程的民族国家和地区都具有各自的利益和目标，每一个民族国家和地区与其他的民族国家和地区均互为目的和手段。因此，各个民族国家和地区在坚持自身的独立性和根本利益的基础上，要遵守共同的规则，在追求自己的利益时要顾及其他主体的利益，从而实现各个主体的共生共赢。最后，要有趋利避害的意识。在参与全球化的过程中，应保持清醒的认识，既要抓住有利时机推进本国经济社会的发展，又要规避风险，尽可能地消除不利因素的影响。尤其是在经济全球化过程中，作为发展中国家要尽可能地吸收和利用发达国家的先进技术、扩大国外市场、实现本国经济结构的优化升级。同时，要采取措施规避经济全球化带来的风险，确保本国的经济安全。

3. 全球化与当代中国社会发展

全球化浪潮已经席卷世界，对广大发展中国家经济社会的发展带来了许多有利的影响，同时也对发展中国家的健康发展带来了诸多风险，无视或否认这种客观存在是不明智的。对于中国来讲，既不能闭关锁国，走孤立发展的道路，将自己置于全球化之外，也不能背离民族和国家的历史文化传统，放弃本民族和国家合理的利益诉求，而应该将全球性和民族性结合起来，走出一条符合中国国情的经济社会发展道路。在现阶段经济全球化是全球化的主要表现。经济全球化加强了各国之间的经济联系，促进了国际间的经济交流和合作，给中国的经济社会发展带来了许多机遇。中国应该在经济全球化的进程中进一步扩大对外开放，加强与世界各国的经济交往，以弥补本国在资本、技术、管理、服务、信息等方面的不足，利用后发优势迅速调整产业结构、促进科技进步、提高管理效率，从而推进本国经济社会在经济全球化的浪潮中又好又快地发展。同时，中国在融入经济全球化的进程中也面临着许多挑战。在现阶段，由于发达国家在经济、技术等方面占据优势，主导了世界经济秩序和规则的制定，从而在经济全球化的进程中获利更大。中国作为一个发展中的大国，其经济的发展必将受到世界市场、全球贸易的影响，并承受着由发达国家制定的不合理的经济秩序和规则的压力。因此，在全球化进程中，中国要坚持社会主义方向和独立自主的原则，实施科教兴国战略，大力发展生产力，提高应对风险的能力和水平；同时，应树立全球观念，积极参与世界经济秩序和规则的制定，保护自身的合理诉求。当然，现阶段正在迅速展开的全球化除了经济全球化以外，还应包括政治、文化等其他领域的全球化。虽然其他领域的全球化还没有达到经济领域中的那种程度，但随着经济全球化的快速发展，全球化在其他领域的影响也日益扩大。全球化在政治、文化等其他领域的影响也是双重的，这就需要中国采取积极的应对措施，一方面，要坚持社会主义的政治制度和意识形态，维护国家安全，努力建立公正合理的国际政治、文化新秩序；另一方面，要积极参与世界范围的政治、文化交流与合作，加强与世界各国在政治、文化等领域的沟通和联系，以促进中国的政治现代化和文化现代化。

学术界在全球化研究中取得了可喜成果，除了上述几个方面的研究外，还对全球化的由来、全球化的特征、全球化与唯物史观研究范式、全球化与时代问题、全球化与中国现代化等问题展开了研究，为当代中国在应对全球化的进程中提供了理论支撑，促进了当代中国经济社会健康有序地发展。与此同时，在全球化研究过程中，要切实关注全球化给当代社会发展提出的各种新问题，如全球化与当代社会转型、全球化与人的发展等，对这些问题必须进行深入研究，以丰富和发展马克思主义社会发展理论。

（四）人的发展研究

人的自由全面发展是共产主义的本质特征，在当前阶段学术界在研究社会发展理论时关注以人为本问题，充分体现了马克思主义社会发展理论的价值追求。现阶段学术界关注的以人为本问题，并不是要回到费尔巴哈的人本主义，而是对人类社会发展的目标、归宿的解读。人类社会发展的最终归宿是人的自由而全面的发展，但是在历史上却普遍存在着重物轻人的现象，给人类社会的发展带来了一系列严重的后果，如资源浪费、环境污染等问题在某些领域和地区还比较突出，阻碍了社会发展价值追求的顺利实现。因此，人们针对这些情况，强调人在社会发展进程中的主体地位和中心位置，对社会发展中人的发展问题展开了深入研究。

1. "以人为中心"的社会发展观

20 世纪 80 年代，国外学者对社会的综合发展问题的认识上了一个新台阶，提出了一种"以人为中心"的社会发展新理念，佩鲁的《新发展观》对这种新发展观的基本观点进行了理论总结和概括，我国学者张宁、丰子义将它译介到中国，对我国社会发展理论研究产生了积极的影响。有学者认为，"以人为中心"的社会发展观包括三个基本要点。① 一是人的主体地位的确立。人是社会的实践主体和价值主体，人是社会发展的依靠力量。人根据自身的需要去处理人与自然、人与人之间的关系，从而推动人类社会向前发展，就如马克思指出的那样，人既是历史的剧中人，又是历史的剧作者。因此，在人类社会发展进程中，人始终处于社会发展的主体地位。二是确立一种思维方式和价值取向。在处理人与自然、人与社会之间关系的实践活动中，需要人们确立尊重人、爱护人的价值取向，把人的解放作为社会发展的目标追求。三是确立人是目的的社会发展评价尺度。社会发展是为了满足人的各种需要，促进人的自由全面发展。因此，应将人的发展作为社会发展的评价尺度。

2. 马克思主义人的自由全面发展思想

有学者认为，马克思主义提出的人的全面发展思想包括三个方面相统一的完整内涵。② 第一，人的全面发展是未来理想社会的一种价值目标。马克思主义认为，只有在消灭了私有制和阶级的共产主义社会里，所有个人的自由而全面发展的目标才真正可能实现。第二，人的全面发展是当前作为社会主义的价值取向来追求的一个不断推进的现实过程。未来理想社会里人的全面发展目标是很美好的，但是由于中国还处于社会主义初级阶段，社会生产力不发达，物质财富没有极大丰富，就只能根据现实社会发展程度把人的全面发展作为一种价值取向，不断推进人的全面发展。第三，人的全面发展包括人的平等发展、人的和谐发展和人的自由发展。这是针对在旧式分工条件下，人的不平等发展、畸形发展和不自由发展提出来的，回答了人的全面发展的内容问题。有学者从人的自由全面发展的标

---

① 参见王晶雄、王善平著《社会发展：反思与超越——马克思主义社会发展理论研究》，学林出版社 2008 年版，第 59—60 页。

② 参见袁贵仁、韩庆祥著《论人的全面发展》，广西人民出版社 2003 年版，第 102—108 页。

准、实现条件与途径，人的自由全面发展的过程来论述马克思主义人的自由全面发展思想。[①] 陈志尚认为，要实现人的自由全面发展，必须具备以下三个基础，即生产力的发展、交往的普遍发展、真实集体中的个人联合；同时，他认为教育及其与生产等社会实践的结合是实现人的自由全面发展的途径。还有学者对马克思、恩格斯人的自由全面发展理论的主要观点进行了研究，如徐春对马克思、恩格斯关于人的发展的内容、人的自由全面发展、人走向自由全面发展的基础和条件等理论问题进行了探讨。[②]

3. 科学发展观的"以人为本"

自从党中央提出以人为本的科学发展观以后，学术界就对"以人为本"展开了讨论。有学者认为，"以人为本"的"人"指生而平等的作为类的独立的人，这种人摆脱了等级和人身依附关系，是在世界历史中形成的。[③] 并认为人是本体论意义上的世界之本，对于现实世界来说，人是本；人是价值论意义上之本，要根据人的需要来展开相应的实践活动；人是终极追求意义上之本，这与人的全面发展的理想目标相吻合。[④] 有学者认为，"以人为本"就是要把人作为发展的前提、目的、动力和标准，在具体实践中就是要在发展中做到尊重人、为了人、依靠人、提高人。[⑤] 还有学者认为，"以人为本"中的"人"首先是指广大人民群众，以人民群众为本；其次是指作为社会整体的人、作为社会全体成员的人，它反映在哲学上就是"类"的概念；最后是指作为个体的人。[⑥] 通过对科学发展观中"以人为本"的深入探讨，学术界认为，"以人为本"的提出，已经超越了单纯的经济发展的眼光，而是着眼于经济、政治、文化、社会等全面发展的广阔视野，体现了一种根本性的人文关怀，确立了人在社会发展中的核心地位。

---

① 参见陈志尚主编《人的自由全面发展论》，中国人民大学出版社 2004 年版，第 96—113 页。

② 参见徐春著《人的发展论》，中国人民公安大学出版社 2007 年版，第 229—238 页。

③ 张奎良：《辨析以人为本的人》，《学术交流》2006 年第 1 期。

④ 张奎良：《"以人为本"的哲学意义》，《哲学研究》2004 年第 5 期。

⑤ 参见杨信礼著《科学发展观研究》，人民出版社 2007 年版，第 76、86 页。

⑥ 参见赵小芒著《科学发展观——马克思主义发展观的创新成果》，人民出版社 2007 年版，第 76—80 页。

五　当代社会发展与马克思主义社会发展理论创新

随着人类社会从工业社会向信息社会过渡的加速，人们认识到仅仅依靠传统发展理论并不能解决人类社会发展进程中所遇到的一些重大问题。在新世纪新阶段中国社会正处在一个发展的关键时期，同时也面临着一系列的问题和挑战。为顺利推进当代中国社会又好又快地发展，在当代中国社会发展实践的基础上推进马克思主义社会发展理论的创新与发展，就成为当代中国社会所面临的重要任务。

（一）当代中国社会发展面临的问题和挑战

在新世纪新阶段，随着改革开放的逐步深入和全球化步伐的加快，当代中国社会的发展进入了一个关键时期，同时也进入了一个矛盾和问题的多发期，经济社会发展面临一系列问题和挑战：

第一，人口形势越来越严峻。虽然近 30 多年来我国实行了计划生育政策，但由于从 20 世纪 50—70 年代没有对人口控制的理念和要求，导致我国人口基数大，人口总量增长过快。目前，我国人口总规模已达到较高水平，人口总量已经突破了 13 亿人。据有关部门测算，到 21 世纪中叶，我国人口总量将达到 16 亿人左右。这就意味着我国的人均资源占有量将继续下降，人们生活水平的提高将受到人口因素的制约。除了人口总量的增长以外，我国人口结构也正在发生许多新的变化。中国人口的年龄结构正在向老年化急剧过渡，2006 年中国已有 1.49 亿的人超过 60 岁；根据中国老龄委 2007 年的报告预测，到 2020 年中国老年人口将增至 2.48 亿。① 到 2040 年老年人口有可能突破 3 亿（其中农村 2.6 亿）。② 到那时老人的赡养问题将会成为一个严重的社会问题。新生人口的素质问题和人口性别比问题、人口质量问题等都严重影响到我国经济和社会的健康发展。

第二，资源短缺和生态环境恶化。我国虽然地大物博，自然资源丰

---

① 参见林聚任、何中华主编《当代中国社会发展研究》第 4 辑，山东人民出版社 2009 年版，第 196 页。

② 参见夏禹龙主编《发展在中国的理论与实践》，上海社会科学院出版社 2001 年版，第 138 页。

富，但是人均资源占有量少，如人均淡水资源只有世界平均水平的四分之一，人均耕地面积仅相当于世界平均水平的三分之一。[①] 另外资源空间分布不均、资源结构性短缺等问题也不同程度地存在。例如，水资源南多北少，且与人口和耕地的分布不匹配，如南方淡水资源占全国的82%，但耕地只占全国的36%；而北方的耕地占全国的64%，其淡水拥有量却只占全国的18%。[②] 在化学能源中，石油、天然气等优质能源所占比例低，煤炭等所占比例高。再加上资源的不合理开采和浪费，更加剧了资源的短缺。在生态环境方面，由于人口总量增加，经济发展的加速，使我国对自然资源的需求与日俱增，加上不合理的生产活动和消费方式，导致我国的生态环境进一步恶化。2004 年，我国 340 个大中城市中有 60% 遭到空气污染，主要水系大部分已是四五类水质，不能饮用，三分之一的国土被酸雨侵蚀。[③] 另外固体污染物日趋严重，水土流失和土地荒漠化加剧，极大地威胁着当代中国经济社会的健康发展。

第三，收入分配差距较大。近年来，国家采取了一些措施促使在收入分配方面日趋合理化，从总体上看我国的居民收入差距基本保持在合理的范围内，但是收入差距扩大的趋势在不同的行业、不同的领域和不同的地区仍然存在，主要表现在以下几个方面：一是地区之间收入差距仍然存在。东部、中部和西部地区由于经济发展的程度不一样，东部地区的居民收入比西部地区居民收入要高。二是城乡居民收入差距拉大。尤其是在北京、上海、广州等一线城市居民的收入比广大农村居民的收入高很多。三是行业间工资水平差距进一步拉大。这主要表现在金融、电力、石油等高收入行业。据中国社科院朱庆芳研究员介绍，2003 年我国基尼系数已经超过国际公认的警戒线 0.4，扩大到 0.5 左右，城乡差距扩大到 3.23 倍，如果将城市居民享受的社会福利保障计算在内的话，城市与农村收入比高达 6:1。东、西部地区 GDP 之比扩大到 2.52:1，行业最高与最低工资之比达到 6.1:1。[④]同时，一些人通过不正当、甚至违法方式获得的高收入，由此造

① 参见夏禹龙主编《发展在中国的理论与实践》，上海社会科学院出版社 2001 年版，第 139 页。

② 参见何中华、林聚任主编《当代中国社会发展研究》第 1 辑，山东人民出版社 2006 年版，第 131 页。

③ 同上。

④ 同上书，第 194 页。

成的收入差距扩大给我国经济社会的发展带来的危害性是巨大的。

第四，道德滑坡，法制意识淡薄。在经济全球化和建设社会主义市场经济的进程中，由于在工作中不同程度地存在“一手硬、一手软”，导致信仰困惑、行为失范等现象滋生。在一些地区虽然经济得到一定的发展，但黄、赌、毒等又卷土重来，严重损害了社会风气。再加上极个别政府官员由于法制意识淡薄，知法犯法、贪污受贿等现象时有发生，在有些地方甚至还比较严重。虽然这些现象只是社会现实中的一个极小的部分，但如果任由其发展泛滥，不及时妥善处理，带来的后果是很严重的。

第五，教育质量亟待提高，就业矛盾突出。进入21世纪以后，随着高等教育的扩招，近年来大学在校生人数逐年增加，一方面，有更多的青年学子接受高等教育，提高了国民的整体素质；另一方面，由于高等教育规模的扩大，高等教育的质量却未得到显著的提高。从整体上看，中国现有的教育水平与世界发达国家的教育水平相比，还存在着一定的差距。除了教育面临的问题以外，就业问题也是我国经济社会发展进程中的突出矛盾。近年来，就业人数总量的增大与就业岗位不足的矛盾非常突出。我国每年有上千万的新增劳动力、农村转移劳动力和需要重新就业的失业人员，需要大量的就业岗位与之相匹配，否则将严重影响经济的发展和社会的稳定。这种严峻的就业形势始终是我国宏观经济、社会发展关注的焦点，考验着政府的宏观调控能力。

（二）马克思主义社会发展理论的创新与发展

面对问题和挑战，人们对传统发展理论进行反思，深入分析和探讨当代社会发展中的问题及其解决途径，继承和发展马克思主义社会发展理论，借鉴国外社会发展理论的合理成分，逐步形成了新的社会发展理念。其内容和特点是：

第一，注重社会发展进程中人的发展问题，确立人在社会发展过程中的中心地位。由于新中国成立后生产力落后，经济不发达，人民的生活水平比较低，所以在社会主义建设实践中就非常注重经济建设，努力增加物质财富的总量，以满足人民的需求。在注重经济增长的传统发展理念的指导下，虽然物质财富有了较大增长，但人与人、人与自然之间的关系日趋紧张，出现了人口膨胀、资源耗竭、生态环境恶化、物欲横流等问题。这种状况的出现引起了人们的反思，自20世纪90年代以来，人们认识到发展并不等于经济增长，它应涵盖更为广泛的内容，并形成了人在社会发展中处于核心地位的发展理念。这种新的社会发展理念认为，人在社会发展中处于主体地位，人的发展是社会发展的中心，又是对社会发展的最终检验标准。只有确立人在社会发展中的中心地位，正确认识和处理人与人、人与自然之间的关系，在21世纪人类社会才会更加健康快速地发展。

第二，注重社会发展的整体性。在以前的社会发展中，由于过度关注经济增长，一些地区和部门不同程度地存在见物不见人的现象，出现了“唯GDP论”的倾向。这样就导致整个社会发展不平衡、不全面。但是，人类社会是一个由人口、经济、社会、技术、思想文化等诸要素构成的高度复杂的整体，每一种要素都不是单独存在的，而是相互联系、相互作用的，它的发展变化都应符合社会整体结构的健康发展。在现阶段，中国社会的发展不仅要注重物质文明建设，还要注重政治文明、精神文明、社会文明、生态文明等共同发展。胡锦涛在党的十八大报告中将中国特色社会主义事业总体布局由“四位一体”扩展到“五位一体”，突出了生态文明建设在中国特色社会主义事业总体布局中的地位，使中国特色社会主义事业涵盖了经济、政治、文化、社会、生态等领域。这些领域的发展并不是孤立的，而是相互联系、相互作用的，从而使整个社会得到全面发展。

第三，注重社会发展的协调性。社会发展是一项庞大而复杂的系统工程，只有各个子系统有序地协调发展，整个社会系统的发展才会是稳定的、健康的。反之，任何一个子系统或领域如果不顾其他子系统或领域的发展而突进，就会导致整个社会系统的失衡。在社会发展进程中，经济的增长无疑是社会发展中的一个非常重要的方面，是一个社会发展的中心任务。但是，如果片面地强调经济增长，则会引起整个社会系统的失衡，使社会系统诸要素得不到最佳配置，进而影响到整个社会的协调发展。可见，经济发展必须要同政治、文化、社会、生态等方面的发展保持适当的比例，并协同发展，才能推动整个社会健康发展。

第四，注重社会发展的可持续性。人类社会是自然界长期进化的产物，自然界是人类社会发展的自然基础，离开了自然界，人类社会的发展是不可能的。所以，在社会发展进程中，必须要处理好人与自然之间的关系。但是，在传统发展理论的影响下，认为经济增长等于发展，在发展经济的过程中没有处理好人与自然的关系，导致资源耗竭、环境污染、生态失衡等现象的出现。针对这种现象，人们不得不进行反思。在20世纪80

年代，可持续发展的理念成为人们的共识。在人与自然的关系上，强调要尊重自然，顺应自然规律的客观要求，对自然的开发利用要控制在其承载能力之内，使人与自然和谐相处。在人与人之间的关系上，要处理好当代人与后代人的关系，做到代内平等和代际平等，这样既满足了当代人发展的需要，又不损害后代人满足其需要的能力。中国改革开放初期，在经济社会的发展进程中也遇到了环境污染、生态失衡、资源耗竭等问题。为有效地应对这些问题，我国在马克思主义社会发展理论的基础上，借鉴国外关于可持续发展的理念，创新发展理论，确立了可持续发展观，制定了可持续发展战略，以推进我国经济和社会的可持续发展。

第五，注重社会发展成果的共享。在资本主义社会里，随着生产力的提高，越来越多的物质财富被创造出来，但是社会财富却越来越集中到少数社会群体、少数社会成员手中，社会发展的成果为少数社会群体、少数人所享用。这样的发展是一种建立在剥削广大劳动者基础上的，是一种畸形的社会发展。作为社会主义的中国，在迈入 21 世纪后经济社会得到快速发展，物质财富增长很快，人民的生活水平有了很大的提高，已经进入了小康社会。但是，我国的小康社会还是低水平的、不平衡的小康社会，城乡之间、地区之间、行业之间的收入差距仍然存在，并有扩大的趋势。因此，当代中国必须强调社会发展成果的共享，也就是说，随着社会发展过程的推进，每个社会成员的尊严应当得到保证，每个社会成员的潜能应当不断得到开发，每个社会成员的基本需求应当得以满足，其生活水准应当不断地得到提高。[①] 通过共享社会发展的成果，可以逐步消除不合理的差距，为人们提供一个相对公平的社会环境，从而有利于激发社会的活力，促进社会健康有序地发展。

第六，注重社会发展的全球化视野。从 20 世纪 80 年代以来世界范围内的全球化趋势越来越强劲，对发展中国家和发达国家都产生着深远的影响。进入 21 世纪后，各个国家和民族的发展都处在世界整体联系不断加深的背景之下，在世界范围内已经形成了以国际分工为基础的商品生产和交换体系，这个全球化的大系统对各个国家和民族的发展具有制约作用。因此，作为发展中的大国，中国经济和社会发展进程中各种问题的解决，发展战略的制定，都应该具有全球化的视野。只有这样，中国经济社会的

① 吴忠民：《论共享社会发展的成果》，《中国党政干部论坛》2002 年第 4 期。

发展才能在全球化的浪潮中勇立潮头，找到一条经济和社会健康发展的最佳道路。

进入21世纪以后，中国经济和社会发展面临着新问题、新情况，为顺利推进中国经济和社会的健康发展，以胡锦涛同志为核心的党中央总结了我国20多年改革开放和现代化建设的实践经验，用宽广的世界眼光观察当代世界和当代中国社会发展问题，以唯物史观为理论基础，依据新的时代要求创新和发展了马克思主义社会发展理论，提出了科学发展观。科学发展观是马克思主义社会发展理论的最新成果。首先，科学发展观更新了社会发展的理念，丰富了社会发展的内涵，认为发展绝不限于经济的发展，而是要在坚持经济建设中心地位的同时把发展社会主义的政治、经济、文化、社会、生态等方面有机统一起来，形成经济建设、政治建设、文化建设、社会建设和生态文明建设“五位一体”同时并举的新格局。其次，科学发展观对社会发展本质进行了新的揭示。科学发展观提出“以人为本”，认为人是社会发展的实践主体和价值主体，回答了为谁发展和靠谁发展的问题，实现了发展目的论和发展动力论的有机统一。最后，科学发展观进一步完善了社会发展的思路。针对在新世纪新阶段中国社会怎样发展的问题，科学发展观提出了一系列新的理论观点，从而进一步完善了发展的思路。一方面把全面发展、协调发展和可持续发展辩证地统一起来，做好“五个统筹”①，使经济和社会发展克服过去不全面、不协调、不可持续的缺陷，强调了发展的整体性和统一性。另一方面是要调整产业结构，转变经济增长方式，走新型工业化道路，强调了发展模式、发展机制的优化和创新。可见，科学发展观的提出，在新的历史起点上科学回答了发展为了谁、发展依靠谁、实现什么样的发展和如何发展等问题，赋予了马克思主义社会发展理论以新的时代内涵和实践要求，是马克思主义社会发展理论的最新成果。

---

① “五个统筹”是指统筹城乡发展、统筹区域发展、统筹经济社会发展、统筹人与自然和谐发展、统筹国内发展和对外开放。

第二章　当代中国社会人的发展理论创新

——人的自由全面发展是当代中国社会发展的价值追求

对人的发展的认识，是一个由浅入深，从简单、朴素到复杂和理论化的过程。不同的时代与社会，对人的发展提出了不同的要求，人的发展思想的内涵也随着时代的变迁而不断变化。在马克思以前，从古希腊到德国古典哲学的思想家们关注着人的发展问题，对于人的发展的认识虽然进展缓慢，但却始终在前进，有时甚至产生了相对于其时代来说非常深刻的思想成果。古希腊思想家柏拉图在《理想国》中谈到人的发展内容的多面性；亚里士多德在《论灵魂》和《尼各马科伦理学》中将人的灵魂分为营养灵魂、感觉灵魂和理性灵魂三部分，这三部分分别对应植物的灵魂、动物的灵魂和人的生命，这反映了亚里士多德对人的本质的理解。中世纪经院哲学要求理性附属于信仰，奥古斯丁等思想家在人的发展内容方面就呈现出抽象性和非理性倾向。文艺复兴时期的思想家肯定物质欲求的合理性及身心和谐的理想教育，弘扬个性解放，强调人的主体地位、理性和价值。18 世纪启蒙运动时期的思想家从人性、权利平等、追求幸福等角度出发对人的发展进行了探讨。19 世纪德国古典哲学家黑格尔从社会对人的发展影响入手，认为“社会和国家的目的在于使一切人类的潜能以及一切个人的能力在一切方面和一切方向都可以得到发展和表现”①。以圣西门为代表的空想社会主义者对人的质与量的规定、按才能分级及分配和劳动权的平等思想进行了探讨，丰富了人的全面发展的内涵。但由于自身的缺陷，没有找到人的全面发展实现的正确途径和方法。

马克思、恩格斯在创立唯物史观的过程中始终关注着现实生活中人的

---

① ［德］黑格尔著：《美学》第 1 卷，朱光潜译，商务印书馆 1979 年版，第 59 页。

发展问题，并在唯物史观创立之后，在唯物史观的指导下对人的发展思想进行了根本性的变革，主要论述了人的存在的发展、人的本质的发展和人的发展的历史形态，厘清了人的发展和社会发展的关系。在十月革命胜利以后，列宁根据当时苏维埃国家经济社会发展的实际情况，从人的发展的重要性、促进人的发展的路径、权利平等方面阐述了人的发展思想。新中国成立以后，以毛泽东、邓小平、江泽民为代表的中国共产党人立足于不同历史时期中国经济社会发展的不同情况，从不同的方面论述了人的发展思想，如毛泽东的培养“德智体”全面发展的社会主义新人的思想，邓小平的培养“四有”新人的思想，江泽民的人的全面发展是社会主义社会的本质要求思想等。但是由于过去“左”的影响，理论界形成了一种偏见，似乎马克思主义理论只讲社会，不讲人；只关注社会的发展，不关注人的发展。再加上现代科技革命给人类社会带来的影响前所未有，人越来越被技术及其物化的结果所遮蔽。在这样的背景下，怎样重塑人的主体地位、重估人的价值，在社会主义现代化进程中逐步实现人的发展，就成了当代中国经济社会发展进程中所面临的新的历史课题。

一　科学发展观与人的发展

以人为本是科学发展观的核心理念，是当代中国经济社会发展的根本价值取向，它规定着我国经济社会发展的道路、模式、目标和方向。以人为本的科学发展观的提出，确立了人的主体地位，阐释了人的发展的丰富内涵，在新的历史条件下进一步丰富和发展了马克思主义人的发展理论。

（一）以人为本是科学发展观的核心

党在十六届三中全会提出以人为本的科学发展观。以人为本的提出是对我国传统文化中的民本思想和西方思想史上人本主义的批判与借鉴。

在我国古代传统文化中形成了重民的民本思想。我国古代的思想家认为，士农工商等一般民众是维系国家生存与稳定的基本力量。因此，古代思想家指出，民为贵、社稷次之、君为轻，认为广大民众对政权的巩固和社会的稳定起着决定性的作用，并由此得出了“得民心者得天下、失民心者失天下”的结论。可见，古代的思想家认识到了普通民众力量的重要性，在一定程度上反映了普通民众的利益和要求，但是古代思想家们的民本思想的终极目的是为了维护封建君主的专制统治，其价值取向并不是以民为本，而是以君为本。在中国革命和社会主义建设的实践中，以毛泽东为代表的中国共产党人在马克思主义的指导下，批判继承了古代的民本思想，形成了人民观，从君本位转到了民本位，实现了从为君到为民的价值取向的转换。

西方文化也具有深厚的人本主义思想。古希腊的普罗泰戈拉提出了人是万物的尺度，表达出人类想根据自己的本性和需要安排世界的强烈愿望。到了中世纪，基督教神学认为，整个世界和人类都是万能的上帝创造的，包括人类在内的整个世界的发展都要遵循上帝的安排，人并没有自身的本质和存在的价值，人的价值归之于神的价值，人的世界让位于神的世界。到了文艺复兴时期，思想家们在反对宗教神学的斗争中，追求人的世俗幸福，肯定了人的固有价值和主体地位。18 世纪的启蒙思想家进一步强调了人的自由、平等权利是不可剥夺的。德国古典哲学的集大成者黑格尔认为，世界历史是绝对精神的外化，人类及其历史在绝对精神的发展过程中只具有暂时和手段的意义。黑格尔虽然描述了人类历史的发展，但人类历史也只是绝对精神的外化，他把绝对精神作为自我认识、自我发展的绝对主体。费尔巴哈认为是人创造了神，而不是神创造了人，并把上帝的本质还原为人的本质。但是，费尔巴哈所说的人是一个自然的、生物学意义上的感性实体，而不是把人看作社会的、历史的、实践活动的主体，因而是一个抽象的人，而不是具体的人。费尔巴哈的人本主义哲学仍然属于旧唯物主义。

马克思、恩格斯在批判费尔巴哈的人本主义的基础上，对人的本质及其发展进行了科学的论述。在《关于费尔巴哈的提纲》中，马克思强调了人的本质的社会性，[①] 认为将“抽象的人”与“现实的人”区别开来的只能是人的社会本质。同时，由于在实践基础上人类社会是处在不断的历史运动之中的，因而产生的社会关系也是不断运动变化的。人的本质在实践中形成，也在实践中发展变化，人的本质具有历史性。在《德意志意识形态》中，马克思、恩格斯认为，“全部人类历史的第一个前提无疑是有生命的个人的存在。”[②] 这里的人就是一些“现实的个人”，这种

① 《马克思恩格斯选集》第 1 卷，人民出版社 1995 年版，第 56 页。

② 同上书，第 67 页。

“现实的个人”是不同于费尔巴哈的“抽象的人”，而是“从事活动的，进行物质生产的，因而是在一定的物质的、不受他们任意支配的界限、前提和条件下活动着的。”[①] 总之，马克思、恩格斯所理解的人是处于一定的社会关系之中，并随着社会关系的变化而变化的人。在资本主义生产关系下，人的依赖关系被物的依赖关系所代替，人不过是经济关系的人格化，人的发展日益片面化。马克思指出：“真正的自由和真正的平等只有在共产主义制度下才能实现。”[②] 看来，只有到未来的共产主义社会才能克服人的发展的片面化，克服资本主义社会发展的物化倾向，真正实现人的自由全面发展。因此，共产主义社会是一个真正以人为本的社会，以人为本是共产主义社会的价值追求。在唯物史观的视域下，“以人为本”主要蕴含着以下几层意思：一是“以人为本”中的人不是抽象的人，而是一些从事实践活动的现实中的人，其本质是由这些人所生活于其中的现实的社会关系的总和所决定的。二是“以人为本”主要指一种价值取向。也就是说，在社会发展过程中，要以促进人的自由全面发展作为思考问题的出发点和归宿点。

社会主义“三大改造”完成以后，我国进入社会主义社会，开始了社会主义现代化建设的历史征程。其间，以毛泽东、邓小平、江泽民为代表的中国共产党人在不同的历史时期从不同的角度对人的发展问题进行了论述。但是，在社会主义现代化建设实践中，我们一度对人的发展的理解出现了偏差。在社会主义“三大改造”完成到十一届三中全会召开之前的20年间，曾出现过以下几种倾向：一是抽象地谈人的主体性、人的价值、人的自由和权利，忽视实现人的发展所需要的物质基础和社会条件。在这期间，我国的政治运动一个接着一个，而经济建设和文化建设进展缓慢，使人的发展的物质文化基础薄弱。二是在社会主义建设实践中曾出现过见物不见人的现象。由于“左”的影响，以及对人的本质，包括对人道主义认识上的模糊，理论上存在着一种只讲社会不讲人，强调社会发展的客观规律性，强调人要服从规律，而忽视了人的主体性、人的价值、人的自由和权利。三是将“人”的问题看作是资产阶级的专利而加以批判，导致对人的问题的研究相对滞后。党的十一届三中全会以后，在改革开放

① 《马克思恩格斯选集》第1卷，人民出版社1995年版，第72页。
② 《马克思恩格斯全集》第1卷，人民出版社1956年版，第582页。

和社会主义现代化建设实践中，我们逐渐认识到了人的发展的重要性，更加关注人的发展问题。改革开放初期，我国经济社会发展中存在一种片面的“以物为本”的发展观，即只注重经济发展或物质文明建设，忽视人的素质的全面提高或精神文明建设，存在“一手硬、一手软”现象。一些部门和地区只关注国内生产总值的高速增长，而忽视人民群众的需要和利益。另外，改革开放的进程中，城乡居民收入不断增长，各种权益依法得到保障。但是，城乡和区域发展的差距仍然较大，就业、教育、医疗卫生、住房、社会保障等问题成了群众生活中的突出矛盾和问题。如果以上关系到广大人民群众切身利益的问题不能得到妥善解决，就会影响我国经济社会持续健康发展。正是在这样的背景下，在十六届三中全会上以胡锦涛同志为核心的党中央提出了以人为本的科学发展观。

科学发展观是在全面建设小康社会阶段提出来的关于发展的总的看法和根本观点，以人为本是科学发展观的核心。科学发展观中以人为本的发展理念既坚持了唯物史观的基本原理，又批判地继承了中国传统文化中的民本思想，是历史唯物主义、中国传统文化和当代中国国情相结合的产物。以人为本不是从抽象的人出发，而是从现实的人出发，认为人民群众是历史的创造者，是人类社会历史发展的推动力量，促进人的自由全面发展是社会发展的价值追求，从而将人类社会历史发展的实践主体和价值主体有机统一起来。因此，在当代中国，推进社会主义现代化建设事业，实现经济社会的全面协调可持续发展，依靠的主体力量是最广大的人民群众；我们全面建设小康社会，努力实现经济社会全面协调可持续发展的最终目的也是为了最广大的人民群众。

科学发展观的以人为本涵盖着丰富而深刻的思想内涵，坚持以人为本，就是要把人作为发展的前提、目的、动力和标准，就是要在发展中做到尊重人、为了人、依靠人、提高人。首先，现实的人是经济社会发展的首要前提。马克思认为，整个世界历史不过是人通过人的劳动而诞生的过程，现实的人是全部人类历史研究的出发点。正是现实的人的现实的活动，形成了各种各样的现实的社会关系，形成了世界、国家、社会，正如马克思指出的那样，“人就是人的世界，就是国家，社会。”① 现实的人及其活动是经济社会发展的首要前提。如果离开了现实的人及其活动，则谈

① 《马克思恩格斯选集》第1卷，人民出版社1995年版，第1页。

不上社会及其发展了。当然，这里所说的现实的人，在当代中国主要是指占人口绝大多数的人民群众。其次，人是经济社会发展的价值主体。经济社会的发展与人的发展具有内在的一致性，人在改造自然的实践中，总是按照人的尺度去改变自然界的存在形式和运动方式，使其发生有利于人的生存与发展的变化。同时，人又是社会存在物，也需要按照人的内在本性和事物的本性去处理人与人之间的关系。可见，人与自然的关系以及人与人之间的关系都是人在实现自己的目的的实践中形成的，经济社会发展的根本取向和最高价值是为了满足人的多层次的需要、提高人的整体素质、促进人的自由全面发展。再次，人是经济社会发展的实践主体。人不仅是经济社会发展的最终目的，也是经济社会发展的活动主体。人根据自己的需要改造自然，改造社会，改造人与人、人与社会之间的关系，人是社会发展的设计者、参与者和实践者。如果没有人的参与，社会的物质生产，人与自然之间的物质交换，就不可能发动和进行。一切社会财富都是人的本质力量的对象化，都是人的主体力量的创造性成果。人不仅是经济社会发展的价值主体，而且是经济社会发展的实践主体和动力。最后，人的自由全面发展是衡量经济社会发展的标准和评价尺度。人是经济社会发展的前提、价值主体和实践主体，而经济社会发展是人的发展的手段。因此，我们在推动经济社会发展的进程中，要时刻强调人的生存与发展的正当性和不可剥夺的价值尺度，要按照人的尺度去调控人的生产方式和生活方式，使经济社会的发展与人的生存与发展的价值尺度相契合。科学发展观的以人为本是一种全新的社会发展理念，蕴含着人是经济社会发展的前提、目的、动力和标准等丰富内涵，表明了人在经济社会发展中的主体地位和最高价值。

科学发展观的以人为本具有明确的含义和使用范围。如果我们超出了它的使用范围，将会在理论上、实践上造成一定的混乱。因此，我们在经济社会发展的进程中坚持以人为本，要注意以下几个方面：一是坚持以人为本就是要将现实的人作为经济社会发展的前提、目的、动力和标准，将人的自由全面发展作为经济社会发展的最终目的。但是，我们不能把马克思主义归结为人本主义，马克思主义的以人为本与人本主义有本质的区别。马克思主义的以人为本是建立在唯物史观基础之上的，它从现实的人出发，关注的是广大无产阶级和劳动人民。人本主义是建立在抽象人性论基础上的，它关注的是少数资产阶级和个人的利益。二是要正确理解以人为本，不能将以人为本蜕变为以我为本的极端个人主义、利己主义和唯我主义。以人为本的人可以理解为类的人、群体的人，也可以理解为个体的人。但如果仅仅把以人为本的人理解为一个人，即我自己，则就陷入了个人中心主义的泥潭。三是要在经济社会发展中坚持以人为本，必须同经济社会各个领域的实际情况结合起来。在人类社会的不同领域，坚持以人为本的具体表现形式也是各不相同的。可见，只有在马克思主义的指导下，结合当代中国经济社会发展的具体实际，才能正确把握科学发展观中以人为本的发展理念，才能避免对以人为本的片面理解。

（二）科学发展观蕴含人的自由全面发展意义

科学发展观是中国共产党针对改革开放以来经济社会发展所面临的各种矛盾和问题，为全面建设小康社会而提出来的社会发展理论。它借鉴了西方发展理论的合理因素，总结了世界各国经济社会发展的经验教训，并在当代中国经济社会发展实践的基础上，直接继承和发展了马克思的历史唯物主义，蕴含着人的自由全面发展的丰富内容。

在西方发展理论的演进史上，经历了由以物为本的发展观向以人为中心的发展观的转变。二战以后，西方国家都把恢复和发展经济、重建家园作为经济社会发展的首要目标。尤其是广大发展中国家为了尽快摆脱贫困落后的面貌，把经济增长作为社会发展的最重要的目标。因此，一些思想家就认为发展的本质是经济增长，把经济增长等同于社会发展。当然，这种发展理念也有其理论上和历史上的合理性。物质资料的生产和经济的增长是人类生存和发展的基础，如果没有物质基础，人类的生存都存在问题，就更谈不上人类的发展了。但是，这种发展理念重视经济增长，却忽视了人的发展。在这种发展理念的影响下，经济和社会的发展严重失衡，导致一些国家出现了贫富悬殊、社会腐败、资源浪费、生态环境恶化等严重问题。这些问题的普遍存在引起了人们对以物为本的发展观的反思，从而产生了以人为中心的发展观。以人为中心的发展观“将人置于发展的中心，把人看做是发展的最高目标，而社会其他方面的发展只被看做是发展的手段或条件”[①]。可见，以人为中心的发展观强调了发展的核心不在物而在人，发展的最终目的就是使人获得发展。

---

① 鲍宗豪主编：《当代社会发展导论》，华东师范大学出版社 1999 年版，第 80 页。

改革开放初期，我国人民生活水平亟待提高，为了满足人民日益增长的物质文化生活需要，我国把工作重心转移到经济建设上来。但是，在一些地区和部门，却过于强调经济增长的速度，把经济发展看作硬道理，出现了唯 GDP 论的倾向。因此，自改革开放以来，我国的经济发展取得了很大成就，但也存在着一些深层次的矛盾和问题。如把以经济建设为中心理解为扩大规模，增加数量，加快速度，而不重视人与自然的协调发展，造成了人与自然、人与社会、人与人、人与自身、经济发展与社会发展之间关系的不协调。这种状况的出现，将对人的自由全面发展产生严重的负面影响，也将对全面建设小康社会宏伟目标的实现和到 21 世纪中叶基本实现现代化造成不利影响。因此，面对国内外经济社会发展的新情况新问题，我们必须认真反思，并对发展本身给予新的认识，建立起一种能适应和指导当代中国经济社会发展实践的新的发展理念。根据当代中国经济社会发展新阶段的新问题和新任务，党在十六届三中全会上提出了科学发展观。

科学发展观是在生产力发展的基础上，以不断促进人的自由全面发展为目的的社会发展观，它蕴含着丰富的人学内涵。

第一，促进人的自由全面发展是科学发展观的目的。科学发展观第一要义是发展，经济社会又好又快发展将为人的自由全面发展提供必备的前提。尤其是生产力的发展，为人的自由全面发展打下了坚实的物质基础。在科学发展观强调发展的全面性的同时，也注重人的需求的多样性的发展。人的需求的发展程度反映着人的发展的实际水平。在现阶段，人的需求随着经济社会的发展呈现出多样性和高层次性。如一个人在物质生活、政治生活、精神文化生活中产生的各种需要，以及自我实现和自由发展的需要等，都是一个人的现实需要结构中的组成部分。人的各种各样需要的满足，要求社会的全面发展与之相适应。因此，在现阶段要按照中国特色社会主义事业总体布局，全面推进经济、政治、文化、社会、生态等领域的发展，不断促进经济发展和社会全面进步。这将使人民群众获得更全面、更高层次的满足，从而不断地促进人的自由全面发展。可见，努力促进人的自由全面发展是现阶段经济社会发展的内在要求，科学发展观则回应了促进人的自由全面发展的现实要求，包含着人的自由全面发展的维度。

第二，科学发展观蕴含着人的协调发展内容。改革开放以来，我国经济快速增长，居民的人均收入稳步提高。但是，我国居民之间的收入差距进一步拉大，城乡和区域差距扩大的趋势尚未根本扭转，不同社会阶层、不同利益集团之间的矛盾加深。这些问题的存在使人与人之间的关系紧张、疏离和不协调。就个人的发展而言，由于当今社会片面强调追求物质利益的合理性，这样就极易导致把人的发展简单化为以物质财富占有量、社会地位的高低来衡量人的发展程度，其结果就是造成人自身的生理、心理、思想道德、科学文化水平等各方面不能同步协调发展。科学发展观要求经济社会的发展必须是协调的。在科学发展观的指导下，促使经济、政治、文化、社会和生态等领域的发展相互适应、相互促进，推动人与自然、人与社会、人与人、人与自身的发展相协调，从而在经济社会又好又快发展的前提下不断地推进人的自由全面发展。

第三，科学发展观蕴含着人的可持续发展的内容。可持续发展是科学发展观的基本要求之一，主要是解决经济社会的持续发展问题，但从深层次看，它也解决了人的持续发展问题。从人类的角度来理解，人的持续发展问题指人类的世代延续和发展。任何时代及其各个发展阶段的个体和群体都拥有相应的生存权、发展权。任何时代及其各个发展阶段的人们的生存权、发展权都是不能被剥夺的，不能以牺牲后代人的生存权和发展权来换取本代人的发展和享受。从个体的角度来理解，人的持续发展主要指人的智力、体力、才能、创造力以及各种潜能得到充分的、持久的发展。由于人的生存和发展离不开自然界，并受自然环境的制约，同时人的实践活动又会给自然环境以巨大的影响。因此，人的可持续发展受以下因素的制约，一是人类是否可以长期适应生存于其中的自然环境，维持种的繁衍；二是人类社会建造的人工生态系统是否与自然生态系统相匹配，以使人类社会得以持续生存和发展。但是，在当代中国社会发展进程中，人与自然的矛盾比较突出，资源浪费比较严重，生态环境日益恶化，已经威胁到人的可持续发展。科学发展观蕴含着人的可持续发展的内容，要求必须妥善处理好当代中国人口、资源、环境和发展之间的关系。一方面，要优化人口结构，控制人口数量，不断地提高人口质量，使人口数量与资源和环境相协调；另一方面，要实施科教兴国战略，全面提高人的素质，实现人口素质与经济社会发展相适应。可见，科学发展观强调人与自然的协调发展，坚持发展的可持续性，既解决了经济社会发展的持续性问题，又达到了促进人的永续发展的目的。因此，在新世纪新阶段，我国建设资源节约型、环境友好型社会，将为人的自由全面发展提供可持续保障。

实现人的自由全面发展是人类社会发展的最终目的。现阶段，要处理好人的全面发展和自由发展的关系。人的自由全面发展是一个永无止境的发展过程，在人类社会每一个具体的发展阶段，都会不同程度地促进人的自由全面发展。随着人类社会的不断进步，人的自由全面发展有一个从量的积累到质的飞跃的过程。人的自由发展的程度，要受到现实的人的具体实践水平和条件的制约。人的自由发展“着眼于人的个性自由和协调发展”，“侧重于质的突破和飞跃”；而人的全面发展注重“人的素质与能力的普遍性和全面性”，“侧重于量的积累”。[①] 就二者的关系来看，人的全面发展是人的自由发展的前提和基础，人的自由发展是人的全面发展的目标和归宿。建设中国特色社会主义的根本目标就是要不断地促进人的自由全面发展，促进人的全面发展将为我国经济社会的发展提供强大的精神动力和智力支持，也会不断地扩展人们享有的自由。在现阶段，当代中国正处于社会主义初级阶段，踏上了全面建设小康社会的新征程，随着科学发展观的贯彻和落实，将会不断地促进人的全面发展和自由发展。

二 社会主义和谐社会建设与人的发展

人总是生活在一定社会之中的，离开社会的抽象的人是没有的。要实现人的发展，就离不开社会的发展。因此，一定的社会历史阶段的发展程度将制约着人的发展程度，离开社会发展来抽象地谈人的发展是没有意义的。同时，现实的人在现实的活动中形成了国家、世界和社会，人的状况如何也会影响到由人的实践活动所形成的国家、世界和社会的发展状况。所以，人的发展水平不断提高，就会推动社会不断向前发展。进入21世纪以后，我国经济社会的发展面临着一些新情况新问题，呈现出一些新趋势新特点，无疑会对人的发展产生深刻的影响。因此，为有效地化解新时期新阶段经济社会发展中的矛盾，党提出了构建社会主义和谐社会的任务。随着和谐社会建设的推进，必然会不断地化解社会发展与人的发展之间的矛盾，促进人的发展，使人的发展呈现出新的特征，从而丰富和发展了马克思主义人的发展理论。

① 陈志尚主编：《人的自由全面发展论》，中国人民大学出版社2004年版，第94页。

（一）当代中国社会发展中的人的发展

社会主义“三大改造”完成之后，我国开始了社会主义建设的探索和实践，既取得了很大的成绩，也存在问题与曲折。从社会主义“三大改造”完成到十一届三中全会之前的这一时期，我们在人的发展问题上要么见物不见人，谈“人”色变，要么抽象地夸大人的主观能动性，不能从人的发展与社会的发展相一致来考虑人的发展问题，结果导致人的发展和社会主义现代化建设事业都受到危害。十一届三中全会之后，我国进入了改革开放和社会主义现代化建设新时期，把工作重心转移到经济建设上来，强调发展的重要性和必要性，使我国经济社会的发展取得了辉煌的成就。但是，由于片面地强调经济建设的中心地位，过分注重经济的增长速度，而不注重人的发展，在实践中也付出了沉重代价。进入21世纪以后，人的现实境遇发生了很大的变化，人民的生活总体上达到了小康水平，踏上了实现人民生活全面达到小康水平的新征程。但是，我们要清醒地认识到，人的发展与社会发展还存在着许多不协调的地方，在现阶段还面临着许多矛盾和问题。

第一，生产力不发达对人的发展的制约。我国的社会主义是由半殖民地半封建社会脱胎而来的，未经过资本主义的充分发展阶段，因此我国的生产力发展落后，处于社会主义初级阶段。进入21世纪以后，我国的生产力有了较大幅度的提高，人民生活总体上达到小康水平，综合国力显著增强，并为全面建设小康社会打下了坚实的基础。但是，我国仍然处于社会主义初级阶段，生产力不发达仍然在不同程度上制约着人的自由全面发展，主要表现在以下几个方面：一是不合理的社会分工仍然存在，虽然它排除了异己的社会关系对人的束缚，但它却制约着人的自由全面发展。在现阶段，由于生产力的不发达，人们不可能在完全自愿的基础上根据社会的需要和自己的爱好从一个生产部门转到另一个生产部门。目前我国还存在着工农差别、城乡差别、脑体差别，人们必须在不同程度上服从一定的社会分工，使劳动者在不同程度上固定在某种劳动形式上，从而制约了人的自由全面发展；二是人的自由时间不足在一定程度上制约了人的自由全面发展。在现阶段，由于生产力不发达，劳动生产率不高，人们不得不耗费大量的时间从事物质资料的生产活动以满足自身生存和发展的需要。这样，人们的自由时间就相对不足，就没有相对较多的时间来发展自身的能力，从而制约了人的自由全面发展；三是人的自由全面发展的物质基础相对薄弱。在现阶段，由于生产力不发达，为人的自由全面发展提供的物质基础相对不足，从而制约了人的自由全面发展。可见，在现阶段，我们必须要不断解放和发展生产力，为发展中国特色社会主义事业奠定坚实的物质基础，不断地促进人的自由全面发展。

第二，资源紧缺和生态环境恶化对人的发展的影响。十一届三中全会以来，我国经济社会的发展取得了显著的成就，有力地促进了人的发展。但是，我们也要清醒地认识到，资源和环境的瓶颈约束日趋严重，已经严重地制约着人的发展。我国人口多，人均占有资源严重短缺，矿产资源和耕地的人均占有量只有世界平均水平的二分之一，人均水资源占有量仅为世界平均水平的四分之一，资源紧缺是我国的一个基本国情。在改革开放初期，我国的经济发展方式为资源耗费型的粗放经济，综合利用率低，经济的高速增长伴随着大量的资源耗费，使我国资源短缺的矛盾进一步加剧。与此同时，伴随着经济的高速增长，生态环境也日益恶化。我国目前主要污染物排放量已远远超过环境的承受能力，水污染和空气污染严重，水土流失和土地沙漠化形势严峻，城市生活垃圾问题突出，危险废物和持久性有机污染物危害严重。在工业化进程中，发达国家上百年、分阶段出现的环境问题，在我国经济快速发展的几十年中就集中表现出来了，进一步增加了环境保护与治理的压力。进入21世纪后，我国资源紧缺和环境污染的问题仍然非常严重，已经严重地影响到人的发展，甚至对人的生存造成了危害。

第三，社会利益的分化对人的发展的影响。随着改革开放的深入发展，我国经济社会的发展取得了显著的成就。但是，我国正处于特殊的社会转型期，原有的不同社会群体的社会利益正处于一个深度调整阶段。根据改革开放以来不同社会群体获得利益的状况，可以把当代中国社会群体划分为四个不同的利益群体，即“特殊获益者群体、普通获益者群体、利益相对受损群体和社会底层群体。”① 特殊获益者群体是指改革开放以来获益最大的人，如民营企业家、市场上的各种经纪人、高级管理人员、各类明星等，这些人的经济收入明显高于一般人的正常收入，是改革开放以来获益最大的群体。普通获益者群体是指改革开放以来获得明显利益的群体，如绝大部分知识分子、工人、农民、普通的经营管理者等，这一些人对改革开放以来生活水平的提高给予正面评价，是当前中国社会最大的

---

① 徐春著：《人的发展论》，中国人民公安大学出版社2007年版，第352页。

群体，人数非常巨大。利益相对受损群体是指我国城镇中的失业和下岗人员，这一部分人员由于离开了原来的工作岗位，利益受到不同程度的损害，生活水平与城镇中没有失业、下岗的人相比有所下降，但又比农村地区的贫困群体要好很多。社会底层群体是指中国边远山区的贫困人口和居无定所、无稳定职业的农民工等。[①] 这四个不同的社会群体在经济收入和社会资源的占有量方面存在着较大的差距，他们在实际付出和利益获得上并不具有对等关系，利益受损群体就会对社会感到不满，引发社会矛盾和冲突。当利益矛盾集中，利益分化迅速，就会导致社会冲突频发、干群矛盾紧张、犯罪率升高等结果出现，同时也严重影响了人的自由全面发展。

第四，社会事业发展的相对滞后对人的发展的影响。所谓社会事业，是“不以赢利为目的、为社会成员的生产和生活提供支持与服务的追求公益、不图私利的事业。”[②] 大力发展社会事业，是改善民生、提高人民生活质量的需要，对于构建社会主义和谐社会具有重要的意义。改革开放以来，我国社会主义现代化建设取得了辉煌的成就，综合国力显著增强。但是，我国的经济社会发展不平衡，社会事业发展滞后，已经影响到社会的安定团结和人的发展，其主要表现在以下几个方面：居民的收入在逐年增长，但收入分配差距扩大的趋势未根本扭转；科教兴国战略虽然取得了重大成效，但教育投入不足，教育资源分配不公，还不能适应人民群众提高自身素质的需要；医疗卫生体制改革取得了重大进展，但与人民群众对医疗卫生服务的期待还有一定的差距，尤其是大病医疗使人致贫、返贫的问题还未根本解决。这些问题的存在，已经在不同程度上阻碍了经济社会的健康发展，也在一定的程度上制约了人的自由全面发展。

第五，消极思想观念对人的发展的影响。在人类社会的发展进程中，物质基础是人的发展必不可少的条件，思想观念也在潜移默化地影响着人的自由全面发展。在我国社会主义现代化建设过程中，各种思想激烈碰撞，都从不同的方向影响着人的思想，制约着人的发展。先进的思想文化可以丰富人们的精神世界，鼓舞人民投身现代化建设的信心和斗志。但是，消极的思想观念则会腐蚀人们的意志，造成思想上的混乱，对人的身心健康发展带来消极影响，给党和国家的社会主义现代化建设事业造成很

---

① 参见徐春著《人的发展论》，中国人民公安大学出版社 2007 年版，第 352—354 页。

② 杨信礼著：《科学发展观研究》，人民出版社 2007 年版，第 190 页。

大的危害。这些消极的思想观念主要表现在以下几个方面：一是封建主义的思想残余还在不同程度地影响着人们的思想，制约着人的发展。社会主义“三大改造”完成之后，社会主义制度基本建立，封建主义思想的土壤被清除，为人的自由全面发展奠定了基础。但是，由于我国经历了长达两千多年的封建社会，刚刚建立的社会主义还带有旧社会的痕迹，再加上我国的社会主义民主政治还不够完善，使封建主义的思想残余仍能以新的变种找到它萌生的土壤，并在不同程度上影响人们的思想，制约着人的发展。二是西方文化中的不利因素对人的发展的消极影响。随着改革开放的深入和全球化浪潮的来临，西方的文化思潮也进入中国，与中国的文化思想相互交流、互融，甚至是激烈的碰撞。其中一些优秀的文化有利于我们开阔视野、增长知识、活跃思想，但是一些西方文化中的不利因素也在不同程度地影响着人们的思想，如利己主义、个人主义、享乐主义、拜金主义等对人的身心健康发展具有极大的消极影响。三是市场经济的负面因素对人的发展的消极影响。进入21世纪以后，社会主义市场经济体制日趋完善，逐渐改变了社会主义计划经济体制时的旧观念，增强了个人的主体自我意识，形成了平等竞争、独立自主、开拓创新等观念，有利于人的自由全面发展。但是，市场经济也有其固有的弊端，如在物质利益的驱动下不同程度地存在着盲目性与自发性，极易产生消极的价值取向。在市场经济条件下产生的极端利己主义、拜金主义，使人以自我为中心，过分追求物质利益，理想信念淡漠，忽视人生的价值和意义，甚至还有一些人为了物质利益而不惜铤而走险、违法犯罪。这些现象的发生，是市场经济的负面因素对人的发展造成的不利影响的结果。

（二）人的发展与社会和谐

社会和谐是中国特色社会主义的本质特征。构建社会主义和谐社会是全面建设小康社会和建设社会主义现代化国家的内在要求。2005年2月，胡锦涛在省部级主要领导干部专题研讨班上的讲话中明确指出了社会主义和谐社会的六个基本特征①。所谓民主法治，是建立和谐社会的内在要求

① “六个基本特征”是指民主法治、公平正义、诚信友爱、充满活力、安定有序、人与自然和谐相处（参见胡锦涛《在省部级主要领导干部提高构建社会主义和谐社会能力专题研讨班上的讲话》，人民出版社2005年版，第14页）。

和制度保障，它意味着在政治上要坚持人民民主，保证全体人民真正享有管理国家和社会的权利。同时，要坚持依法治国战略，形成一种严格按照法律法规办事的治国原则和执政方式。公平正义，是建立和谐社会的前提，它要求处理好不同社会群体或个人之间的利益关系，有效地化解各种人民内部矛盾，切实维护和实现社会公平和正义。诚信友爱，是构建和谐社会的思想道德基础，诚信要求全体社会成员要按照社会规则来约束自己的行为，友爱要求全体社会成员要互敬互爱、互相帮助、融洽相处。可见，形成一种诚实守信、互帮互助、平等友爱的良好的社会风气，是构建和谐社会的内在要求。充满活力，是社会和谐的体现，表现为社会成员的能动性、积极性和创造性得到充分发挥，使全社会形成一种尊重创新、鼓励创新的社会氛围，让一切创造社会财富的源泉充分涌流。安定有序，是构建和谐社会的必要条件，它要求建立健全社会管理制度，形成一种运行良好、高效的社会管理机制，使经济、政治、社会保持平稳有序的状态，使社会安定团结、群众安居乐业。人与自然和谐相处，要求在发展经济的过程中要遵循自然规律，按照自然规律办事，形成尊重自然、保护自然的社会风尚。社会主义和谐社会的这六大基本特征，反映了新世纪新阶段我国经济社会发展的新要求和新趋势，是全面建设小康社会的内在要求，是对中国特色社会主义理论的丰富和发展。

现阶段，在构建社会主义和谐社会的进程中不断地促进人的自由全面发展，是人类社会发展终极价值追求的具体体现。人是社会中的人，人的本质是一切社会关系的总和。因此，要促进人的自由全面发展，必须处理好人与自然、人与社会、人与人、人与自身之间的关系。人只有处理好这些关系，才能促进社会和谐，并在促进社会和谐的进程中不断地实现人的自由全面发展。可见，在构建社会主义和谐社会进程中，人的发展主要包括了人与自然的和谐发展、人与社会的和谐发展、人与人的和谐发展、人自身的和谐发展等方面。

1. 人与自然的和谐发展

在构建和谐社会的进程中促进人的发展，必须处理好人与自然之间的关系，建立人与自然和谐共生的良好关系。在维护人类利益、满足人类生存和发展需要的同时，又要维护自然的平衡，不能对自然界造成危害。自然界是人类生存和发展的基础，离开了自然界，人类是不能生存下去的，更谈不上发展了。马克思曾经明确指出自然界对人类生存和发展具有重要的作用。[①] 因此，在经济社会发展进程中，人类在追求物质利益的同时，要始终关注社会发展的价值目标。如果人类只顾满足自身的物质需求而对自然界掠夺式的开发，破坏自然平衡，最终会导致人与自然关系的崩溃，就会招致自然界的报复，要实现人的发展就会成为空想。所以，在经济社会的发展进程中，要实现人的发展，必须将人与自然关系的工具尺度和价值尺度有机统一起来。另外，要实现人的发展，人类就要在改造自然来满足自己需要的过程中，不要竭泽而渔式地掠夺自然资源，要顾及子孙后代满足其生存和发展的需要。如果只顾眼前利益，为了满足当代人的物质欲望而对自然界进行粗暴地掠夺，就会危及子孙后代的生存与发展。可见，要构建和谐社会，促进人的发展，必须坚持可持续发展观，实现人与自然的和谐共生。

2. 人与社会的和谐发展

和谐的社会能够为每个人提供发挥自己才能和展示自己个性的平台，能够不断地促进人的自由全面发展。在和谐社会里，每个人都能够充分认识和履行自己对社会的责任和义务，根据自己的能力和兴趣爱好，从事自己理想的工作，来为社会提供必需的服务。每个人将会在自己感兴趣的劳动中获得幸福和自由，并不断地使自己得到自由全面发展。社会将按照公平公正的原则根据劳动的质与量给予相应的报酬。可见，人与社会的和谐发展离不开人的自由全面发展和社会的全面发展，应将人的自由全面发展和社会全面发展有机统一起来。人的发展和社会发展是同一个历史过程的不同方面，人的自由全面发展的程度与社会全面发展的程度具有历史的一致性。一方面，人的自由全面发展是构建和谐社会所追求的价值目标和内在动力。构建和谐社会，就是为了促进人的各方面能力得到发展，合理的需要得到满足，从而不断促进人的自由全面发展。同时，不断促进人的自由全面发展，也将为和谐社会的构建提供强大的动力。如果没有人的自由全面发展，和谐社会的构建就失去了支撑，丧失了动力。另一方面，社会全面发展是构建和谐社会的基本途径。社会全面发展是社会发展所追求的理想目标，也是我们衡量一个社会发展程度的重要坐标。和谐社会必定是一个全面发展的社会，它包括社会发展所需要的各个方面。因此，构建和谐社会必须通过推动社会全面发展这一基本途径来实现。可见，在构建社

① 参见《马克思恩格斯选集》第1卷，人民出版社1995年版，第45页。

会主义和谐社会的历史进程中，必须将人的自由全面发展和社会全面发展统一起来，在促进人的自由全面发展和推动社会全面进步的过程中不断地实现人与社会的和谐发展。

3. 人与人的和谐发展

实现人与人的和谐发展，就是每一个社会成员享有权利和义务对等的公平、公正的关系，使人与人之间的矛盾得到真正解决，消除人与人之间的各种障碍，从而形成每一个社会成员在没有根本利益冲突的前提下，相互依赖、相互促进，和谐融洽、互惠共生的人际关系。现阶段，就是要坚持以人为本，使发展的成果由人民共享，不断缩小人与人之间在经济、政治、文化、社会、生态等方面的发展差距。在经济方面，要在增加社会财富总量的前提下缩小人与人之间的收入差距。在社会主义初级阶段，人们之间适当的收入差距的存在，可以提高效率，有利于促进经济社会的发展。但是，社会主义发展的目标是为了实现共同富裕，而不是贫富两极分化。因此，在全面建设小康社会的进程中，必须使居民收入拉大的趋势得到根本扭转，逐步缩小人与人之间的经济差别，使发展的成果由人民共享。在政治方面，要加强社会主义民主政治建设，发展社会主义民主，使每一个公民享有平等的政治权利。我国在政治制度的设计中体现了每一个公民平等地享有政治权利。但是，在现实的政治生活实践中，性别差别、职业差别、身份差别等引起的政治差别依然不同程度地存在。因此，必须在社会发展进程中加强社会主义民主政治建设，使每一个公民享有平等的政治权利。在文化方面，在社会主义精神文明建设中逐步缩小人与人之间的文化差别。由于我国城乡发展和区域发展不平衡，导致我国城乡之间和不同地区之间人们受教育的程度和享受的文化资源等方面存在着一定的差距。农民尤其是经济落后地区的农民，他们的受教育程度和享受的文化资源与城市和经济发达地区的人相比存在着明显的差距。因此，必须采取切实有效的措施，促进教育公平，加强社会主义精神文明建设，逐步缩小人与人之间的文化差距。在社会方面，要加强以民生为导向的社会事业建设，逐步缩小人与人之间的差别。在改革开放初期，我国的医疗、社会保障等民生事业相对落后。如在广大农村，人们看病贵、看病难的问题长期得不到解决，因病致贫、因病返贫的现象时有发生，这些问题的存在关系着人民群众的切身利益，如不妥善解决将影响到社会的和谐稳定。因此，随着经济社会的发展，我们应该尽可能地扩大医疗保险、社会养老保险的覆盖面，加强以民生为导向的社会事业建设，逐步缩小人与人之间的差距。在生态方面，要使每一个人都树立尊重自然、顺应自然、保护自然的生态文明理念，增强节约意识、环保意识、生态意识。对于一些人或者利益集团为了自身的利益而浪费资源、损害环境的行为，要坚决予以处罚，从而形成合理消费的社会风尚，营造一种人人节约资源、保护生态环境的良好风气。

4. 人自身的和谐发展

在人的发展进程中，人自身的和谐是不可或缺的一个关键环节。人自身的和谐要求人的内在和外在表现要与经济社会的发展相适应。实现人自身的和谐发展过程，就是不断地促进人的自由全面发展的过程。现阶段，在社会主义市场经济的建立和发展过程中，人们首先考虑的是经济发展和物质利益的最大化，导致了许多人在精神追求上处于迷茫状态，对理想信仰失去兴趣，而利己主义、拜金主义、享乐主义却极度膨胀。一方面，随着经济和科技的飞速发展，人所拥有的财富在不断增长，人们认识自然和改造自然的能力不断提高；另一方面，则是人的信仰的缺失、道德滑坡、精神空虚和个性的压抑，以及人的体力的衰退。这些现象的存在意味着人与自身之间的关系极不协调，严重影响了人的自由全面发展。因此，在全面建设小康社会的进程中，要使每一个社会成员具有健康的体魄，树立正确的世界观、人生观、价值观，有对理想信念的正确追求和积极向上的人生态度，从而使每一个社会成员的内在和外在表现都与经济社会的发展相适应，在构建社会主义和谐社会的进程中不断地促进人自身的和谐发展。

人的自由全面发展是一个永无止境的过程。要实现人的自由全面发展，就要处理好与人相关的各种社会关系，其实质就是要实现人的自由全面发展与社会的全面进步相一致，而这是一个漫长的、永无止境的不断发展的过程。现阶段，我国正处于社会主义初级阶段，已经踏上了全面建设小康社会的新征程，构建社会主义和谐社会已成为全面建设小康社会的内在要求。在构建社会主义和谐社会的进程中不断地促进人的自由全面发展，则是当代中国经济社会发展不断追求的价值目标。实现人的自由全面发展是人类社会发展的终极价值追求，在构建社会主义和谐社会的进程中不断地促进人的自由全面发展，才能使人的自由全面发展和社会的全面进步在全面建设小康社会进程中变得更为明晰和具体。

三　人的自由全面发展：社会发展不断追求的目标

实现人的自由全面发展并不是一蹴而就的，而是一个漫长的、永无止境的发展过程。人类社会历史发展进程中的每一个进步，都不同程度地促进了人的发展。人的发展在不同的社会历史发展阶段具有与时代和社会发展程度相适应的不同特征。现阶段，我们坚持以人为本的发展理念，促进社会和谐，在新的社会发展阶段上不断地促进人的自由全面发展，使之呈现出与时代相适应的新特征，进一步丰富和发展了马克思主义人的发展理论。

（一）人的自由全面发展：理想与现实的统一

人的自由全面发展是人的发展的一种理想目标，是社会发展的终极价值追求，也是人的现实发展过程。人的自由全面发展是理想与现实的统一、绝对性和相对性的统一。因此，要准确把握人的自由全面发展在不同历史时期的新特点，必须正确认识人的自由全面发展的前提和人的发展的历史形态，对人的发展作历时态考察。

人的自由全面发展必须具备一定的前提和基础。消灭分工和私有制、消灭阶级，是实现人的自由全面发展的必要前提。分工、私有制和阶级之间有着内在的联系，都是生产力发展到一定程度后的必然结果，马克思、恩格斯曾经指出："分工和私有制是相等的表达方式，对同一件事情，一个是就活动而言，另一个是就活动的产品而言。"① 可见，实现人的自由全面发展的前提是一个有着内在关联的系统的前提。在人类社会历史发展进程中，对人的自由全面发展而言，分工、私有制和阶级的作用既有积极的一面，也有消极的一面。只是在人类社会历史发展的早期，分工、私有制和阶级的积极作用要比消极作用大一些。而在人类社会历史发展到资本主义中晚期时，分工、私有制、阶级的消极作用比它们的积极作用大很多。我们以分工为例来分析一下它所起的作用。一方面，分工促进了人的实践能力的发展，扩大了人的社会交往，丰富了人的社会关系；另一方面，分工却造成了人的片面发展，使人丧失了自由全面发展的机会。因

---

① 《马克思恩格斯选集》第1卷，人民出版社1995年版，第84页。

此，随着生产力的发展和社会的进步，要实现人的自由全面发展，必须要消灭分工。而消灭分工的条件本身也是分工创造的。当分工发展到一定阶段，高级形式的大工业日渐成熟，这时社会化的大工业对生产者提出了自由全面发展的要求，并促进了生产者的全面交往和流动。到了这一时期，“个人才能在现代生产力和世界交往所建立的基础上实现真正的联合，分工、私有制和阶级才能得到最终的消灭”[①]。人的自由全面发展在这一时期才能得到真正实现。而这种情况只能在共产主义社会里得到实现，正如马克思、恩格斯在《德意志意识形态》中指出的那样，“在共产主义社会里，任何人都没有特殊的活动范围，而是都可以在任何部门内发展”[②]。可见，未来的新社会，消灭了分工、私有制和阶级，将使每一个社会成员的才能得到自由而全面的发展。

马克思曾经对人的发展的历史形态进行过研究。马克思认为，在人类社会发展的历史进程中，人的发展大体上经历了“人的依赖关系”阶段、“以物的依赖性为基础的人的独立性”阶段、“自由个性”阶段等三大阶段。[③] 其中，“以物的依赖性为基础的人的独立性”阶段将为“自由个性”阶段创造条件。在“人的依赖关系”阶段，人的发展是建立在自然分工基础上的，这一时期人的发展状况是原始的、全面的，是人的发展的最初历史形态。这一历史形态包括原始社会、奴隶社会和封建社会。在原始社会里，生产力极其低下，单凭个人的力量很难与自然界抗争，人只能以血缘关系为纽带结成氏族与部落。到了奴隶社会和封建社会，虽然生产力有了很大提高，但奴隶完全附属于奴隶主，农民也只能依附于地主，根本不可能摆脱人的依赖关系。在这一历史时期，由于单个人需要同他人共同从事多种活动或者一种活动的各个方面，使人的发展呈现出全面性，从而就没有发达的社会分工所带来的消极影响和积极影响。但是，这种人的发展的全面性是原始的，个人只能在共同体的从属关系中发展自己，人的依赖关系是这一时期人的发展的基本特征，人的发展状态只能是一种“原始的丰富”，不可能是真正自由全面的发展。[④]

在“以物的依赖性为基础的人的独立性”阶段，人的发展呈现出片

① 陈志尚主编：《人的自由全面发展论》，中国人民大学出版社2004年版，第101页。
② 《马克思恩格斯选集》第1卷，人民出版社1995年版，第85页。
③ 参见《马克思恩格斯全集》第30卷，人民出版社1995年版，第107—108页。
④ 同上书，第112页。

面性、物的依赖性和人的独立性等特点。这是人的发展的第二大历史形态，主要对应资本主义阶段。在资本主义社会里，由于生产力有了极大提高，人类不再屈服于自然界，成为了自然界的主人，首次确立了自己的独立地位。同时，在资本主义生产方式下，工人成为了自由劳动者，人身依附关系在法律上被解除，人获得了法律意义上的独立性。但是，这种独立性是相对的，工人在资本主义社会中为了维持自己的生存，只能不断地出卖自己的劳动去赚取货币，再用货币去换取自己需要的产品。可见，在资本主义社会里，人对物严重依赖，物统治着人，人仅仅成为生产和占有社会物质财富的手段，人所拥有的独立性是相对的、表面的，是建立在对物的依赖关系基础上的。因此，人的发展的这一历史时期处于“以物的依赖性为基础的人的独立性”阶段，主要指资本主义阶段。在这一阶段，虽然生产力得到了很大的发展，物质财富比以前的任何时代都要丰富得多，但是由于分工越来越细化，人在生产劳动中呈现出片面化和畸形化发展的趋势。正如马克思所说的那样，“劳动生产了美，但是使工人变成畸形。……劳动生产了智慧，但是给工人生产了愚钝和痴呆。”① 可见，在资本主义社会的异化劳动下，人不是全面发展的人，而是畸形的、片面发展的人。资本主义社会虽然造成了片面发展的人，但物的依赖关系为社会形成了较全面和丰富的社会关系、需求和能力，为向共产主义过渡提供了物质基础。

在“自由个性”阶段才真正实现人的自由全面发展。在未来的共产主义社会里，生产力高度发达，物质财富极大丰富，人们有较多的自由时间去从事自己感兴趣的事情；旧式分工将不复存在，人们可以在各种职业间自由流动；阶级和私有制将被消灭，以往的脑力劳动和体力劳动之间、城乡之间、工农之间的差别将被消灭，真正实现了人的独立、自由和平等。可见，到了共产主义社会，实现人的自由全面发展的条件已经具备，个人的独创的和自由的发展不再是一句空话，“每个人的自由发展是一切人的自由发展的条件”②。

人是历史中的人，实现人的自由全面发展是一个不断超越历史束缚推进人的解放的过程。因此，人的自由全面发展的理想目标和现实状况之间

---

① 《马克思恩格斯选集》第1卷，人民出版社1995年版，第43页。

② 同上书，第294页。

是有差距的，在不同历史阶段具有不同的历史实现形式和具体内容，我们只有确定了人的自由全面发展的当代形态和主要特征，才能不断地促进人的自由全面发展。在社会主义初级阶段，人的发展呈现出一些不同的特点。[①] 第一，人的生存问题仍然存在。除了解决人的温饱问题以外，维护人们基本的人身权利与人格尊严，保障人们的基本自由，都属于生存的范畴。现阶段，我国已达到了总体小康水平，但环境污染严重、生态环境恶化等问题日益突出，已经影响到人的生存和发展。因此，现阶段，要满足人们的生存要求，创造适于人们生存的基本条件和环境。第二，人的发展的不平衡。由于生产力发展水平不高，人的发展存在着明显的不平衡现象，既有人与人之间发展的不平衡，也有人自身发展的不平衡，使人的发展呈现出片面性的特点。第三，“人的独立性”逐步生成。在社会主义市场经济条件下，每个人开始成为市场活动中的独立的利益主体，成为相对自由、独立的个人。社会主义市场经济体制的逐步建立，为人的独立性的生成创造了条件。虽然现阶段仍然处在对物的依赖阶段，人的独立性也在一定程度上带有对“物的依赖”的弱点，但从“人的依赖关系”到“人的独立性”的生成，是人的自由全面发展的必要阶段。

我国的社会主义市场经济体制已日趋完善，物质利益、商品、交换、资本、设备、自然资源等在社会发展过程中的作用越来越突出，使人陷入了对物的依赖之中，“物的依赖”正成为当代中国人的一种主要的存在和发展形态。从人的需要状况来看，当代中国社会里的人对物质利益的追求已经突显出来，甚至已经成为一部分人追求的价值目标，拜金主义和物欲横流就充分地反映了人处于物的依赖之中的发展状况。从人的活动状况来看，大多数人活动的目的是为了获得物质利益。虽然也有人把活动看作是自己的能力的发挥，但这部分人所占比例不大，没有成为主流。为了获得物质利益，人们不得不在一定的岗位上工作，大部分人的活动依然被限制在特定的范围内，分工对人的活动的制约是一种普遍现象。虽然在发达城市，人们的活动变换有越来越频繁的趋势，但毕竟还没有成为主流。从人的能力发展状况来看，专门化发展成为了大多数人的发展形态。在当代中国社会发展过程中，分工越来越细，并对人的专业技能要求越来越高。为

① 参见袁贵仁、韩庆祥著《论人的全面发展》，广西人民出版社2003年版，第175—177页。

更好地适应分工的要求，人们只有将自己培养成专门人才，具有专业技能。可见，在当代中国社会，“物的依赖”仍然是人们的一种主要的发展状态，对人的自由全面发展具有消极的负面影响。另一方面，在社会主义市场经济条件下，由于分工越来越发达，生产力得到了很大提高，物质财富越来越丰富，这将为人的自由全面发展奠定坚实的物质基础。在现阶段，我们要大力提高人的整体素质，努力实现人的现代化，逐步从“物的依赖”束缚中解放出来，不断地促进人的自由全面发展。

（二）现阶段促进人的自由全面发展的路径

促进人的自由全面发展，是我国全面建设小康社会阶段的一个重要目标。在人民生活总体上达到小康水平以后，我们在全面建设小康社会的新阶段要汲取以往的经验教训，要既见物更见人，把人的自由全面发展由理想追求变成现实目标，使中国特色社会主义建设的各项工作都着眼于促进人的自由全面发展，从人的发展现实状况和社会发展实际出发去探讨促进人的自由全面发展的现实途径。

第一，大力发展生产力，为促进人的自由全面发展奠定坚实的物质基础。人的自由全面发展只能建立在社会充分发展的基础之上，而社会发展的程度取决于生产力的发展状况。因此，人们所达到的生产力总和不仅决定着社会发展的状况，而且决定着人自身的发展水平和程度。只有生产力高度发展以后，才能消灭旧式的分工和异化劳动，才能消灭阶级和私有制，为人的自由全面发展创造各种有利的条件。反之，如果没有生产力的高度发展，要想实现人的自由全面发展简直是空想。因此，在现阶段，我国坚持改革开放，进一步完善社会主义市场经济体制，以最大限度地解放和发展生产力，可以有效地促进人的自由全面发展。一是在市场经济条件下，各个独立的市场主体在平等条件下自由竞争，可以培养人的独立人格、进取心和开拓创新精神。二是人们在市场交往中会建立起人的多方面需求，促进社会流动，发展多方面的能力，并能进一步丰富社会交往关系和人的个性。三是在社会主义市场经济体制下使生产力得到快速发展，既可以增加自由时间，又可以为人的自由全面发展奠定物质基础。可见，在现阶段，我国在社会主义市场经济条件下尽可能地解放和发展生产力，将会有力地促进人的自由全面发展。

第二，加强制度建设以促进人的自由全面发展。制度对人的发展具有重要的作用，促进人的发展必须考虑制度问题。一种好的制度会以强制性的力量将人的行为加以规范，并引向正确的方向，从而促进人的自由全面发展；而一种坏的制度则会阻碍人的发展，甚至会使人的道德沦丧、人性扭曲，走上犯罪的道路。邓小平曾经强调了制度建设的重要性，指出好的制度可以规范人的行为，将人们的行为引向好的方向。坏的制度则会使好人“无法充分做好事，甚至会走向反面”①。什么样的制度才是有利于人的自由全面发展的制度呢？它应该是坚持以人为本的价值原则，以促进人的自由全面发展为价值旨趣的制度；应该是通过制度安排、制度规范等能丰富、提升和完善人性的制度；应该是制度系统的各要素和组成部分形成一个和谐的整体，能有效地促进人的自由全面发展。在现阶段，我国必须加强制度建设，用制度创新来不断地促进人的自由全面发展，一是要改变一切束缚发展的做法和规定，革除一切影响发展的体制弊端，尤其是要打破“官本位”的社会运作机制，加强社会主义法制建设，确立民主政治体制；二是要注重制度创新，通过完善的立法和有效的执法，确保优秀人才能够脱颖而出，确保社会的良性运行和协调发展，尽可能给人的自由全面发展创造条件，从而不断地推进人的自由全面发展。只有从现阶段我国实际出发，贯彻落实科学发展观，进一步加强制度建设，才能不断地促进人的自由全面发展。

第三，优先发展教育事业，促进人的自由全面发展。对于人的自由全面发展，关系最为直接和密切的是教育。马克思曾经指出生产劳动与教育相结合，是促进和造就人的全面发展的唯一方法。② 可以看出，马克思非常重视教育对促进人的全面发展的作用。教育对促进人的自由全面发展的重要作用主要体现在以下几个方面：一是通过教育，使人类个体逐步进入现存的社会关系，适应现实社会生活，成为符合现实社会要求的人。二是通过教育，使人的理性精神能够张扬、德性得以养成、个性得以确立，将人培养成有责任心的公民。三是通过教育，能够使人的自我价值得到实现。从我国现阶段的教育现状来看，由于我国受教育的人口规模大，迫使我国不断地扩大教育规模，以满足广大人民群众日益增长的教育需求。但是，现行教育模式的最大弊端，“就是使受教育者获得片面甚至某种程度

① 《邓小平文选》第2卷，人民出版社1994年版，第333页。

② 参见《马克思恩格斯选集》第2卷，人民出版社1995年版，第212页。

的畸形发展，不利于学生的自由发展和全面发展”①。因此，胡锦涛在党的十七大报告中指出：“实施素质教育，提高教育现代化水平，培养德智体美全面发展的社会主义建设者和接班人，办好人民满意的教育。”② 可见，推进素质教育，是促进人的自由全面发展的一个重要途径。同时，在推进素质教育的进程中，要促进教育公平，加大城乡教育统筹发展的力度，加大对教育尤其是农村义务教育的投入，使每一个适龄青少年都能接受良好教育。在此基础之上，形成一个“全民学习、终身学习的学习型社会”③，从而促进人的自由全面发展。

第四，健康人格的培养与塑造是促进人的自由全面发展的内在条件。只有具备健康人格的人，才可能实现自由全面发展。要实现人的自由全面发展，一个首要的条件是这个人的人格必须是健全的。大体上，健康人格应该具有以下几个特点：一是具有健康人格的人内心协调一致，言行统一，其兴趣爱好、理想信念、性格和气质都向健康的方向发展。从整体上看，具有健康人格的人内部心理是和谐的。二是具有健康人格的人能够正确处理好各种人际关系，并能与自己身边的人发展良好的友谊。三是具有健康人格的人勇于创新，能够有效地运用自己的智慧和能力获得工作和事业上的成功。在现实社会生活中，由于充满了各种各样的矛盾，不断地引起人的心理变化，甚至使人的心理失常，导致人格的不健全，从而妨碍了人的自由全面发展。如经济上不合理的待遇，政治上受到压抑，自身的才能得不到发挥，人身受到攻击，等等，都可能造成人的心理失常。可见，增强人们的心理适应能力，培养健康人格，对促进人的自由全面发展具有重要意义。就当代中国而言，要坚持以人为本，推进人的素质教育，养成一种能全面实现人生价值的健康人格，从而促进人的自由全面发展。首先要克服人格的物化和依赖性。在现实生活中，具有物化和依赖性人格的人在心理、伦理、实践活动等各方面依赖别人，自我个体性不独立，从而不能实现自由而全面的发展。其次，要维护人格尊严，没有人格尊严就养成不了健康人格。人格价值与权利的最高层次是其尊严应得到维护和尊重，

① 袁贵仁、韩庆祥著：《论人的全面发展》，广西人民出版社 2003 年版，第 197 页。

② 胡锦涛：《高举中国特色社会主义伟大旗帜　为夺取全面建设小康社会新胜利而奋斗》，人民出版社 2007 年版，第 37 页。

③ 江泽民：《全面建设小康社会　开创中国特色社会主义事业新局面》，人民出版社 2002 年版，第 20 页。

在各种社会交往活动中不能使人格尊严受到践踏，被侵害和剥夺了任何尊严和权利的人格都不能说是一种完善的人格。最后，要培养创造性人格。具有创造性人格的人有强烈的好奇心和求知欲，反对因循守旧，反对迷信和盲从，在思想和行为上独立自主，在工作和生活中表现出鲜明的个性，富有创新精神。可见，在当代中国，培养和塑造能够实现人生价值的健康人格，对促进人的自由全面发展具有重要作用。

第五，建设生态文明，促进人与自然的和谐发展，为人的自由全面发展提供良好的生态环境。当今世界，随着科学技术的飞速发展，人们改造自然的能力大大提高。与此同时，自然环境、生态平衡被破坏的危险也大大增加，生态环境的危机已经成为制约社会发展和人的发展的一个重要因素。面对当前出现的生态环境的危机，为了更好地推进社会的发展和人的发展，促进人与自然的和谐发展就变得尤为重要。就现阶段我国社会发展的实际状况来看，生态环境问题已成为制约我国社会发展和人的发展的重要因素。随着我国经济的高速发展，环境污染、资源短缺、生态失衡等问题日益严重。它不仅威胁到我国社会的健康发展，而且威胁到人们的生存与发展；它不仅威胁到当代人的生存和发展，而且影响到子孙后代的生存与发展。可以说，没有人与自然的和谐发展，人的健康与生存都存在问题，更谈不上实现人的自由全面发展了。因此，我们应将生态文明理念渗透到经济社会发展的各个方面中去，努力实现人与自然的和谐共生，为人的自由全面发展提供良好的生态环境。

第三章　当代中国社会转型理论创新

——社会转型的人本性、整体性与和谐性

改革开放以来，中国经济社会的发展进入了一个快速发展的转型期。在这个快速发展的转型期，中国经济社会的发展面临着一系列不确定因素，为了解决当代中国经济社会发展进程中所面临的新情况、新问题，党提出了科学发展观。科学发展观视域下当代中国社会转型问题成为我们面对的重要课题。

一　当代中国社会转型的实质和分类

社会转型是指人类社会从一种社会类型转向另一种社会类型。从经济社会形态视角来看，当代中国社会转型不是指一种社会形态向另一种社会形态的转变，而是指在社会主义形态范围内，社会形态的具体结构模式的转变。从技术社会形态视角来看，当代中国处于从农业社会向工业社会和信息社会转型的特殊阶段。进入 21 世纪以后，中国经济社会发展进入了高速发展时期，取得了辉煌的成就，但也面临着一些新问题、新情况。尤其是当代中国经济社会的发展正处于一个特殊的转型时期，就需要我们从不同的角度对当代中国社会转型问题进行分析，以厘清当代中国社会转型的实质和特点。

（一）经济社会形态视角内的社会转型

从经济社会形态视角来看，当代中国社会转型主要指在社会主义形态范围内，社会形态的具体结构模式的转变。要对当代中国社会转型问题进行深入研究，首先要厘清社会形态与社会形态的具体结构模式之间的关

系。同一性质的社会形态在不同的国家也会有很大的差别，如中国的奴隶社会、封建社会就与欧洲的奴隶社会和封建社会有很大的差别。就是在同一社会性质的同一个国家，由于所处的发展阶段不同，其所采用的社会形态的具体结构模式也是有区别的。因此，应该将社会形态的本质规定与社会形态的具体结构模式区别开来。在同一社会形态的不同发展阶段，社会形态的不同结构模式之间是可以转换的，这也是一种社会转型。但这种社会转型不属于社会基本类型的转变，而是社会具体结构模式的转变，是一种从属于社会基本类型的转变的社会转型。这种结构模式发生转变的社会转型，在社会主义社会、资本主义社会以及资本主义以前的社会里都有可能发生。这就要具体地分析当时的某一社会形态所处的历史环境和各种客观条件，才能弄清楚社会转型的实质和特征。这种认识破除了以前将一种社会形态的某种特定的结构模式等同于这一社会形态的本质规定的看法，这对我们认识当代中国社会转型问题具有重要意义。

从经济社会形态视角来看，当代中国社会转型不是指从一种社会形态向另一种社会形态的转变，而是指社会主义形态的具体结构模式发生的转变。社会主义形态的具体结构模式是从属于社会主义形态范畴的，它涵盖经济、政治、文化等方面。因此，要厘清当代中国社会转型问题，就要对当代中国社会主义形态的具体结构模式的转变从经济、政治、文化等方面进行深入探讨。

从经济领域来看，作为当代中国社会转型的主要方面，是指从高度集中的计划经济体制向社会主义市场经济体制转变。新中国成立以后相当长的一段时期内，计划经济体制在我国占据主导地位。在新中国成立初期，计划经济体制对经济的恢复和发展确实起过很大作用。但是，随着生产力的发展，这种计划经济体制的弊端就暴露了出来，影响了社会的发展进步。改革开放以后，经过多年的探索和实践，1992 年，邓小平在南方谈话中指出："社会主义基本制度确立以后，还要从根本上改变束缚生产力发展的经济体制"[①]，"计划经济不等于社会主义，资本主义也有计划，市场经济不等于资本主义，社会主义也有市场"[②]。党的十四大明确提出了我国经济体制改革的目标是建立社会主义市场经济体制。经过在改革实践

① 《邓小平文选》第 3 卷，人民出版社 1993 年版，第 370 页。
② 同上书，第 373 页。

中的反复摸索，在经济体制方面最终形成了社会主义市场经济的目标模式，并逐步建构了社会主义市场经济体制的基本框架。这样就彻底摒弃了我们过去长期将计划经济等同于社会主义、市场经济等同于资本主义的错误认识，将市场经济体制与社会主义经济制度有机结合起来；同时，还根据中国的基本国情，建立了具有中国特色的所有制和分配制度。

从政治领域来看，随着我国社会主义市场经济体制的建立和逐步完善，以往庞大的行政机构势必不再适应，政府职能也要随之进行相应的转换。这样必然要求政治体制进行相应的变革与之相适应，主要表现为从过去的“大政府小社会”转向适应市场经济的“小政府大社会”。我国政治领域的改革主要有以下几个方面：一是调整政治权力结构。从中央与地方的关系来看，要从中央高度集权的权力结构向中央集权和地方分权相结合的权力结构转型。从政治权力机关的相互关系来看，改变以前权力集中于行政部门的局面，提升人民代表大会在国家政治生活中的实际地位，使政治权力结构向合理化的方向进一步发展。二是进行大部制改革。为了适应市场经济发展的需要，政府职能必须转换，由包揽经济生活中的一切向宏观调控、制定法规转变。因此，我国行政机构进行大部制改革，以转变政府职能，适应经济体制改革发展的需要。三是理顺党政关系、实行党政分开。要明确党委和政府的不同职能，转变党的领导方式，由党政合一的权力机构向党政分开的权力机构转换。四是要发展社会主义民主，建设社会主义法治国家。市场经济要求市场主体在经济生活中具有平等地位，能够独立自主的从事经济活动，以推进社会主义市场经济的健康发展。因此，在政治领域里，民主和法治仍是当代中国社会转型期政治生活的根本目标。

从文化领域来看，随着经济领域、政治领域改革的逐步深入，文化领域也必然要进行相应的改革与之相适应。改革开放以后，随着商品经济的发展和繁荣，社会主义市场经济的建构从根本上触动和影响着我国的文化结构。我国文化结构变迁的实质是从传统的、封闭的文化结构向现代的、开放的文化结构转变。随着社会主义市场经济体制的建立和政治体制改革的逐步推进，人们的日常生活和社会理论有了更大的自由度和宽容度；多元化的生活方式、多元化的价值观念、多元化的需求等越来越明显。在当代中国社会转型期，我国坚持走中国特色社会主义文化发展道路，积极推进了教育体制、科技体制、文化体制的改革，促进了教育、科学、文化事业的发展，推动了社会主义思想文化体系的建设。

我国在社会主义形态范围内，其具体结构模式发生了转变，集中体现在经济体制改革、政治体制改革和思想文化体制改革等方面。但是，我国的经济体制改革仍然处于攻坚阶段，社会主义公有制与市场经济如何实现更好的结合还需进一步探索，政治体制改革还需进一步深化，思想文化等方面的体制改革也需要在社会主义市场经济发展的基础上继续推进。可见，我国还需要在各个领域进一步深化改革，在经济社会形态视角内促进社会主义模式转换这一社会转型尽快实现。

（二）技术社会形态视角内的社会转型

按照生产关系的性质所划分的社会形态是经济社会形态。按照生产力（包括产业结构）发展水平划分的社会形态，是技术社会形态。不同学者对此有不同具体划分，比较一般的是渔猎社会、农业社会、工业社会、信息社会的划分。这些基本社会类型之间的转变，我们可以称之为技术社会形态视角内的社会转型。现在学术界一般将传统社会理解为技术社会形态意义上的农业社会，将现代社会理解为技术社会形态意义上的工业社会。随着信息时代的到来，学术界开始将现代社会理解为技术社会形态意义上的工业社会和信息社会。从传统社会向现代社会的转型，就是指从农业社会向工业社会转型，并继而向信息社会转型。这种从一种技术社会形态转向另一种性质的技术社会形态，是属于社会基本类型的转变。理论界所讨论的现代化问题，从技术社会形态的视角看就是从农业社会向工业社会转型。但随着信息革命的到来，社会现代化就变为从农业社会向工业社会和信息社会的转化。因此，从技术社会形态的视角看，我们可以把从农业社会向工业社会的转型称为第一次现代化，将工业社会向信息社会的转型称为第二次现代化。

由于中国社会发展特殊的历史背景和现代世界的发展趋势，当代中国的社会发展正处于一个社会转型的特殊过程之中。从技术社会形态视角内的社会转型来看，中国社会正处于从农业社会向工业社会和信息社会转型的阶段，也就是从传统社会向现代社会转化的实现过程。从中国经济社会发展的历史来看，中国曾长期处于封建社会这种经济社会形态里，与封建社会相联系的技术社会形态是农业社会，这种社会形态一直延续了两千多年。鸦片战争以后，中国逐渐由封建社会演变为半殖民地半封建社会。正是在这种半殖民地半封建社会里，中国开始了从传统社会向现代社会转变的艰难历程，也就是从农业社会开始向工业社会过渡。但是，在封建主义和帝国主义的压迫下，旧中国的工业化进程发展缓慢，到 1949 年新中国成立时，中国还基本上是一个落后的农业国。新中国的成立给中国经济社会从农业社会向工业社会转变提供了崭新的历史条件。1956 年进入社会主义社会以后，中国社会的现代化才真正全面展开。国家开始实施国民经济发展计划，集中力量推进工业化的进程，以促使我国从落后的农业国向先进的工业国转变。但后来在实践中发生了重大失误，如“以阶级斗争为纲”，甚至出现了长达十年的“文化大革命”，这些严重的错误阻碍了工业化的进程。十一届三中全会以后，在中国共产党的领导下，坚持改革开放，开辟了建设有中国特色社会主义的新道路，使我国工业化进程速度加快，并力争吸收世界信息化的新成果，大力推进我国社会现代化的进程。进入 21 世纪后，在新的国情和世情基础上，我国大力吸收世界信息化成果，走新型工业化道路，使中国的现代化进程继续加快展开。从现代世界的发展趋势来看，一些发达资本主义国家已经基本完成了从农业社会向工业社会的转型，进入了后工业化时代。也就是说，这些发达资本主义国家，其经济社会发展的前锋已开始向信息社会过渡。虽然信息社会尚在形成过程中，其特征还没有完全显露和确定下来，但我们已经能够看到信息社会的一些发展趋势，如产业结构的信息化、网络经济的普遍化、信息化的技术手段在国家管理方式和社会参与方式中的运用，等等。现代世界信息化发展的成果必然会影响当代中国社会的现代化进程，当代中国社会在转型的进程中也面临着吸收信息革命成果的问题。

可见，从技术社会形态的角度看，当代中国正处于一个社会转型的特殊过程之中。首先，我国正从农业社会向工业社会转变。由于我国没有经历资本主义充分发展的阶段，从农业社会向工业社会转型的历史任务便延伸到社会主义阶段来完成。其次，世界发达资本主义国家已经由工业社会向信息社会过渡，并取得了许多积极的成果，这就意味着我国的工业化与以往资本主义国家的工业化存在着差别，我国必须要大力吸收信息革命的积极成果，走出一条具有中国特色的新型工业化道路。因此，在社会主义初级阶段，我国既要完成从农业社会向工业社会转型的任务，还要迎头赶上信息化浪潮。

从技术社会形态视角看，当代中国的社会转型具有独特的内容和特点。在经济领域，我国的工业化虽然取得了很大的成就，但技术水平还不够高，工业化的任务还有待继续完成；同时，全球信息革命的到来，要求我国在工业化的进程中充分吸收信息革命的成果，走新型工业化的道路。另外，要大力推进市场化进程。从经济社会形态视角看要建立社会主义市场经济体制，从技术社会形态视角看则要求必须摒弃自然经济和计划经济形式下所固有的旧观念，在新的理念下促进市场化进程的顺利展开和完成。在政治领域，则需要在工业化和市场化的基础上大力推进民主化的进程。在现阶段，要推进民主化的进程，必须要建立一套完整的运行机制，这需要有相应的健全的法制予以维护和实现。只有建立健全与工业化和市场化相适应的法律法规，才能加快推进民主化的进程。在文化领域，应大力提高科学文化水平。虽然新中国成立后我们大力破除迷信，扫除封建思想，但由于农业社会落后的技术基础还存在，再加上改革开放以来所形成的宽松环境，旧的迷信思想还有生存的土壤，一些愚昧和迷信的现象还随处可见。这就需要大力发展教育、科学、文化事业，以逐步提高整个民族的科学文化素质。

总之，从传统社会向现代社会转型，实现社会的现代化，是一个宏大的系统工程。从技术社会形态的视角看，当代中国必须尽快完成从农业社会向工业社会的转变，并尽可能吸收信息革命所取得的成果，走新型工业化道路，加快推动当代中国社会从传统社会向现代社会的转型。

二　科学发展观与当代中国社会转型

从传统社会向现代社会转型，是传统社会遭到系统解构和现代社会获得生命的历史过程。当代中国正在进行社会主义模式的转换，主要体现在从高度集中的社会主义计划经济体制向社会主义市场经济体制转换，这是对社会主义本质进一步深入认识的结果，是社会主义模式建构中的一个重大突破。从技术社会形态的视角看，当代中国正在从农业社会向工业社会转型，并尽可能多的吸收信息革命的成果，加快推进社会现代化的进程。可见，当代中国正处于一个社会转型的特殊过程之中，也必然是一个充满变数和风险的过程，需要一个科学的、可行的社会发展理论指导。党的十六届三中全会提出的科学发展观，是在新时期、新阶段中国社会发展处于关键时期提出的，对积极应对当代中国社会转型期经济社会的健康发展具有重大的意义，使当代中国社会转型理论在新时期得到了进一步的丰富和发展。

（一）以人为本与社会转型

当代中国社会转型的跨度大，其风险和问题也比较大。一方面，从经济社会形态的视角看，当代中国社会转型不是指一种社会形态向另一种社会形态转变，而是指在社会主义形态范围内，其具体结构模式发生转变。这种具体结构模式的转型涵盖经济、政治、文化等领域。其中，在经济领域里，从高度集中的社会主义计划经济体制向社会主义市场经济体制转换，是当代中国社会转型的基础和主要方面。另一方面，从技术社会形态的视角看，当代中国从农业社会向工业社会转型，又处在西方发达国家从工业社会向信息社会过渡的背景下，因此当代中国有经济社会发展的压力，也有后发优势，可以借鉴西方发达国家工业化的经验教训，充分吸收信息革命的成果。基于当代中国社会转型的特殊情况，在当代中国经济社会发展进程中，封建社会的影响还随处可见，传统社会的阻力还比较大，实现社会现代化的任务艰巨。

新中国成立后，由于生产力落后，物质财富匮乏，人民日益增长的物质文化生活需要得不到较好地满足，努力发展生产力、增加物质财富就成为在社会转型中经济社会发展的重要任务。改革开放以后，转型中的中国社会在纠正文化大革命错误的同时，大力发展生产力，把工作重心转到经济建设上来，取得了显著的成绩。但是，一些部门和地区在强调发展经济的时候，在工业化的过程中，却忽略了环境的保护、生产质量和效益的提高，这样从某种程度上来说使人的自由全面发展得不到很好的实现。这种以物为本的社会发展观念在改革开放初期不同程度地存在着，具体表现为一些地区和部门在经济社会发展中片面强调 GDP 的增长，出现了见物不见人的发展思路，甚至出现了为追求 GDP 的快速增长而损害当代人和后代人发展的情况。但是，从传统社会向现代社会转型，并不仅仅是实现社会现代化和推进工业化、市场化，更重要的是在社会转型中推动经济社会健康发展，从而最终促进人的自由全面发展。因此，必须在社会转型过程中从以物为本的社会发展观念向以人为本的社会发展理念转变，将以人为本的社会发展理念贯彻到社会转型的各个方面中去，使当代中国社会转型呈现出人本性的特征，从而促使当代中国社会转型理论在新的实践中得到进一步丰富和发展。

在从计划经济体制向社会主义市场经济体制转型的进程中要坚持以人为本的发展理念。计划经济体制虽然在新中国成立后起过重要的历史作用，但随着经济社会的发展，其固有的历史局限性就暴露出来了，计划经济体制越来越阻碍生产力的发展，必须对其进行改革，从原来的计划经济体制向市场经济体制转换。党的十四大明确地把我国经济体制改革的目标确定为建立社会主义市场经济体制。在党的十四届三中全会上，对社会主义市场经济体制进行了总体设计，并勾画出了我国市场经济体制的基本框架。在二十多年的实践中，我国基本建立起了比较完善的社会主义市场经济体制框架。我国的市场经济体制与资本主义的市场经济体制有着本质的区别。我国在从计划经济体制向市场经济体制转型的进程中，始终贯彻了以人为本的社会发展理念，将实现和满足广大人民群众日益增长的物质文化需要作为社会主义市场经济的目标追求，它同资本主义的市场经济以追求利润、金钱为最高目的有着本质的不同。因此，在经济领域，在社会转型中必须要逐步缩小地区之间、城乡之间的收入差距，使家庭财富普遍增加，让人民群众过上更加富足的生活。在政治领域，在社会转型过程中要摈弃封建社会的家长制、一言堂，坚持社会主义民主集中制，加强社会主义民主和法制建设，使人民的政治、经济、文化权益得到切实的尊重和保障。在思想文化领域，由于从计划经济向市场经济转型，传统的道德观念、价值观念受到了巨大的冲击，出现了多种道德观念和价值观念相互交织的局面，甚至出现了一些违背传统道德和价值观念的现象，如贪污腐败、诚信缺失、道德滑坡等不同程度地存在，给我国经济社会的健康发展带来了较大的负面影响，严重地阻碍了人的自由全面发展的进程。因此，在社会转型中，必须积极推进教育、科学、文化事业的发展，促进我国人民的思想道德素质、科学文化素质明显提高，有力地推进人的自由全面发展的进程。可见，从计划经济体制向社会主义市场经济体制转型的过程中，坚持以人为本就具有重要意义，它不仅需要摈弃封建社会的糟粕，还要纠正在计划经济体制下所形成的一些思想观念；不仅需要经济的快速增长、社会的健康发展，还需要在社会转型中促进人的自由全面发展。

在走新型工业化道路上要坚持以人为本的发展理念。从技术社会形态的视角看，当代中国社会正处于从农业社会向工业社会转型的特殊时期，走工业化道路是我国社会现代化的必经之路。同时，世界发达资本主义国家已经进入后工业化时代，正在向信息社会转型，因此当代中国的工业化道路需要尽可能多的吸收世界信息革命的成果，以推进当代中国社会的现代化进程。1996 年，在北京召开的第四次全国环保会议指出，世界各国在发展进程中走了一条严重浪费资源和“先污染后治理”的路子，结果造成了世界资源和生态环境的严重破坏，对人类的生存和发展造成了不良影响。中国作为后发展国家，决不能重复西方国家工业化的老路，必须结合本国国情和世界的整体发展趋势，走出一条新型工业化的发展道路。我国从农业社会向工业社会转型走的是一条全新的工业化道路，体现了以人为本的发展理念。它克服了旧式工业化的重大弊端，能够较好地减少环境污染，充分地利用自然资源，从而为人的自由全面发展奠定坚实的物质基础。首先，以信息化带动工业化，必然出现一批高知识含量、高技术含量、低能源消耗、低环境污染的产业，在新型工业化过程中优先发展这些产业，就会有效地保护生态环境，充分利用资源以满足人民生活水平提高的需要。其次，在对传统产业的改造中充分利用以信息技术为先导的高新技术，可以减少传统产业对环境的污染和对资源的浪费，从而有利于产业结构的优化升级。最后，将高新技术的最新成果直接用于资源开发和环境保护，也有利于资源开发和环境保护事业的发展。因此，在当代中国社会转型的特殊进程中，我国要走新型工业化路子，以充分利用自然资源、有效保护生态环境，既要在工业化进程中为人的自由全面发展提供坚实的物质保障，又要为人的自由全面发展提供良好生态环境；既要在工业化进程中满足当代人日益增长的物质文化生活需要，又要不损害后代人满足其需要的能力。总之，在当代中国社会从传统社会向现代社会转变的过程中，必须要始终贯彻以人为本的发展理念，使当代中国社会转型呈现出人本性的特征。

（二）全面发展与社会转型

在从传统社会向现代社会转型的进程中，社会现代化是社会转型的内在要求。但是，在社会现代化的进程中，世界各国对社会现代化的认识随着实践的发展而不断深入。在相当长的一段时间里，人们认为社会发展就是经济的增长，实现现代化就是要使国民生产总值增长。于是，在 20 世纪 50 年代和 60 年代出现的现代化理论，其实质就是经济增长理论。只要走过经济增长的各个阶段，社会现代化就可以实现。从这个意义上讲，社会转型等于经济增长。但是，经济增长并不等于发展，一些国家甚至出现了有增长无发展的局面。这些国家因片面追求经济增长，而忽视了资源的浪费、环境的污染，同时牺牲掉了社会公平、社会福利、文化教育等一些社会进步因素，导致经济增长也出现了困难局面，阻碍了整个经济社会的整体发展。在改革开放初期，我国的一些地区和部门也出现了片面注重GDP的倾向，导致生态环境失衡、资源短缺等问题的出现。为了解决这些问题，党中央提出了科学发展观，全面发展是其内在的基本要求之一。将经济建设、政治建设、文化建设“三位一体”发展为社会主义经济建设、政治建设、文化建设、社会建设和生态文明建设“五位一体”，深化了对当代中国经济社会发展规律的认识。可见，社会发展并不仅仅是经济发展，而且各个方面都要发展；社会转型也不仅仅是经济方面的转型，而且各个方面也要或快或慢地转型。因此，社会转型应该是一种整体性的社会发展过程，它不仅包括经济增长，还涵盖了政治、文化、社会、生态等方面的发展变化；不仅包括社会系统内部各个层面的发展变化，还涵盖了社会与自然之间关系的发展变化。当然，社会转型的整体性并不是整个社会的各个方面同时发生变化，也不是在社会转型中社会的各种因素处于同等地位发挥同等作用，而是指在社会转型中社会的各个方面在发展变化的时间上有先后之别，在地位和作用上有主次和轻重之分。从社会转型的整体性角度来看，社会转型应涵盖经济层面的转型、政治层面的转型、文化层面的转型、社会层面的转型、生态层面的转型等几个方面。这几个方面是相互联系的，既相互促进又相互制约，在整个经济社会的发展中或快或慢地发生变化，共同推进社会转型的进程，使当代中国社会转型呈现出整体性的特征，从而促使整个社会向前发展。

从经济层面的转型来看，主要表现为走新型工业化道路和建立健全社会主义市场经济体制。经济层面的转型是整个社会转型的基础和重要组成部分，它推动着当代中国社会转型期的经济、政治、文化、社会、生态等方面全面发展。走新型工业化道路，实现我国的工业化，是我国在全球化背景下从农业社会向工业社会转型的必然选择。在21世纪人类将进入知识经济时代，而知识经济是以现代科学技术为核心，建立在知识和信息的生产、分配和使用之上的经济。因此，在21世纪的中国要实现工业化，必须要吸收世界现代科学技术所取得的成果，走与西方资本主义国家旧工业化有所区别的新型工业化道路。改革开放以来，我国逐步对原有的经济体制进行了改革，实现了从社会主义计划经济体制向社会主义市场经济体制的转变。这是总结我国探索中国特色社会主义经济建设实践经验的结果和当今世界经济发展的客观要求，是正确认识计划和市场关系的必然结论。可以说，没有经济的市场化，就难以实现社会的现代化。

从政治层面的转型来看，主要表现为民主化和法制化。在新的历史条件下实现我国的工业化和经济的市场化，必然要求政治层面的转型与经济层面的转型相适应，为经济层面的转型提供政治保证。实现民主化和法制化是社会主义工业化和市场化的内在要求，也是实现当代中国社会现代化的基本条件。伴随着当代中国的工业化和市场化进程，我国政治民主化和法制化程度逐步得到提高。尤其是社会主义市场经济要求在市场和交换中人们拥有自由、平等等基本权利，各种正当的利益诉求要求得到国家的保护，这样就必然要求国家制定相关的法律、法规来保障人民的民主权利和维护人民正当的利益诉求，从而促进了政治民主化和法制化的发展。但是，实现社会主义的民主化和法制化并不是一朝一夕之功，而是一个逐步发展的历史过程。一般来说，处在社会转型期内的民主化和法制化过程都要经历一个从应然走向实然的过程。所以，我们不能操之过急，要从当代中国的国情出发，在实践中不断推进中国特色社会主义民主化和法制化的发展。

从文化层面的转型来看，主要表现为世俗化、理性化、人本化。在农业社会里，由于社会生产力低下，人类在改造自然的过程中往往会遇到自己难以解释的现象和难以征服的力量，于是就求助于“上帝”或“神灵”，信仰“上帝”或“神灵”就成为人们精神生活的内容，把生活的希望寄托于彼岸世界。当人类社会从农业社会向工业社会转型时，即从传统社会走向现代社会，随着生产力的大幅度提高，科学技术水平也达到了前所未有的高度，人类认识世界和改造世界的能力不断增强。社会转型时人类在生存和发展进程中，从依靠彼岸世界的异己力量到相信此岸世界的自身力量，从信奉神灵到相信科学，从忽视人到尊重人，充分体现社会转型期文化的世俗化、理性化和人本化。在当代中国社会转型进程中，商品经济的发展和繁荣、社会主义市场经济的建构、新型工业化步伐的加快等正广泛地影响着我国文化的发展变化。人们越来越认识到此岸世界自己力量的重要性，越来越注重当代科学技术的发展在社会发展中的重要作用，越来越认识到社会发展的最终目的是为了人的自由全面发展，在文化发展进程中就表现出世俗化、理性化和人本化倾向。

从社会层面的转型来看，主要表现为城镇化和民生化。这里所说的“社会”是狭义的，是指相对于经济、政治、文化、生态而言的“小社会”。首先，当代中国社会正处于从农业社会向工业社会转型的特殊过程之中，也就是正从传统社会向现代社会转变。如果说乡村是农业社会的代表，那么城镇则是工业社会的象征。城镇化水平越高，就意味着工业化和市场化的水平越高，也意味着社会现代化程度越高。因此，当前中国正在加快城镇化步伐，尤其是在广大农村加快中心小城镇的建设，从而有力地推进了我国社会现代化的进程。其次，进入21世纪后，当代中国经济社会的发展取得了很大的成就，但也面临着一系列的问题。这些问题如果得不到切实有效的解决，就会影响到人民群众的积极性、主动性和创造性，就会影响到社会主义和谐社会建设。因此，在当前中国的社会建设中，就更加强调这些人民群众最关心最直接最现实的民生问题的解决。这些民生问题解决好了，就能够逐步形成社会公平正义、安定团结、和谐发展的良好局面，为当代中国经济社会又好又快发展打下了坚实基础。

从生态层面的转型来看，主要表现为建设资源节约型、环境友好型社会。在农业社会，由于人类改造自然的能力偏低，人类对自然的需求并没有超出自然的承载能力，从整体上看人类生活于其中的生态环境良好，人与自然之间的矛盾还没有完全暴露出来。进入工业社会以后，随着生产力的大幅度提高，人类改造自然的能力显著增强。随着人类对资源的需求量越来越大，生态环境的承载负荷也越来越大。而一些国家在工业化的早期阶段，只注重从自然界去获取自己所需要的资源，却没有采取有效措施保护生态环境，导致资源约束趋紧、环境污染日益严重。这些国家不得不耗费巨大的人力、财力和物力去扭转生态环境恶化的趋势。新中国成立以后，由于我国生产力水平不高，经济发展方式落后，对资源的消耗量大，环境污染日益严重，已经影响了我国经济社会的健康发展。在现阶段，我国正处于从农业社会向工业社会和信息社会转型阶段，应改变西方发达资本主义国家曾经走过的工业化路子，走出一条具有中国特色的新型工业化道路。因此，从生态层面的转型来看，我国要转变以前那种高消耗、高污染、低效率的发展方式，树立尊重自然、顺应自然、保护自然的生态文明理念，着力推进绿色发展、循环发展和低碳发展，建设资源节约型、环境友好型社会，努力建设美丽中国。

总之，当代中国社会转型是一个整体性的社会发展过程，它涵盖了经济、政治、文化、社会、生态等各领域，使当代中国社会转型呈现出整体性的特征。其中，经济层面的转型是其他各领域转型发展的重要动力，也为其他各领域的转型发展提供了物质基础。政治层面的转型是经济层面转型的必然要求，为其他各领域的转型提供了政治保障。文化层面的转型是其他各领域转型的反映，但它也具有相对的独立性，为其他各领域的转型提供思想保证、精神动力、文化环境和智力支持。社会层面的转型为其他各领域的转型提供有利的社会条件，没有社会层面的转型，就不能形成促进其他各领域转型的良好社会环境。生态层面的转型为其他各领域的转型提供了良好的生态环境，没有生态层面的转型，其他各领域的转型将会逐渐失去自然界这个基本条件。可见，当代中国社会转型的不同层面和因素是相互联系、相互促进的，它们共同推动整个经济社会又好又快地发展。

（三）协调发展与社会转型

人类社会的发展是一个不断地从不协调走向协调的动态过程。虽然在人类社会发展过程中会出现各种各样的失调状态，但是人类总可以通过自己的努力使失调状态逐步达到协调来推动社会健康发展。当代中国正处于社会转型的特殊发展过程之中，人们面临着一系列不协调的问题，使我国的社会转型面临着更多困难和更大的风险，已经严重影响了经济社会的健康发展。为此，党中央提出了科学发展观，协调发展是其基本要求之一，对当代中国社会转型的顺利实现具有重要意义，对在社会转型期推动当代中国经济社会又好又快发展具有重要的理论意义和实践意义。

协调发展要求人们必须要处理好经济社会发展进程中的各种关系，是经济社会健康发展的必要条件。首先，经济社会的健康发展需要社会的协调。人类社会的发展是客观制约性和主体选择性的统一，是一个自然历史过程。但是，从特定的角度看，人类社会是人们交互作用的产物，人类社会的发展不过是人们的实践活动在时间中的展开。人们在认识、改造自然和社会的实践活动中必然会出现人与自然、人与社会、人与人之间的不和谐现象，这就需要人这个实践主体去协调各种社会关系，促进各社会领域和谐并存，推动经济社会健康发展。其次，人的需要要求社会的协调发展。社会发展的最终目的是为了人的自由全面发展，满足人的合理需要则是实现人的自由全面发展的内在要求。而人的需要是多方面的，它不仅包括物质生活的需要、精神生活的需要，还包括民主政治参与的需要等。因此，只有推动经济社会的协调发展和全面发展，才能满足人的多方面需要。最后，社会有机体正常运行需要社会的协调。社会是一个由经济、政治、文化等因素构成的统一的有机体。构成社会有机体的各因素相互协调、相互制约，任何一个构成要素发展滞后，都会影响其他社会构成要素的发展，进而影响到社会有机体的健康发展。可见，社会的发展就是社会构成诸要素相互协调、相互制约的有机统一的动态运行过程，社会这个有机体的正常运行需要社会的协调。

社会协调是社会发展的必要条件，社会转型是特殊的社会发展过程，因此在社会转型中实现社会协调就是促进社会健康发展的基本要求之一。但是，当代中国正处于社会转型期，既要建立市场经济体制，又要实现社会主义的价值目标；既要在较短时间内实现工业化，并向信息化过渡，又要消除西方国家在工业化过程中所经历的危机和弊端。可见，当代中国社会转型覆盖面广，涉及各个领域，把西方社会发展进程中的历时性矛盾转化为共时性矛盾。在当代中国社会转型进程中这些因素导致了一些社会不协调的现象，主要体现在以下几个方面：其一，收入差距拉大。改革开放初期，我国允许一部分人先富起来，先富带动后富，最后实现共同富裕。随着经济社会的快速发展，人民群众的收入有了很大的增长，当代中国已经进入了小康社会，正在努力建设全面小康社会。但是，共同富裕的目标还没有实现，收入差距却有扩大的趋势。社会上出现了一个为数不小的弱势群体，他们的生活还较为困难，对当前的贫富分化不满，这成为了影响社会和谐和稳定的一个重要因素。其二，城乡差别和地区差距仍然较为明显。进入 21 世纪后，虽然我国采取了多种措施缩小城乡差距，实行了西部大开发战略等，使农村得到了较大的发展，推动了东中西部协调发展，但不可否认的是农村的教育、医疗卫生等基础设施建设与城市相比仍然比较落后，城乡居民间的收入差距仍然较为明显，东部地区无论是在经济发展速度和总量，还是在教育、文化、医疗卫生、科学技术等方面的支出都明显优于中西部地区并存在着一定的差距。其三，经济社会发展不平衡。在社会转型期，虽然经过几十年的改革开放，我国经济社会的发展取得了辉煌的成就，但是经济和社会的发展并不平衡，如教育、就业、医疗卫生、社会保障等与经济发展相比还较为滞后，影响了我国经济社会的进一步发展。除此之外，在市场化的进程中社会伦理道德出现了局部的滑坡，社会风气受到了一定程度的污染。如黄、赌、毒等问题还不同程度的存在，贪污受贿等腐败现象还时有发生，这些问题急需我国采取相应措施，以预防和纠正在社会转型期所产生的问题，以推动经济社会健康发展。其四，人口与资源、环境的压力加大。进入新世纪以后，随着经济社会的快速发展，我国人口与资源、环境的压力进一步凸显出来。我国的人口总数已经超过了13亿，给经济和社会的发展带来了巨大的压力，教育、就业等都成为了严重的问题，在一定程度上影响了社会的和谐发展。除了人口压力以外，资源和环境问题也非常突出。我国人均资源严重不足，许多重要资源的人均占有量低于世界平均水平。但是，我国资源的破坏和浪费却非常严重，如大面积森林被砍伐、水土流失严重、土地荒漠化面积逐年增加等等，这进一步加剧了资源不足的矛盾。再加上在发展工业的时候对环境保护的欠缺，致使大气污染较为严重，近海和江河水生资源及其生存环境面临威胁。可以说，生态环境的恶化已经严重影响到我国经济社会的可持续发展。

协调发展是经济社会健康发展的必要条件，而当代中国正处于社会转型的特殊发展阶段，出现了一些影响中国经济社会健康发展的不协调因素。为了推动转型期内中国经济社会又好又快地发展，党的十六届三中全会提出了以人为本的科学发展观，全面协调可持续发展是科学发展观的基本要求。科学发展观将协调发展作为重要的发展理念，正是针对转型期内当代中国社会发展中还存在的城乡、区域、经济社会、人与自然发展不平衡、不协调问题而提出来的，对更好地化解社会转型期出现的各种制约因素，更好地实现转型期社会的全方位协调发展具有重要的指导意义。

第一，当代中国社会转型期城乡的协调发展。从农业社会向工业社会转型，建立健全社会主义市场经济体制，要求当代中国经济社会的发展要实现工业化、市场化，促进社会主义现代化早日实现。但是，新中国成立以后，为了快速推进工业化，我国实行了优先发展工业的方针和严格的城乡分割政策，导致了落后的传统农业部门和先进的城市现代经济部门并存的城乡二元经济结构的出现，农村的发展速度远远赶不上城市发展的速度，从而延缓了社会转型的进程。为了实现从传统社会向现代社会的转型，必须逐步缩小城市和乡村的差距，改变城乡二元经济结构。科学发展观的提出，为实现城乡协调发展指明了方向。因此，在当代中国社会转型进程中，必须要处理好城市和农村之间的关系，把农业的现代化放到整个经济社会发展的总格局中统筹考虑、谋划，促进农村和城市良性互动，逐步缩小城乡差距，从城乡二元经济结构向现代社会经济结构转变，促进城乡协调发展，推动我国经济社会的健康、快速、持续发展。

第二，当代中国社会转型期区域的协调发展。在从传统社会向现代社会转型的进程中当代中国区域发展是不平衡的，东中西部经济社会的发展存在着一定的差距。从经济发展来看，东部地区在经济发展的总量和速度上都明显优于中、西部地区，而中部地区又比西部地区在经济发展水平上要高一些。另外，从教育、文化、科技、医疗卫生等方面看，东中西部的发展水平都存在着差距，东部地区明显优于中西部地区。导致东中西部发展不平衡的原因，既有地理因素的影响，又有观念因素的影响；既有政策因素的影响，又有产业布局和人力资本因素的影响。这种区域发展不平衡现象的出现，阻碍了我国从传统社会向现代社会转型和实现社会现代化的历史进程。为了化解经济社会发展中出现的区域发展不平衡的矛盾，党中央提出了科学发展观，并指出其根本方法是统筹兼顾，为解决我国地域发展不平衡问题指明了正确的方向。因此，在当代中国社会转型期内，我国要通过深化改革、大力发展生产力，推进西部大开发，促进中部地区崛起，振兴东北地区等老工业基地，鼓励东部地区加快发展，逐步解决区域发展的平衡与协调问题。①

第三，当代中国社会转型期经济和社会的协调发展。自改革开放以来，在从传统社会向现代社会转型的过程中，我国坚持以经济建设为中心，强调发展是硬道理，使经济社会发展取得了辉煌的成就。但是，由于在改革开放初期，一些地区和部门在工业化和市场化的过程中出现了片面重视经济建设的情况，导致在经济建设取得巨大成就的同时，社会生活其他方面的滞后现象日益突出，协调经济发展与社会发展已成为当代中国急需解决的问题。进入 21 世纪后，随着我国改革和社会转型的逐步深入，经济发展和社会发展不平衡的问题就更加凸显，就业和社会保障压力增大，教育、文化、医疗卫生等社会事业发展滞后。这些问题必须引起高度重视，否则将会导致经济社会发展长期徘徊不前，甚至出现社会动荡和倒退。因此，随着当代中国社会转型的逐步深入，在科学发展观的指导下，

① 参见《政府工作报告——2012 年 3 月 5 日在第十一届全国人民代表大会第五次会议上》，人民出版社 2012 年版，第 22—23 页。

我国必须协调好经济和社会的发展，加大对教育、文化、医疗卫生、科技、体育事业的投入，扎实推进教育公平，大力加强文化建设，积极稳妥推进医药卫生事业的改革发展，持续提升科技创新能力，加快完善社会保障体系，从而促进经济社会协调发展。

第四，当代中国社会转型期人与自然的协调发展。在当代中国社会转型期要促进社会协调发展，一方面要考虑人与社会之间的协调发展，另一方面要考虑人与自然之间的协调发展。如果仅仅从人与社会之间的关系来考虑中国社会的协调，则不足以体现当代中国社会协调发展的实质。因此，处理好人与自然之间的关系，促进人与自然协调发展就显得尤为必要。但是，在社会现代化的过程中，由于过分强调以人为中心，过于追求自我满足，造成了对自然资源的过度需求，在一定程度上逾越了自然界的承载能力，导致了对自然资源和环境的严重破坏。因此，在我国社会现代化进程中，必须汲取西方先发型现代化国家的历史教训，在社会转型进程中处理好人与自然之间的关系。正是在这种认识的基础上，党中央在十六届三中全会上提出了以人为本的科学发展观，强调要促使人与自然和谐发展。可见，那种片面、畸形的发展观念从根本上违背了“以人为本”的发展理念，在当代中国社会转型和实现社会现代化的历史实践中，我国必须在发展生产力的同时有效地保护自然环境，促进人与自然的协调发展。

（四）可持续发展与社会转型

从农业社会向工业社会转型的历史进程中，由于工业化的快速推进，人类创造的财富也快速增长，与此同时人类对自然资源的需求量也随之大增，并对自然资源和环境的破坏日趋严重。到20世纪六七十年代后，人口、资源和环境问题日益突出，人类面临着生存环境的严重危机。这些全球性问题引起了人类的广泛关注。围绕着罗马俱乐部提出的报告《增长的极限》和1973年西方资本主义世界爆发的“石油危机”，全球展开了关于停止增长还是继续发展的争论。1987年，世界环境与发展委员会向联合国大会提交了研究报告《我们共同的未来》，正式提出了可持续发展的概念。可持续发展理念的形成，是人类在20世纪中叶对自身的前途、命运与自然环境之间关系的一次深刻地反思，它调整了传统的发展思路，确立了人与自然和谐发展的理念。

新中国成立以后，由于我国工业基础薄弱，建设现代化工业强国就成为我国发展的主要任务。在生产力水平低下的时候，资源利用强度还比较低，人口、资源和环境问题相对还不突出。进入改革开放以后，随着生产力水平的提高，国民经济的快速发展，人口、资源和环境的压力日益突出。尤其是进入21世纪以后，随着中国经济的高速增长和物质财富的丰富，人口膨胀、资源紧张和环境恶化的形势也日益严峻。这些问题决定着处于社会转型中的中国在未来的发展中将面临更大的人口、资源和环境的压力。首先，从人口现状来看，我国人口总量已超过了13亿，而且净增量又多，导致我国经济增长中的有效部分在人口的增长中消失，从而影响了国际竞争力。由于人口基数大，导致我国劳动力供应持续增长，使我国面临着巨大的就业压力。人口过多，需求量大，一方面导致资源短缺，环境压力大；另一方面影响到我国各项社会事业的发展，尤其是影响到我国的教育水平、医疗卫生水平和社会福利水平的提高。其次，从自然资源的现状来看，短缺是最突出的问题。由于从农业社会向工业社会转型进程中对资源的需求量大，再加上我国是一个人口大国，导致我国的自然资源呈现出短缺的局面，主要表现在以下几个方面。一是随着人口的不断增长和对耕地的盲目占用，使耕地越来越紧张。二是淡水资源严重缺乏。虽然我国水资源总量并不少，但人均淡水资源占有量却远远低于世界平均水平，且地域分布极不平衡。三是矿产资源虽然品种比较齐全，但与其他国家相比，中国的富矿少，储量也不丰。因此，从长远的发展来看，矿产资源供给不足将是中国未来发展中的一个严重问题。最后，从当代中国的环境现状来看，环境污染严重，生态环境恶化，形势非常严峻，主要体现在以下几个方面。一是大气污染严重。我国以煤为主的能源结构是形成大气污染严重的重要原因，其主要污染物为悬浮颗粒物和二氧化硫。二是水污染状况较为严重。在工业化的进程中，工业废水的排放量不断增加，造成了严重的水污染，直接影响到工农业生产和人民的生活。三是在工业化进程中，由于生态环境保护不到位，导致生态环境失衡，自然灾害频繁，如暴雨、飓风、沙尘暴、泥石流、地震等自然灾害给人民群众造成了很大的经济损失。可见，在从农业社会向工业社会转型的过程中，由于对资源、环境的保护相对滞后，以牺牲资源和环境的代价来获得经济的快速发展，导致了资源的短缺和生态环境的恶化，使中国未来的发展面临着能否持续的严峻形势。因此，我们必须在当代中国社会转型的进程中妥善解决好经济发展与人口、资源和环境之间的问题，以促进当代中国经济社会的持续、健康发展。

在从传统社会向现代社会转型过程中，随着改革开放的进一步深化和我国经济社会的快速发展，资源短缺形势严峻，生态环境日益恶化，已经严重地影响到我国经济社会的持续、健康发展。党的十六届三中全会以来，以胡锦涛同志为核心的党中央高度重视我国经济社会的可持续发展问题，将可持续发展理念渗透到当代中国社会转型之中，提出了一系列在社会转型期促进我国经济社会持续、健康发展的理论和措施。

第一，加强生态环境的保护，推进当代中国社会转型期的生态文明建设。西方发达国家在工业化的进程中，走的是一条大量使用能源和资源、严重污染生态环境的道路。当代中国社会正处于全面转型时期，经济发展与人口、资源和环境的矛盾已凸显出来，严重影响到我国经济社会的持久永续发展。因此，作为一个后发式的发展中国家，我国在工业化的进程中不能走西方发达国家先污染、后治理的老路，必须在科学发展观的指导下，坚决摒弃先污染后治理、先破坏后恢复的做法，加强生态环境保护，推进当代中国社会转型期的生态文明建设。建设生态文明是在物质文明建设进程中保护和改善生态环境的实践成果，是对工业文明进行深刻反思的成果。大力推进转型期的生态文明建设，并不是否定工业文明，而是强调先进的工业文明必须建立在对生态环境的保护基础之上，将建设生态文明的理念渗透到经济建设、政治建设、文化建设和社会建设中去，促进人与自然的和谐发展。

第二，加快当代中国社会转型期内经济增长方式的转变，走新型工业化道路。在工业化和市场化的进程中，受传统发展观念的影响，我国的经济发展模式是高投入、高消耗、高排放、难循环、低产出、低效益，经济的增长是以资源的巨大浪费和生态环境的恶化为代价的，造成了比较严重的环境污染和生态破坏，严重阻碍了我国经济社会的持续、健康发展。要解决在中国社会转型中出现的这些问题，关键在于转变经济增长方式。胡锦涛指出："要把转变增长方式作为'十一五'时期的战略重点，使经济增长建立在提高人口素质、高效利用资源、减少环境污染、注重质量效益的基础上"。① 可见，实现经济增长方式的战略转变，要按照生态化的要

① 中共中央文献研究室：《十六大以来中央文献选编》（中），中央文献出版社 2006 年版，第 1093 页。

求发展科学技术和经济，大力发展循环经济，提高资源的利用率，减少对生态环境的污染和破坏，促进人与自然的和谐发展。要在工业化的进程中充分吸收信息革命的成果，走出一条具有中国特色的新型工业化道路。因此，我们在当代中国社会转型期要切实转变经济增长方式，走新型工业化道路，从而促进转型期当代中国经济社会持续、健康发展。

第三，切实转变当代中国社会转型期内的消费方式，建设资源节约型、环境友好型社会。从传统社会向现代社会转型的进程中，随着工业化和市场化的逐步推进，人们对资源的需求越来越大，生态环境所承受的压力也越来越大。这种以资源的高消耗、环境的严重污染为代价的不可持续的消费方式，已经严重威胁到转型期内我国经济社会的健康发展。为实现全面建设小康社会的战略目标，到21世纪中叶实现社会的现代化，必须改变许多浪费资源和财富、对生态环境造成破坏的不健康的生活观念和消费方式，形成节约能源资源和保护生态环境的、与生产力发展水平相适应的适度消费的新消费方式，努力建设资源节约型、环境友好型社会。

三　当代中国社会转型与和谐社会的构建

当代中国社会正处于全面转型时期，随着我国改革开放的进一步深化，我国经济社会的发展取得了显著的成就，社会和谐的程度也越来越高。虽然我国社会总体上是和谐的，但社会转型也带来了影响社会和谐的一系列矛盾和问题。从人类社会的发展历史来看，社会转型是社会发展的特殊阶段，它不仅能促进社会发展程度的提高，也会带来社会和谐状况的改善。从特定的历史发展阶段看，在社会转型期极易出现影响社会和谐的矛盾和问题，如果处理不好就会影响到社会的健康发展，因此社会转型作为特殊的社会发展过程，它也需要社会的和谐作为转型期社会健康、顺利发展的条件。在当代中国社会转型期，必须要清醒认识和积极应对社会转型所带来的影响和谐的矛盾和问题，深入探讨社会和谐与社会转型之间的关系，这对推进当代中国社会的全面转型和构建社会主义和谐社会具有重要意义。

（一）当代中国社会转型面临的挑战

进入21世纪以后，我国进入了改革开放的关键时期，也进入了社会的全面转型时期，随着工业化和市场化深入推进，我国经济体制正在发生深刻变革，社会结构正在发生深刻变动，利益格局正在进行深刻调整，思想观念正在发生深刻变化。这种在社会转型期发生的空前的社会变革，给我国经济社会的发展带来巨大活力的同时，也会带来影响社会和谐的一系列矛盾和问题。从进入21世纪以后中国经济社会发展的实践来看，正在经历社会转型的当代中国社会面对的挑战前所未有，出现了一系列影响社会和谐的矛盾和问题，主要体现在以下几个方面。

第一，利益结构调整问题。在当代中国社会从计划经济体制向市场经济体制转型的过程中，我国经济社会的发展取得了举世瞩目的成绩，同时也在市场化深入发展的过程中给中国社会带来了明显的分化，收入差距有进一步拉大的趋势。适度的收入差距，具有调动个人的积极性和促进社会发展的功能；收入差距过大，则会挫伤个人的积极性进而影响到社会的健康发展。从市场化改革以后中国社会发展的现状来看，收入分配差距越来越明显，一是最高收入群体与最低收入群体之间的收入差距扩大，“富人愈富，穷人愈穷”的现象已经出现；二是城乡之间、地区之间的收入差距也表现突出，东部地区的收入水平普遍比中西部地区的收入水平要高，城镇居民的人均收入水平普遍比农村人口的人均收入水平要高；三是行业收入差距不断拉大，一些垄断行业的不合理高收入问题依然突出。可见，在当代中国社会转型时期，由于体制和个体的因素，我国居民之间的收入差距越来越大，社会弱势群体增多，影响了我国和谐社会的构建。

第二，民主法制建设问题。追求民主和法治，是社会主义政治形态的内在要求。我国的民主类型是马克思主义的，是非常先进的民主类型。但是，就转型期的中国社会的民主而言，由于经济、历史、文化等条件的制约，其优越性还未充分发挥出来，其民主程度还需进一步完善。而我国社会主义市场经济的发展和推进，要求人们自由地生产、交换，也要求进入市场的主体拥有平等和自由等相关权利，以便市场主体的各种利益诉求能得到充分的表达和尊重，这就需要在政治领域提供一种民主化程度更高的制度安排。同时，在市场化改革的进程中，不同的利益主体有不同的诉求，但都必须在相关的法律法规的范围内得到实现，这是市场经济健康、有序运行的基本要求。而我国正处于社会转型期，由于历史、文化等方面的原因，人治现象时有发生，有法不依、执法不严等现象在一定程度上存在，其结果必然是法制原则遭到破坏。这些矛盾和问题的存在，必然影响到社会主义的民主法制建设，必然会影响到社会的和谐稳定。

第三，诚信缺失、道德失范问题。从计划经济体制向社会主义市场经济体制的转型影响深远，这种转型所造就的不同于传统社会的社会状况，深深地影响着处于转型期的当代中国社会人们的思想道德水平和价值观念。从某种意义上讲，市场经济是一种利益经济，在等价交换的基础上，追求利益的最大化。从西方发达国家的现代化进程可以看出，在追求物质财富的过程中，人类在取得物质文明进步的同时也付出了一定的精神和道德的代价。正如恩格斯指出的那样，"文明时代以这种基本制度完成了古代氏族社会完全做不到的事情。但是，它是用激起人们的最卑劣的冲动和情欲，并且以损害人们的其他一切禀赋为代价而使之变本加厉的办法来完成这些事情的。"① 在当代中国社会转型期，人们的思想道德和价值观念同样也受到市场经济所带来的负面影响，在一些领域诚信缺失、道德失范等现象不同程度地存在着。如"毒胶囊事件"和广东的"小悦悦事件"，折射出处于转型期内当代中国社会一小部分人的诚信缺失、道德滑坡和价值观异化。这些问题的存在必须引起高度重视，否则它将影响到转型期中国社会的健康发展。

第四，社会事业发展滞后的问题。在社会转型的过程中，社会各领域的发展极易出现不平衡的现象。在工业化、市场化和城镇化的进程中，当代中国社会的经济建设虽然取得了显著的成绩，但社会事业发展相对滞后。当代中国经济社会发展的实践表明，在转型过程中当代中国社会的各个领域或层面未能协调发展和整体推进，出现了发展不平衡的现象。工业化、市场化和城镇化的深入发展需要教育、文化、医疗卫生、社会保障、就业等社会事业的发展与之相适应。而在当代中国社会转型期，我国的就业形势严峻，教育公平问题引起了人们的广泛关注，文化事业和文化产业的发展还需进一步推进，医疗卫生体制改革与人民群众的需求还有不小的差距，社会保障的总体水平还比较低，这些问题的存在不同程度地影响了工业化、市场化和城镇化的进程，影响了转型期中国经济社会的持续、健康发展，影响了社会主义和谐社会的构建。

第五，社会秩序重建问题。社会秩序是社会和谐发展的基础，人类社会的发展史也是社会秩序不断创新和进步的历史。良好的社会秩序是社会

---

① 《马克思恩格斯选集》第4卷，人民出版社1995年版，第177页。

存在和发展的必要条件，社会失序将会阻碍社会的和谐发展。当代中国社会正处于从传统社会向现代社会转型的快速发展时期，随着市场化、工业化和城镇化的深入发展，一方面，产生了大量的非规范性关系，造成人们的交往障碍，导致社会的动荡不安；另一方面，在当代中国社会转型期由于社会主体在认识水平和价值取向上的变化，将在实践中建构新的社会秩序，从而使旧的社会秩序逐步由新的社会秩序所代替。而新的社会秩序的建构需要一个过程，往往滞后于社会发展的速度，就导致了在一定时期内社会失序的现象，主要体现在以下方面：在经济领域里，由于受利益的驱使，市场主体的经济行为存在着盲目化和短期化倾向，在市场交易中存在着不正当的竞争行为，甚至还存在着制假售假等违法行为；在政治领域，权力腐败现象时有发生，损害了社会的公平和正义，给党和国家带来了严重的损失；在思想文化领域，随着中国现代化的深入发展和西方价值观的影响，人们的思想观念受到很大的冲击，一些负面的价值观和人生观使一些人的思想观念和道德标准发生变异，导致了一些不当行为的发生。在社会生活领域，黄赌毒等犯罪行为屡打不绝、屡禁不止，犯罪行为出现了智能化、网络化的趋势。在生态领域，为了获取高额的利润，一些厂家违法排放废气、废水等现象屡禁不止。这些问题的存在，与当代中国社会转型所带来的社会秩序的转换、社会秩序的混乱有着密切的联系。因此，必须重建社会秩序，规范社会发展，以推动当代中国社会健康、和谐、有序的发展。

这些在当代中国转型期内出现的主要矛盾和问题，已经严重影响到社会主义和谐社会的构建和社会主义现代化实现的历史进程。因此，为了构建社会主义和谐社会，在21世纪中叶顺利实现社会的现代化，必须要进一步丰富和发展社会转型理论，处理好社会转型与和谐社会构建之间的关系。

（二）社会转型与社会和谐

在当代中国社会转型期，随着工业化、市场化和城镇化的深入发展，一系列影响社会和谐的矛盾和问题纷纷凸显出来。这些矛盾和问题是当代中国从传统社会向现代社会转型过程中产生的，不利于当代中国社会的和谐发展，阻碍了转型期内经济社会的健康发展。因此，我们要化解转型期内出现的矛盾和问题，处理好社会转型和社会和谐的关系，使当代中国社会转型呈现出和谐性的特征，从而丰富和发展了当代中国社会转型理论，以促进社会主义和谐社会的构建，进一步推动当代中国经济社会又好又快地发展。

第一，整合转型期利益分配格局。在当代中国社会转型的进程中，人们的收入差距呈现出逐步拉大的趋势，出现了富人愈富、穷人愈穷的现象。相对于社会转型来讲，适当的收入差距在一定程度上反映了人们的能力大小，具有调动人的积极性、主动性和创造性的功能；反之，收入差距扩大到一定程度时将会挫伤人们的积极性，影响社会发展。因此，必须整合转型期的利益分配格局，进一步完善收入分配制度，规范收入分配秩序，逐步缩小收入差距，实现共同富裕。为了有效整合转型期的利益分配格局，首先要努力提高居民收入在国民收入分配中的比重，提高劳动报酬在初次分配中的比重。其次要稳妥地推动工资制度改革，建立正常的工资增长机制，严格规范国有企业、金融机构高管人员的薪酬管理，逐步实现收入分配的科学化和规范化。再次，完善税收制度。个人所得税是国家调节居民收入差距的重要手段，在调高个人所得税起征点的同时加大对高收入者的税收调节力度，以尽可能地提高低收入者的收入，扩大中等收入者的比重。最后，要加大力度打击取缔非法收入，有效保护合法收入，建立良好的收入分配秩序。总之，在经济发展、财富增加的基础上，只有进一步深化收入分配制度改革，整合转型期的利益分配格局，当代中国社会的贫富差距才能得到有效调控，从而促进社会和谐，推动转型期中国社会的健康发展。

第二，规范转型期制度建设。在转型期，随着社会主义市场经济的深入发展，极大地解放和提高了生产力的发展水平，使人民群众的生活水平有了较大提高。市场经济的运行要求市场主体具有自由、平等的民主权利，以便市场主体的诉求能够得到表达，公平的交换得以产生；同时，市场经济也具有自身的局限性，其自发性和盲目性也会给社会发展带来诸多问题。因此，为最大限度地发挥市场经济的优势，弥补其缺陷，必须加强制度建设。首先，要完善社会主义民主制度，实现社会主义民主的规范化，在政治领域为各种利益诉求的表达提供制度化途径，切实保障市场主体的各种民主权利。其次，在社会转型期，利益多元化和思想观念的多样化给社会治理增加了难度，需要加强社会主义法制建设，以有效地化解社会冲突、防止社会失调，夯实社会和谐的法治基础。可见，在当代中国社会转型期，随着市场化改革的深入推进，进一步促进社会主义民主和法制建设，为构建和谐社会，推动社会健康发展提供了政治保障。

第三，加快转型期社会事业发展。在我国社会转型期，相对于经济发展水平，我国社会事业的发展显得相对滞后。在市场化、城镇化的过程中，那些能够获取较大收益的部门能在社会资源的分配中占据优势，而那些关系到国家长远发展利益的部门则获得的社会资源相对较少，与当代中国社会经济的发展水平不相适应。因此，在转型期必须加快社会事业的发展。首先，要采取措施扩大就业，实现经济发展与扩大就业良性互动。在现阶段，我国每年就业的压力都很大，而就业是关系国家发展和人民福祉的大事，要求各级政府必须坚持就业优先战略，实施积极的就业政策，发展和谐劳动关系。其次，优先发展教育，促进教育公平。要确保教育经费的投入，提高使用效益；要进一步深入推进教育体制改革，提高教育教学质量；要坚持公共教育资源向落后地区倾斜，促进教育公平。最后，要进一步深化医疗卫生体制改革，加强医疗卫生服务，提高人民群众的健康水平。此外，其他社会事业的发展也要与转型期经济发展的水平相适应，这样才能构建和谐的社会关系，推动当代中国健康发展。

第四，整合转型期思想观念，建设和谐文化。在当代中国社会转型期，传统的思想观念与现代的思想观念交织在一起共同推动社会的发展。进入21世纪以后，当代中国社会进入全面转型时期，随着市场经济的发展和新型工业化道路的开辟，多元的经济形式和多元的生活方式带来了多元的思想价值观念。在这些思想价值观念中，有符合社会发展规律的优秀的思想价值观念，也有一些不利于社会发展的思想价值观念，如在社会生活中不同程度存在的道德滑坡、诚信缺失等现象。这些有负面效应的思想观念阻碍了转型期社会的健康发展，需要认真应对，既吸纳先进的思想价值观念又继承和创新优秀的传统思想价值观念，以整合转型期的思想价值观念，形成全社会共同的理想信念和道德规范，建设以社会主义核心价值体系为根本的和谐文化，为推动转型期当代中国经济社会的健康发展打下坚实的思想道德基础。

第五，完善转型期社会管理，保持社会安定有序。从传统社会向现代社会转型的进程中，社会秩序极易出现混乱状态，正如塞缪尔·P. 亨廷顿指出的那样，“现代性孕育着稳定，而现代化过程却滋生着动乱”①。如

① ［美］塞缪尔·P. 亨廷顿著：《变化社会中的政治秩序》，王冠华、刘为等译，上海人民出版社2008年版，第31页。

果不规范社会秩序，加强社会管理，有力化解现代化进程中出现的混乱现象，社会和谐将难以实现。党的十六大以来，以胡锦涛同志为核心的党中央提出了构建社会主义和谐社会的重大任务，使中国特色社会主义事业总体布局由“三位一体”发展为“五位一体”，这是对中国特色社会主义发展规律深入认识的结果，也是对转型期社会发展过程中出现的矛盾和问题的积极应对。而加强社会管理，是社会建设的重要内容之一，它对促进社会的和谐稳定具有重要的意义。因此，在当代中国社会转型期，要建设服务型政府，全面推进社区建设，健全社会组织，建立和完善应急管理体制机制，加强社会治安综合治理，妥善处理各种社会矛盾，这对构建社会主义和谐社会，保持转型期当代中国社会安定有序具有重要作用。

当然，除了上述在当代中国社会转型期要着重关注和积极化解的问题以外，还要加强转型期生态环境的保护和治理，促进生态文明建设；要最大限度地激发社会创造活力，促进社会团结和睦，等等。因此，在当代中国社会转型期，要坚持以科学发展观统领经济社会发展全局，遵循社会转型的人本性、整体性、和谐性要求，努力构建社会主义和谐社会，推动转型期当代中国经济社会又好又快地发展。

第四章　当代中国社会发展阶段理论创新

——全面建设小康社会与当代中国社会发展阶段

在人类社会发展的历史长河中，一些思想家根据不同的划分方法将整个人类社会发展的历史过程划分为若干发展阶段。厘清每个社会发展阶段的特点和具体状况，正确认识一定阶段上社会发展的阶段定位问题，对于整个社会发展理论的研究具有重要意义。进入21世纪以后，当代中国社会的发展面临着前所未有的挑战，同时也面临着前所未有的发展机遇。要不失时机地抓住这个前所未有的发展机遇，促进当代中国社会又好又快地发展，必须要弄清楚当代中国社会所处的发展阶段及其特征。尤其是在科学发展观提出以后，对社会主义初级阶段理论有哪些新的认识，需要根据当代中国社会发展的实际进行具体分析。这对化解当代中国社会发展所面临的问题和矛盾，明确当代中国社会发展的历史任务，促进当代中国社会科学发展具有重要的理论意义和实践意义。

一　关于社会发展阶段划分

对社会发展的阶段做出正确的划分，是一些思想家追求的目标。但从社会思想史上看，由于从不同的历史观出发，思想家们对社会历史发展总体进程的认识和把握也存在较大的分歧。在马克思以前和以后的西方思想家，有不少人探讨过人类社会发展的阶段划分问题，他们的划分虽然带有历史唯心主义的性质，但也包含着一些合理的因素。因此，要科学地对我们所处的社会发展阶段作出判断和分析，就要在汲取西方思想家关于社会发展阶段划分的合理因素基础上，根据马克思主义社会形态理论和关于社会发展阶段的构想，结合当代中国社会发展实际，具体地分析现阶段中国社会的发展阶段问题。

（一）西方学者的社会发展阶段划分理论

在西方，从古希腊时期起对人类社会发展进行阶段划分的思想家不乏其人。古希腊的思想家柏拉图提出的现实政制依循着荣誉政制、寡头政制、民主政制、僭头政制而相继蜕变的兴衰相替理论，表明柏拉图在努力探寻人类社会发展的规律，并将人类社会发展的历史过程划分为若干个既相联系又相区别的阶段。但是，柏拉图将现实政制蜕变的原因归结于人性，陷入了宿命论、循环论的泥潭。到了中世纪，基督教神学家奥古斯丁提出人类社会的发展分为婴儿期、儿童期、青年期、人类成年期、壮年期、拯救期、终结期等七个时期。虽然奥古斯丁的划分方式带有神秘主义的性质，充满了宗教味道，但他抵制了古希腊罗马时期的循环发展观，提出了一种向前进展的线性发展观点。

自文艺复兴以来，在马克思以前和以后的西方思想家有不少探讨过人类社会发展的阶段划分问题，他们的社会发展阶段划分理论包含一些合理因素，能够为当代中国社会发展阶段的定位提供借鉴。在马克思之前的意大利思想家维科反对以神学的观点来解释人类社会发展的历史，他认为人类社会是人类自己创造出来的，人类社会发展是有规律的，就像一个人的成长要经历童年、青年和壮年一样，世界各民族都要经历神的时代、英雄时代和凡人时代，并认为这三个时代不是循环的，而是螺旋式上升的。维科关于人类社会发展是三个时代依次递进的思想，冲破了以往人类社会发展循环论的思想，但是维科划分人类社会发展历史阶段的主要标准是宗教、婚姻、埋葬三种制度，而不是生产力的发展和生产关系的性质。德国古典哲学集大成者黑格尔认为，人类历史是一个合乎规律的由低级到高级的发展过程。他从绝对精神出发，认为理性是世界的主宰，由于理性的关照世界历史显示出一种合理的历程，并将世界历史分为东方世界、希腊世界、罗马世界、日耳曼世界等四个发展阶段。第一阶段是东方世界。黑格尔认为，东方是历史的起点，西方是历史的终点，整个世界历史的行程是从东方到西方。因此，东方世界是历史的幼年时期，它包括中国、印度、波斯、埃及等。第二阶段是希腊世界，它是人类的青年时期。第三阶段是罗马世界，它是人类的壮年时期。第四阶段是日耳曼世界，它是人类的老年时期。英国的罗素指出，在黑格尔那里，“世界历史一向就是历经从中国的‘纯有’（关于中国，黑格尔除知道有它而外毫无所知）到‘绝对理念’的各范畴而进展的，绝对理念看来在普鲁士国家即便没有完全实现，也接近实现了。”① 可见，黑格尔第一次把历史看作是一个有规律的过程。但是，黑格尔的唯心主义体系窒息了他的辩证法思想，最终把世界历史的发展进程变成了绝对观念的实现过程，而不是根据经济的发展程度和生产关系的性质来划分世界历史发展的阶段。

在马克思之后的德国历史哲学家奥斯瓦尔德·斯本格勒也对世界历史进行了研究，他认为只有各个文化的历史，没有全人类的历史，世界历史是由各个文化组成的，因此研究世界历史就是研究各个文化的历史。斯本格勒认为，每一个文化都如同一个人一样，要有自己的童年期、青年期、壮年期和老年期。他把文化的生命周期划分为四季的更替。每一个文化的春天，都是天真烂漫、充满活力的创造时期；每一个文化的夏季，都处在宗教改革和哲学思想开始兴起的时代；每一个文化的秋季，都有理性主义的启蒙运动和确定的哲学系统的存在；每一个文化的冬季，宗教信仰让位于对科学和功利的崇拜，各大文化都走向现实主义的世界景象，进入了无机状态的机械动作阶段。斯本格勒认为，文化在实现自己时所经历的过程就表现为历史，在文化之前没有历史，这个阶段是前文化阶段；在文化之后也没有历史，这时的文化已经僵化，变成了“文明”，这个阶段就是文明阶段。因此，斯本格勒将文化分为前文化阶段、文化阶段和文明阶段等三大阶段，并认为这三大阶段不断地从原始状态开始又重新回到原始状态，呈现出一种周而复始的循环态势。斯本格勒在《西方的没落》里认为，每一个文化的不同历史时期，只要在形态学上被列入同一阶段之后，无论彼此之间相差多长的时间，都要算是同时代的。同时，斯本格勒是一个极端的历史悲观主义者，他认为文化僵化，变成“文明”，是每一种文化的不可避免的历史命运。

英国著名的历史哲学家汤因比把文明确定为历史研究的单位，反对把国家当作历史研究的基本单位。汤因比认为，没有任何一个民族或民族国家能够说明他自己的问题，能够自行说明问题的单位是“文明”。他指出：“历史研究的可以自行说明问题的范围既不是一个民族国家，也不是

---

① ［英］罗素著：《西方哲学史》下卷，马元德译，商务印书馆1976年版，第282页。

另一极端上的人类全体，而是我们称之社会的某一群人类。”① 虽然汤因比没有对文明单位做出具体的说明，但他认为只有在整个文明的范围内，文明国家的历史才是可以理解的。汤因比认为，在人类历史上出现过多种文明形态，每一种文明形态都有经济、政治、文化三个侧面，其中文化则是文明中最稳定的东西，是文明的核心和精髓。在文化中，宗教精神又是文化的灵魂。可见，在汤因比看来，宗教是文明形态最深厚的基础，并以宗教为根据来划分不同的文明形态。汤因比认为，在“挑战—应战”机制的作用下，每一种文明都经历了起源、生长、衰落、解体等四个阶段。第一代文明起源在于对物质环境的挑战做了成功应战。文明起源以后便进入生长时期，文明的生长是一系列成功的应战回答了挑战的结果，在挑战和应战交替进行中促进社会不断成长。在文明成长的任何一个阶段衰落都可能发生，当应战敌不过挑战时，衰落就发生了。随着文明衰落而来的是文明的解体，在文明的解体过程中每一次对挑战的应战都是失败的，社会不能对反复出现的挑战给予有效的应战，最终导致文明的解体。但是，汤因比认为文明的衰落和解体不是没有意义的轮回，因为旧社会形态衰落了会创造出新的社会形态，也就是说在旧的文明衰落中又会使得其他一些文明兴盛。可见，汤因比是通过宗教神学的观念与某种辩证思想的结合论证历史进步的可能性的。

1973 年，美国哈佛大学教授丹尼尔·贝尔在《后工业社会的来临——对社会预测的一项探索》中系统地论述了后工业社会，他分别以生产关系和生产力为中轴，把人类历史划分为两个不同的概念序列。丹尼尔·贝尔认为，以财产关系为中轴，可以把人类历史划分为封建主义、资本主义和社会主义等；以生产和使用的各种知识为中轴，可以把人类历史划分为前工业社会、工业社会和后工业社会等。② 丹尼尔·贝尔所说的前工业社会涵盖了渔猎社会和农业社会，后工业社会就是我们通常所说的信息社会。1980 年，美国的阿尔温·托夫勒在《第三次浪潮》中认为，世界正面临第三次浪潮的冲击，“一个新的文明正在我们生活中出现”③，它

① ［英］汤因比著：《历史研究》上册，曹未风译，上海人民出版社 1959 年版，第 14 页。

② 参见［美］丹尼尔·贝尔著《后工业社会的来临——对社会预测的一项探索》，高铦、王宏周、魏章玲译，新华出版社 1997 年版，第 11 页。

③ ［美］阿尔温·托夫勒著：《第三次浪潮》，朱志焱、潘琪、张焱译，生活·读书·新知三联书店 1983 年版，第 51 页。

将以“新的文明”结束工业社会时代。托夫勒所说的“第三次浪潮社会”就是信息社会。1982 年，美国的约翰·奈斯比特在《大趋势——改变我们生活的十个新方向》指出，美国最根本的变化就是已经进入了信息社会。[①] 西方学者把生产力和技术发展水平以及与此相适应的产业结构的变化，作为工业社会向信息社会过渡的基本标志，把人类历史划分为渔猎社会、农业社会、工业社会、信息社会等发展阶段，与我们所讲的技术社会形态的划分是一致的，具有合理之处。但是，西方学者在把人类历史划分为渔猎社会、农业社会、工业社会、信息社会等发展阶段时，否定马克思主义的经济社会形态划分理论，否认社会主义代替资本主义的历史必然性，则是我们不能接受的。

（二）马克思主义社会形态划分理论

唯物史观关于社会形态划分的理论是对人类社会发展阶段进行划分的基本理论，也是对当代中国社会发展阶段定位的基本方法。因此，必须以马克思主义社会形态划分理论为指导对当代中国社会所处的社会发展阶段进行分析。由于社会形态是一个反映社会整体性特征的范畴，可以从多方面去把握，我们可以根据不同的标准来划分社会发展阶段和社会类型。现在看来，最基本的马克思主义社会形态划分方法有两种，即经济社会形态划分法和技术社会形态划分法。

经济社会形态划分法是直接或间接以生产关系的性质为标准去把握整个社会形态，从而将人类社会历史划分为不同的社会发展阶段和社会类型，称之为经济社会形态。在经济社会形态的范围内，又存在着五种社会形态划分法和三种社会形态划分法。《德意志意识形态》是马克思、恩格斯论述社会形态划分问题的最初著作，他们初步考察了“部落所有制”、“古典古代的公社所有制和国家所有制”、“封建的或等级的所有制”等不同的历史发展阶段。在《雇佣劳动与资本》中，马克思又进一步指出了什么是社会，并指出了古典古代社会、封建社会和资产阶级社会是人类历史发展进程中的几个发展阶段。[②] 在 1859 年《〈政治经济学批判〉序言》

① 参见［美］约翰·奈斯比特著《大趋势——改变我们生活的十个新方向》，林艳译，中国社会科学出版社 1984 年版，第 10—11 页。

② 参见《马克思恩格斯选集》第 1 卷，人民出版社 1995 年版，第 345 页。

中，马克思指出："大体说来，亚细亚的、古代的、封建的和现代资产阶级的生产方式可以看作是经济的社会形态演进的几个时代。"① 在这里，"亚细亚的"生产方式是在"古代的"生产方式之前的发展阶段，实际上就是对原始社会的生产方式的一种概括。"古代的"生产方式指的是奴隶社会的生产方式，而代替资产阶级生产方式的将是社会主义和共产主义这种新的社会形态。可见，在历史唯物主义刚刚形成的时候，马克思、恩格斯就初步提出了五种社会形态划分的理论。除了五种社会形态划分的理论之外，马克思还提出了三种社会形态划分的理论。马克思在1857—1858年写的《经济学手稿》中，根据作为历史发展主体的人的发展状况，把人类历史划分为人的依赖性社会、物的依赖性社会、个人全面发展的社会等三种社会形态。② 这三种社会形态是以自然经济、商品经济、产品经济等三种宏观的经济运行形式为基础的，它们属于经济社会形态的范畴。从总体上讲，人的依赖性社会与原始社会、奴隶社会、封建社会相一致；物的依赖性社会在马克思、恩格斯那里指的是资本主义社会，我国社会主义初级阶段也属于商品经济社会，但我国社会主义初级阶段的商品经济是与社会主义基本制度结合在一起的；在马克思、恩格斯那里，个人全面发展的社会与未来的共产主义社会相一致，社会主义社会是共产主义社会的第一阶段。可见，五种社会形态划分法和三种社会形态划分法是相互补充的，在本质上是统一的，它们只是从各自不同角度和不同侧面说明了人类社会发展阶段的划分，共同揭示了人类社会历史发展的规律性。

在对马克思主义社会形态理论的研究进程中，有学者提出在历史唯物主义体系中应补充"技术社会形态"的概念，认为可以以生产力和技术发展水平以及与此相适应的产业结构为标准来划分社会发展阶段，并提出可以在技术社会形态的意义上对国外有关农业社会、工业社会、信息社会加以改造和吸收。根据技术社会形态的划分标准，在石器时代，人们靠捕鱼和狩猎为生，可以将人类历史的这一发展阶段称之为渔猎社会；在铜器时代和铁器时代，农耕发展很快，在产业结构中占了主导地位，可以把这一时期称之为农业社会；在蒸汽时代和电气时代，机器大工业占据了主导地位，可以把这一时期称之为工业社会；在电子时代，信息技术和信息

---

① 《马克思恩格斯选集》第2卷，人民出版社1995年版，第33页。

② 参见《马克思恩格斯全集》第46卷（上），人民出版社1979年版，第104页。

产业占据了主导地位，可以把这一时期称之为信息社会。可见，按照技术社会形态的划分标准，可以把人类历史依次划分为渔猎社会、农业社会、工业社会、信息社会等社会发展阶段。因此，在研究社会发展阶段的定位问题时，应将经济社会形态划分法和技术社会形态划分法结合起来，相互补充，从而对社会发展的特定阶段有一个全面的认识。

（三）马克思主义经典作家关于未来社会发展阶段构想

每一种社会形态按其发展水平和发展程度的不同，可以划分为不同的历史发展阶段。而未来的共产主义社会将会怎样发展以及具有什么特点，这是社会主义国家面临的共同问题。马克思、恩格斯在唯物史观的指导下，以当时发达的资本主义国家为依据，构想了未来社会及其发展阶段。列宁、毛泽东则结合本国的具体实际，创造性地提出了社会主义发展阶段的基本构想。

马克思在《哥达纲领批判》中，对未来共产主义社会及其发展阶段进行了集中论述。马克思认为，在无产阶级夺取政权以后，在资本主义社会和共产主义社会之间有一个过渡时期。在过渡时期，国家政权的性质只能是无产阶级专政。[①] 可见，马克思所指的“过渡时期”是推翻资本主义制度以后，又还没有进入共产主义第一阶段的时期。经过过渡时期从量变到质变的转变，资本主义因素减少，共产主义因素逐步增多，直到占据主体和主导地位，就进入了共产主义社会。马克思根据共产主义社会发展程度的不同，又把共产主义社会分为“共产主义社会第一阶段”和“共产主义社会高级阶段”[②]。在共产主义社会第一阶段，只有经过自身的不断发展、壮大和完善，才能逐步克服从旧社会脱胎出来的那些消极的东西。而在共产主义社会高级阶段，个人得到全面发展，劳动成了生活的第一需要，生产力得到极大提高，财富充分涌流，实现了“各尽所能，按需分配”。马克思、恩格斯以社会发展的普遍规律为依据，在对资本主义社会进行极其深刻剖析基础上，提出了对未来社会发展阶段的构想。他们认为，在无产阶级夺取政权以后，未来社会将会经历过渡时期、共产主义社会第一阶段、共产主义社会高级阶段等三个不同的发展阶段。尽管马克

① 参见《马克思恩格斯选集》第3卷，人民出版社1995年版，第314页。
② 同上书，第305页。

思、恩格斯关于未来社会发展阶段的构想并不详尽，却给后面的思想家更好地认识社会主义社会提供了重要的理论指导和方法论启示。

马克思、恩格斯时期，共产主义社会的发展阶段划分还只是根据社会发展的规律，在剖析资本主义社会基础上所作出的理论构想。到了列宁时期，在“一国胜利论”的指导下，建立了第一个无产阶级专政的国家，科学地认识当时社会发展的历史阶段及其特点，对巩固苏维埃政权和建设社会主义社会具有重要意义。列宁在《国家与革命》中指出，“历史上必然会有一个从资本主义向共产主义过渡的特殊时期或特殊阶段”①，在这个特殊阶段的国家只能是无产阶级的革命专政。通过无产阶级的革命专政创造条件过渡到共产主义社会后，共产主义社会又可划分为低级阶段和高级阶段。列宁将共产主义社会的第一阶段称之为社会主义②，并论述了社会主义阶段的特征和存在的“资产阶级权利”的弊病。在谈到共产主义高级阶段时，列宁认为国家完全消亡的经济基础就是共产主义的高度发展，并指出国家消亡是必然的，其过程是长期的。后来，十月革命取得胜利以后，列宁认识到从落后的俄国向社会主义过渡，困难很大，在过渡时期也要分阶段、有步骤地推进。由于列宁只经历了俄国过渡时期的最初阶段，因此未对社会主义的发展阶段进行具体地论述。

在经济文化落后的半殖民地半封建社会的旧中国基础上建立社会主义，其困难程度远远超出了马克思、恩格斯的预见。毛泽东充分估计到在旧中国基础上建立社会主义社会的困难，在《新民主主义论》中阐述了新民主主义的经济、政治和文化纲领。同时指出，共产党关于社会制度的主张是“在现在，新民主主义，在将来，社会主义，这是有机构成的两部分”③，因而新中国成立后，我国决定要在一个相当长的时期内完成向社会主义社会的过渡。1956 年下半年，随着社会主义“三大改造”的完成，毛泽东认为我国已经进入了社会主义时代。而要从根本上建成社会主义，毛泽东认为还需要十年至十五年的时间，才能获得比较充分的物质基础。在建成社会主义的基础上，要建设一个更加强大的社会主义国家，则需要一个很长的时间。从社会主义社会的建立到建成，再到建设一个更加

① 《列宁选集》第 3 卷，人民出版社 1995 年版，第 188 页。

② 参见《列宁选集》第 3 卷，人民出版社 1995 年版，第 196 页。

③ 《毛泽东选集》第 2 卷，人民出版社 1991 年版，第 686 页。

强大的社会主义国家，需要经过一个较长的历史过程。面对“大跃进”和人民公社化运动以后出现的困难，党和毛泽东重新思考社会主义的发展阶段问题。在实践经验和理性思考的过程中，毛泽东认为社会主义社会可能划分为“不发达的社会主义”和“比较发达的社会主义”两个阶段，发达的社会主义比不发达的社会主义经历的时间还要长，并对何时建成发达的社会主义持一种审慎的态度。① 可见，党和毛泽东在社会主义建设实践基础上对社会主义发展阶段的探索既经历了严重的挫折，也取得了一些积极的成果。

二　当代中国社会发展阶段历史定位

要解决好当代中国社会发展进程中出现的问题，正确认识和完成一定阶段上社会发展的历史任务，促进当代中国经济社会又好又快地发展，首先必须弄清楚当代中国的基本国情，确定当代中国社会发展阶段的历史定位。为此，我们要在马克思主义社会发展阶段理论指导下，根据当代中国社会发展的实际情况，从多个角度入手对当代中国经济社会的发展状况进行分析，以弄清楚当代中国社会已经发展到什么程度和水平，达到了一个什么样的发展阶段，并对这一阶段社会发展的历史任务有一个全面地认识和把握。

（一）当代中国社会发展阶段定位的时间坐标

进入21世纪以后，当代中国经济社会迈入了一个快速发展的关键时期。在这一历史时期，发展的机遇前所未有，发展所遇到的挑战也前所未有。为更好地推进当代中国社会又好又快发展，必须从时间的维度弄清楚当代中国社会发展的阶段定位，厘清现阶段在社会发展进程中面对的困难和需要完成的任务。

新中国成立以后，我国顺利完成了社会主义“三大改造”，社会主义公有制在国民经济体系中占了绝对优势，社会主义制度基本建立起来了。从经济社会形态的视角看，我国已经进入社会主义，只是我国的社会主义是在十分落后的旧中国基础上建立起来的，人民日益增长的物质文化需要

① 参见《毛泽东文集》第8卷，人民出版社1999年版，第116页。

与落后的社会生产之间的矛盾已经成为这一时期我国的主要矛盾。另一方面，由于在我国这样落后的国家建设社会主义，其困难远远超出马克思、恩格斯所作出的预见，我国在社会主义建设实践中出现了一些超阶段的做法，对什么是社会主义没有完全搞清楚，导致我国社会主义建设曾出现过严重的挫折。十一届三中全会以后，我国进入改革开放的新时期，我国逐步从社会主义计划经济体制向社会主义市场经济体制转型。进入21世纪以后，我国社会主义市场经济体制已经建立并逐步予以完善。在市场化的条件下，我国的经济、政治、文化、社会、生态等领域发生了很大的变化，国民经济快速发展，人民的生活水平显著提高，文化建设成绩喜人，以民生为导向的社会建设全面展开。但是，由于市场经济本身的局限性，也出现了一些亟待解决的问题，如收入差距进一步拉大的问题，道德滑坡和诚信缺失的问题，等等。可见，市场经济在解放和提高生产力的同时，也会给我国的经济社会发展带来一系列的问题。从经济社会形态的视角看，我国社会主义市场经济体制改革正处于进一步深化阶段，必须采取措施最大限度地发挥市场经济的优势，最大限度地防止市场经济带来的负面影响。

我国处于从传统社会向现代社会转型的发展阶段，在21世纪中叶基本实现社会主义现代化是当代中国社会发展的宏伟目标。从技术社会形态的视角来看，整个人类社会历史可以划分为渔猎社会、农业社会、工业社会、信息社会等社会类型。传统社会在这里指的是农业社会，现代社会在传统意义上指工业社会，从传统社会向现代社会转型在一定意义上讲就是从农业社会向工业社会的转变。就中国现代化进程而言，自1840年鸦片战争以后，中国的现代化开始缓慢启动，直到新中国成立以前，中国现代化的进程十分缓慢。新中国成立以后，中国共产党人把实现社会主义现代化作为自己的历史使命，中国的现代化事业在艰难曲折中探索前进。十一届三中全会以后，在改革开放的指引下中国的现代化进入了主动创新、稳步推进的发展阶段。在中国现代化的进程中，也是中国从农业社会向工业社会转型的历史阶段。从时间维度来看，中国的现代化起步远远落后于西方发达国家，西方发达国家在工业化的进程中，大多是由于其内部现代化的因素逐渐累积而引发的，而中国的现代化是在西方现代化的背景下展开的，受西方的影响较大。虽然中国的工业化起步较晚，已经没有西方国家工业化时的各种有利条件，但是我国可以在工业化进程中利用后发优势，借鉴和吸收西方发达国家工业化的积极成果以促使我国工业化快速推进，同时避免走西方发达国家在工业化的进程中对资源的严重浪费和先污染后治理的路子，走出一条符合中国国情的新型工业化道路。

从经济社会形态的视角看，我国已经进入了社会主义社会，但是我国的生产力不发达，社会主义的起点低，不得不经历一个其他国家进入社会主义以后所没有的特殊阶段。因此，我国必须由此出发去探索适合自己国情的社会主义的特殊实现形式。改革开放以后，我国放弃了被实践证明不成功的苏联社会主义模式，由社会主义计划经济体制向社会主义市场经济体制转型，政治和文化领域与之相适应也进行了相应的改革，从中国实际出发走出了一条中国特色社会主义道路。从技术社会形态的视角看，我国的工业化起步晚、起点低，工业化前期进展缓慢。新中国成立以后，我国工业化在曲折中前进，取得了较大的成绩。尤其是改革开放以后我国的工业化稳步快速推进，成绩显著。但是，从整体上讲，我国的工业化水平还落后于西方发达国家，我们要在社会主义制度下充分利用后发优势，规避风险，走新型工业化道路，到21世纪中叶基本实现社会主义现代化。

（二）当代中国社会发展阶段定位的空间坐标

前面从纵向的维度对当代中国社会发展阶段的历史定位问题进行了分析，从经济社会形态的视角看，当代中国社会处于社会主义市场经济体制改革进一步深化的阶段；从技术社会形态的视角看，当代中国社会处于从传统社会向工业社会转型的后期。为了更好地分析当代中国社会发展阶段的历史定位，我们从横向的维度对我国社会发展阶段与整个世界范围内其他各国所处的社会发展阶段进行比较，以确定当代中国社会发展的阶段定位。

从经济社会形态的视角看，当代西方发达国家均处于资本主义社会，在资本主义条件下推动社会向前发展，并逐渐累积了许多社会主义的因素。将来，当西方发达资本主义国家过渡到社会主义的时候，无疑已经为社会主义社会奠定了坚实的物质基础。而我国是从半殖民地半封建社会直接过渡到社会主义社会的，没有经过资本主义的充分发展，因此我国的社会主义生产力低下，物质基础比较薄弱。虽然我国已经进入了社会主义社会，但当代中国社会主义是不发达的社会主义。改革开放以后，我国经济体制改革的目标是建立社会主义市场经济体制。现在社会主义市场经济体制已经建立并在逐步完善，市场化改革正处于深化阶段。因此，在现阶段，我国的社会类型比西方发达国家要优越，但由于历史原因我国生产力的整体水平落后于西方发达资本主义国家。基于这种情况，在社会主义市场经济条件下，当代中国必须吸收世界发达国家的积极成果，以推动当代中国经济社会的发展水平达到一个新的历史高度。

从技术社会形态的视角看，人类历史可划分为渔猎社会、农业社会、工业社会、信息社会等社会类型。从社会发展进程来看，现阶段世界上大部分国家处于从农业社会向工业社会转型的阶段，一些发达资本主义国家已经实现了从农业社会向工业社会的转型，现在已开始进入后工业社会，也就是信息社会。因此，从技术社会形态的视角出发，大体上可以把在现阶段世界各国的社会发展进程分为以下几种类型：以英国、法国和美国为代表的类型，这种类型的国家在社会发展进程中，依靠其内部现代化因素的累积而逐步实现社会现代化，现阶段这些国家完成了传统工业化的任务，已经开始进入信息社会（后工业社会）。以日本、韩国等为代表的这种类型的国家在社会发展的进程中受到西方发达资本主义国家现代化的影响，在吸收西方发达资本主义国家现代化积极成果的基础上，在从传统社会向现代社会转型的进程中呈现出快速、突进的特点，在现阶段已基本实现了传统的工业化，也开始进入信息社会（后工业社会）。以中国为代表的第三世界国家正处于从传统社会向现代社会转型阶段，目前正在向现代化的目标前进。这种类型的国家正处于从农业社会向工业社会转型的阶段，还没有进入信息社会。但是，现阶段世界发达资本主义国家已进入了信息社会，因此对当代中国而言不可能孤立于世界之外而存在，必须要把工业化和信息化的双重任务浓缩起来，合二为一，走出一条符合当代中国实际的新型工业化道路。

从经济社会形态的视角看，我国已经进入社会主义社会，与同时代的资本主义国家相比在制度上具有优越性。但是，现阶段我国社会主义实践面临严峻的挑战，旧的苏联模式已经失败，我国必须依据本国实际从社会主义计划经济体制向社会主义市场经济体制转型，走出一条中国特色社会主义道路。另一方面，从技术社会形态的视角看，世界上发达资本主义国家已经完成了传统工业化的任务，现阶段正处于从工业社会向信息社会转型的新阶段。而中国社会现代化的进程已经一再迟延，与发达资本主义国家的现代化相比有较大差距。因此，现阶段中国除了要完成传统工业化的任务以外，还必须吸收发达资本主义国家信息化的积极成果，立足本国实际完成信息化的任务。当代中国社会正处于从农业社会向工业社会和信息社会的转变进程之中，必须将工业化和信息化的任务合二为一，同时完成工业化和信息化的双重任务，走出一条促进工业化、信息化、城镇化、市场化、国际化逐步深化的科学发展道路。

（三）社会主义初级阶段理论的确立和基本内涵

在《哥达纲领批判》中，马克思根据发展程度的不同将未来共产主义社会划分为共产主义第一阶段和共产主义高级阶段，共产主义第一阶段也就是列宁后来所讲的社会主义社会。社会主义社会（共产主义第一阶段）在发展进程中是否可以划分为若干更为具体的发展阶段，马克思、恩格斯没有讲过，列宁和毛泽东则根据本国实际进行过探索。列宁在十月革命胜利后指出："我们在剥夺了地主和资本家以后，只获得了建立社会主义那些最初级形式的可能，但是这里还丝毫没有共产主义的东西"[①]，"在社会主义完全取得胜利以后，从社会主义中必然会生长出共产主义来"[②]。可见，列宁认为社会主义有最初级形式，也有社会主义完全取得胜利的时候。这就表明，列宁认为社会主义社会还应该划分为若干发展阶段，但他还没有形成这些发展阶段的稳定的概念。毛泽东曾明确提出社会主义可划分为不发达的社会主义和比较发达的社会主义两个阶段，并认为后者比前者需要更长的时间。但是，毛泽东也没有对不发达的社会主义作出明确的界定。

十一届三中全会以后，针对以往在社会主义建设问题上出现的脱离国情、超越社会发展阶段的错误倾向，邓小平继承了列宁和毛泽东关于社会主义社会阶段划分的思想，对当代中国社会发展阶段进行了明确定位，认为当代中国处于并将长时期处于社会主义初级阶段。1981 年 6 月，党在《关于建国以来党的若干历史问题的决议》中指出，我国的社会主义制度还处于初级的阶段。我们的社会主义制度从比较不完善到比较完善，必然要经历一个长久的过程。[③] 在党的十三大召开前，邓小平进一步指出：

① 《列宁选集》第 4 卷，人民出版社 1995 年版，第 92 页。

② 同上书，第 93 页。

③ 参见中共中央文献研究室《三中全会以来重要文献选编》（下），人民出版社 1982 年版，第 784 页。

“社会主义本身是共产主义的初级阶段，而我们中国又处在社会主义的初级阶段，就是不发达的阶段。”① 1987年10月，党的十三大全面系统地论述了社会主义初级阶段理论。党的十五大对社会主义初级阶段理论进行更为深入地论述，并制定了社会主义初级阶段的基本纲领。

当代中国正处于社会主义的初级阶段，是中国共产党在马克思主义社会发展阶段理论的指导下，深入认识我国国情，正确判断我国社会发展的阶段定位而得出的科学结论。党的十三大报告指出：“我国正处在社会主义的初级阶段。这个论断，包括两层含义。第一，我国社会已经是社会主义社会。我们必须坚持而不能离开社会主义。第二，我国的社会主义社会还处在初级阶段。我们必须从这个实际出发，而不能超越这个阶段。”②可见，虽然我国已经进入了社会主义，但是我国的社会主义是从半殖民地半封建社会脱胎而来的，没有经过充分的资本主义发展阶段，生产力远远落后于发达资本主义国家，这就决定了我国的社会主义必须经历一个很长的初级阶段。这个发展阶段既不同于社会主义制度还没建立起来的过渡时期，又不同于社会主义现代化已经实现后的时期，而是特指我国进入社会主义社会后，必然要经历的社会主义初级阶段。在社会主义初级阶段，为了促进经济社会的健康快速发展，满足人民的物质文化生活需要，党制定了社会主义初级阶段的基本路线。如果不坚持党在社会主义初级阶段的基本路线，人民不会拥护你，只能是死路一条。因此，我们不能拘泥于书本，也不能照搬外国的模式，必须在马克思主义理论的指导下，在实践中走出一条中国特色社会主义道路。可见，社会主义初级阶段理论的提出，是在继承列宁和毛泽东关于社会主义社会发展阶段构想的基础上进一步深化了社会主义发展阶段理论。

（四）“三步走”战略构想和全面建设小康社会目标

我国是由半殖民地半封建社会直接过渡到社会主义社会的，中间没有经历资本主义的充分发展，因此我国的社会主义是不发达的社会主义，是社会主义的初级阶段。我国社会主义初级阶段要完成其他资本主义国家在

① 《邓小平文选》第3卷，人民出版社1993年版，第252页。

② 中共中央文献研究室：《十三大以来重要文献选编》（上），人民出版社1991年版，第9页。

进入社会主义社会前所完成的任务，因而是一个相当长的历史阶段，至少需要一百年的时间。可见，我们应根据当代中国社会发展的实际将社会主义初级阶段划分为若干具体的发展阶段，从而有步骤、分阶段地把我国的社会主义现代化事业推向前进。只是这种阶段划分不是人类社会进程中的阶段划分，而是社会主义初级阶段发展进程中的阶段划分。十一届三中全会以后，党依据生产力发展状况和人民生活的改善程度，提出了“三步走”战略构想和全面建设小康社会的目标。

1979年12月6日，邓小平在会见日本首相大平正芳时提出了“小康”的概念。[①] 1981年9月，邓小平在会见日本客人时指出：“本世纪末也只能搞一个小康社会，要达到西方比较发达国家的水平，至少还要再加上三十年到五十年的时间，恐怕要到二十一世纪末。”[②] 在1982年党的十二大上，把人民的物质文化生活达到小康水平作为20世纪末我国经济建设总的奋斗目标。为此，党的十二大还作出了“两步走”的战略部署，即到1990年为第一步，是打基础的阶段，实现工农业年总产值翻一番，解决人民的温饱问题；剩下的十年为起飞阶段，在新的基础上使工农业年总产值再翻一番，人民生活达到小康水平。1987年4月30日，邓小平在会见西班牙工人社会党副总书记、政府副首相格拉时提出了“三步走”发展战略。[③] 邓小平提出的“三步走”发展战略在党的十三大上得到了全党的确认，党的十三大报告正式阐述了到21世纪中叶，分三步走基本实现现代化的跨世纪战略部署。党的十三大报告指出：“党的十一届三中全会以后，我国经济建设的战略部署大体分三步走。第一步，实现国民生产总值比一九八〇年翻一番，解决人民的温饱问题。这个任务已经基本实现。第二步，到本世纪末，使国民生产总值再增长一倍，人民生活达到小康水平。第三步，到下个世纪中叶，人均国民生产总值达到中等发达国家水平，人民生活比较富裕，基本实现现代化。”[④] 可见，党的十三大以实事求是的态度对十一届三中全会以来社会主义现代化建设做出了“三步

① 参见《邓小平文选》第2卷，人民出版社1994年版，第237页。

② 中共中央文献研究室：《邓小平思想年谱（1975—1997）》，中央文献出版社1998年版，第202页。

③ 参见《邓小平文选》第3卷，人民出版社1993年版，第226页。

④ 中共中央文献研究室：《十三大以来重要文献选编》（上），人民出版社1991年版，第16页。

走”的战略部署，进一步深化了社会主义初级阶段理论，为我国在21世纪中叶基本实现现代化奠定了坚实的理论基础。

党的十三大确定的“三步走”发展战略的第三步时间跨度大，只是作了一个大致的构想。随着第一步和第二步目标的胜利完成，现阶段中国已开始向第三步目标推进。为了到21世纪中叶基本实现现代化，必须依据我国社会主义现代化事业的发展情况，将第三步发展目标和步骤具体化。以江泽民同志为核心的第三代中央领导集体对第三步发展战略进行了前瞻性的思考，勾画出21世纪前50年经济社会发展的蓝图。江泽民在党的十五大报告中明确指出：“展望下世纪，我们的目标是，第一个十年实现国民生产总值比二〇〇〇年翻一番，使人民的小康生活更加宽裕，形成比较完善的社会主义市场经济体制；再经过十年的努力，到建党一百年时，使国民经济更加发展，各项制度更加完善；到世纪中叶建国一百年时，基本实现现代化，建成富强民主文明的社会主义国家。”[①] 在党的十五大上对第三步发展战略进行了展开和具体化，实际上提出了21世纪前50年的发展战略。在此基础上，党的十六大报告对全面建设小康社会的奋斗目标以“六个更加”[②] 进行了总体描述，并指出21世纪的头20年是“实现现代化建设第三步战略目标必经的承上启下的发展阶段，也是完善社会主义市场经济体制和扩大对外开放的关键阶段”[③]。可见，全面建设小康社会是21世纪头20年的奋斗目标，是实现第三步战略目标的一个承上启下的发展阶段，也是当代中国现代化建设的新阶段。

三　科学发展观与全面建设小康社会

进入21世纪以后，我们开始了全面建设小康社会的征程，党的十六大报告指出我们要在头20年全面建设惠及十几亿人口的更高水平的小康社会。现在，经过21世纪头十年的努力，我们为确保2020年实现全面建

① 中共中央文献研究室：《十五大以来重要文献选编》（上），人民出版社2000年版，第4页。

② “六个更加”是指经济更加发展、民主更加健全、科教更加进步、文化更加繁荣、社会更加和谐、人民生活更加殷实。参见江泽民《全面建设小康社会　开创中国特色社会主义事业新局面》，人民出版社2002年版，第19页。

③ 江泽民：《全面建设小康社会　开创中国特色社会主义事业新局面》，人民出版社2002年版，第19页。

设小康社会的目标打下了更加牢固的基础。到2020年的时候，全面小康的目标将会实现。可见，全面建设小康社会是我国社会主义现代化的发展目标和发展阶段的具体的历史的统一。而科学发展观则是为适应我国在新世纪新阶段新的发展要求而提出来的。科学发展观既是从全面建设小康社会这一新任务出发提出的重大战略思想，也为实现全面建设小康社会这一新目标提供了科学的指导思想。

（一）全面建设小康社会的必然要求和理论指导

没有革命的理论就没有革命的行动，没有符合当代中国社会发展实际的理论，就不可能切实有效地推进全面建设小康社会的历史进程。在我国全面建设小康社会的发展新阶段，党在十六届三中全会上提出了科学发展观。这对解决我国经济社会发展进程中出现的各种问题和矛盾，到2020年实现全面小康的目标，进而到21世纪中叶基本实现现代化，具有重大而深远的意义。

第一，科学发展观是实现全面建设小康社会的客观要求。在20世纪末我国所达到的小康还是一个低水平的、不全面的、发展很不平衡的小康。所谓低水平的小康，集中体现在我国在20世纪末人均国民生产总值才达到1000美元。而美国社会学家英格尔斯认为，一个国家的人均国民生产总值达到3000美元以上，才意味着它进入了现代化的行列。所以，人均国民生产总值1000美元的实现，意味着把贫困的中国变成了小康的中国，但离我国现代化的目标还有相当大的差距。可见，实现从低水平小康向高水平小康的迈进，是一个极其艰巨的课题。所谓不全面的小康，集中表现在我国物质文明建设和精神文明建设之间存在着“一手硬、一手软”的现象，经济建设和社会发展之间存在着“一条腿长、一条腿短”的问题。虽然我国提出了物质文明建设和精神文明建设“两手抓、两手都要硬”，但是在实际工作中，一些地方和部门仍然重视物质文明建设，对精神文明建设重视不够，致使在思想文化领域存在着一系列的问题。另一方面，我国的经济增长一直保持着比较高的发展速度，但是在社会事业方面的投入相对不足，在教育、医疗卫生、社会保障等方面所取得的成绩与人民群众的需要还有一定的差距。因此，我们改变这种状态，在建设高度物质文明的同时，要加强政治文明、精神文明、和谐社会建设以及生态文明建设，使经济建设、政治建设、文化建设、社会建设和生态文明建设有机统一起来，推动当代中国社会从不全面的小康发展到全面的小康。所谓不平衡的小康，主要体现在我国在城乡发展、区域发展、经济社会发展、人与自然和谐发展、对内搞活和对外开放等方面还存在着严重的不协调的问题。只有树立和落实科学发展观，才能使我国向高水平的、全面的、均衡的小康发展。另外，从全面建设小康社会的目标来看，我们所要建设的小康社会是一个经济、政治、文化、社会、生态等方面全面发展的目标体系。只有树立和落实科学发展观，才能实现“六个更加”的全面小康的宏伟目标。我们要按照全面建设小康社会的目标和要求，转变过去的发展观念，树立和落实科学发展观，才能为全面建设小康社会提供科学的理论指导。

第二，树立和落实科学发展观是解决现实矛盾问题的迫切需要。改革开放以来，我国经济社会的发展取得了巨大的成就。但是，在经济社会发展过程中也存在着一系列突出的矛盾和问题，主要是居民收入差距扩大的趋势还未根本扭转，城乡和区域发展很不平衡，教育、医疗卫生、文化等社会事业发展相对滞后，生态环境、自然资源和经济社会发展的矛盾日益突出等等。在我国社会发展过程中出现的这些问题必须引起高度重视，传统的发展观已经不能有效地化解这些矛盾，只有开辟新的发展思路、创新发展理论才能解决现阶段所出现的问题和矛盾。而科学发展观的提出，能够有效地解决发展中实际存在的问题和矛盾，具有很强的现实针对性。另外，我国的人均国民生产总值从1000美元到3000美元的发展阶段是现代化进程中一个非常关键的发展阶段。许多国家的发展经验表明，在这个发展阶段，如果搞得好，就能顺利实现工业化、现代化。如果搞得不好，就会出现贫富悬殊、生态环境恶化、社会矛盾加剧等问题。因此，在这个重要的发展阶段，树立和落实科学发展观，是我国化解经济社会发展的关键时期遇到的各种问题和矛盾的正确抉择。

第三，科学发展观是对我国经济社会发展过程中各种经验教训的理论总结和科学概括。新中国成立以来，我国经济社会的发展取得了历史性的进步，但也遭受了不少挫折。十年“文化大革命”的浩劫，延误了中国现代化的进程。十一届三中全会以后，中国把工作重心转移到经济建设上来，坚持改革开放，坚持四项基本原则，迈出了现代化建设的新步伐，使中国发生了翻天覆地的变化。在这期间，我们有一些比较成功的经验和做法需要我们继续坚持和进一步予以完善。与此同时，我们在前进中也付出了许多代价，需要我们认真地去总结和吸取其中的经验与教训。尤为典型的是2003年突发的“非典”疫情，暴露出我国社会领域的发展明显滞后，不能适应经济发展的要求，更不能适应人民对物质、文化生活改善的要求。此外，由于过于强调经济增长的重要性，造成资源大量消耗、环境严重污染、生态进一步恶化。这些问题的存在，使我国的社会主义现代化建设面临着严峻的挑战。所以，我国经济社会发展过程中的经验教训要求我们在全面建设小康社会的征程中必须在发展观上进行创新，而以人为本、全面协调可持续的科学发展观则是对我国经济社会发展进程中各种经验教训的理论总结和科学概括。

（二）全面建设小康社会的价值诉求

党的十六大对全面建设小康社会所要达到的目标进行了总体描述，它蕴含着全面建设小康社会在经济、政治、文化、社会等方面的价值诉求。党的十七大在把握经济社会发展规律的基础上，顺应各族人民的新期待和国内外形势的新变化，在科学发展观的指导下，对全面建设小康社会提出了更高要求。党的十八大报告提出，到2020年要在十六大、十七大确立的全面建设小康社会目标的基础上努力实现新的要求。

第一，坚持以人为本，强调发展目标的人民性。“以人为本”是科学发展观的实质和核心。在全面建设小康社会这个新的发展阶段，我们一定要把促进人的自由全面发展作为社会发展的目的和方向，把最广大人民的根本利益作为一切工作的出发点和落脚点。因此，在全面建设小康社会的发展阶段，我们必须要坚持以人为本。一是要将“以人为本”确立为全面建设小康社会的目的和方向，也就是在全面建设小康社会的进程中，通过促进人的发展和社会发展的良性互动，努力促进人的自由全面发展。二是在全面建设小康社会的进程中，要尊重人民群众的主体地位，充分发挥人民群众在全面建设小康社会过程中的积极性、主动性和创造性。三是在全面建设小康社会的进程中，必须保证发展的成果惠及全体人民。全面建设小康社会的目标是要建设一个惠及十几亿人口的更高水平的小康社会，而科学发展观最终也是要保证发展的成果由人民共享。因此，我们必须在全面建设小康社会的过程中，使全体中国人民能够从社会发展中受益，让发展的成果惠及全体人民。

第二，强调发展的协调性，推动经济持续健康发展。20世纪末，人民生活总体上达到小康水平，但这个小康还是发展很不平衡的小康，具体表现在贫富差距拉大，城乡、区域发展不协调。因此，在全面建设小康社会阶段，必须深入贯彻落实科学发展观，强调发展的协调性。同时，“在发展平衡性、协调性、可持续性明显增强的基础上，实现国内生产总值和城乡居民人均收入比二〇一〇年翻一番。”① 为此，在全面建设小康社会的进程中，要切实转变经济发展方式，提高效益、降低消耗、保护环境，使经济发展与人口、资源、环境相协调，推动经济持续健康发展。

第三，扩大社会主义民主，加强社会主义法制建设。不断发展和完善社会主义民主，加强社会主义法制建设，是全面建设小康社会政治发展的目标和内在要求。这一目标涵盖三个层面的内容：一是进一步发展和完善社会主义民主政治，有序扩大公民的政治参与，保证公民的合法权益。二是要建设社会主义法治国家，进一步增强全社会的法制观念，形成中国特色社会主义法律体系。三是维护社会政治稳定。保持国内长期和谐稳定的政治局面，是全面建设小康社会取得完全胜利的政治保障，也是广大人民群众安居乐业的基本要求。可见，全面建设小康社会的政治目标是人类现代政治生活的内在要求，也是现代政治文明的主要体现。

第四，大力发展社会主义文化，努力增强我国的文化软实力。进入21世纪以后，文化与经济、政治之间的联系越来越密切，在综合国力竞争中的影响力越来越大。因此，在全面建设小康社会的过程中，文化建设就显得尤为重要。为大幅度提高全民族的文明素质，推动社会主义文化的大繁荣大发展，在全面建设小康社会的发展阶段，我们一是要建设社会主义核心价值体系，增强社会主义意识形态的吸引力和凝聚力。二是要加强思想道德建设，树立良好的社会道德风尚。三是要推进文化创新，建立和完善公共文化服务体系，大力发展文化产业，推动文化的大发展大繁荣。可见，坚持社会主义先进文化的前进方向，提高全民族的思想道德素质和科学文化素质，创造出适应人民需要的、国际竞争力强的文化产品，使我国的文化软实力显著增强，建设社会主义文化强国，是全面建设小康社会的内在要求和追求的目标。

第五，加快发展社会事业，全面提高人民生活水平。我国在21世纪

① 胡锦涛：《坚定不移沿着中国特色社会主义道路前进　为全面建成小康社会而奋斗》，人民出版社2012年版，第17页。

初开始全面建设小康社会，努力建设高水平的、全面的、均衡的小康。在这个发展新阶段，解决经济和社会发展不平衡的问题就成为全面建设小康社会的必然要求，加快推进以改善和保障民生为重点的社会建设就成为全面建设小康社会的目标之一。因此，在全面建设小康社会阶段，一是要坚持教育优先发展。要进一步提高教育质量，注重教育公平，全面提高人民的思想道德素质和科学文化素质。二是要实施积极的就业政策，促进社会就业更加充分。就业是民生之本，安国之策。在全面建设小康社会阶段，要把扩大就业作为经济社会发展和调整经济结构的重要目标，实现经济发展和扩大就业良性互动。三是大力发展公共卫生事业，使人人享有基本的医疗卫生服务。四是基本建立覆盖城乡的社会保障体系，使人人享有基本的生活保障。五是加快推进收入分配制度改革，逐步扭转收入分配差距扩大的趋势，基本形成一个合理有序的收入分配格局，使人人共享社会发展的成果。六是要整合社会管理资源，创新社会管理体制，提高社会管理水平，形成一个对全社会进行有效覆盖和全面管理的完整体系。

第六，促进人与自然和谐发展，建设社会主义生态文明。改革开放以来，我国由贫困社会经解决温饱的社会到总体小康社会，人民的生活水平显著提高。但是，在这期间，由于经济发展方式未得到根本转变，对自然资源的消耗程度和对环境的污染程度都比较大，造成了资源短缺和生态环境的日益恶化，经济社会发展和生态环境、自然资源之间的矛盾日益突出。因此，在全面建设小康社会阶段，我们要坚持可持续的发展观，统筹人与自然和谐发展，建设社会主义生态文明。为此，在这一发展阶段，一是要转变经济发展方式，调整优化产业结构，改变不合理的消费模式。二是要大力发展循环经济，推进资源节约型和环境友好型社会的建设。三是加大生态环境的保护力度，使主要污染物排放得到有效控制，明显改善生态环境的质量，在全社会范围内牢固树立生态文明观念。

（三）全面建设小康社会的基本路径

我国的基本国情决定了实现社会主义现代化的历史任务是非常艰巨的。在21世纪初，人民生活总体上达到小康水平，并在此基础上踏上了全面建设小康社会的新征程。在这个新的发展阶段必然会面临着一系列的不利因素和重大挑战，要求我们要开辟新的发展思路，创新发展理念，采取切实有效的新举措解决这些发展进程中所遇到的问题和矛盾。

首先，要开辟新的发展思路，切实转变发展观念。不同的发展观念带来不同的发展结果。第二次世界大战后，发展经济、重建家园就成为所有国家的重要任务，尤其是发展中国家更是把经济的增长作为自己的首要目标，认为增长就是发展，发展就是增长。在这种经济增长论的指导下，一些国家的经济得到迅速的增长，与此同时却带来了经济结构不合理、贫富悬殊、资源浪费严重、生态环境恶化等一系列的问题，出现了有增长无发展的现象。人们在严峻的现实面前不得不反思单纯追求经济增长的发展观，认为增长并不等于发展，发展比增长有更丰富的内涵，法国的佩鲁在《新发展观》中认为发展应是整体的、综合的、内生的。作为对经济增长论的批判，罗马俱乐部提出了增长极限论，把当代全球性问题揭示了出来。但增长极限论者的悲观估计也没有充分的根据，被一种追求代内公平、代际公平以及人与自然和谐共生的可持续发展理念所代替。自新中国成立以来到20世纪末，我国经济社会的发展取得了伟大的成就，但是也存在着一系列突出的问题，如城乡二元经济结构还未改变，经济发展方式未得到根本转变，经济效益低，资源环境的代价太大，收入分配差距拉大的趋势还未根本扭转等等。所以，从我国经济社会发展的实际来看，要在21世纪头20年实现全面建成小康社会的宏伟目标，我们必须转变发展观念，开辟新的发展思路，树立和落实以人为本、全面协调可持续的科学发展观，促使我国从传统的发展转向以经济建设为中心、以人为本的经济、政治、文化、社会和生态相协调的科学发展。

其次，要保持经济发展的速度，提高经济效益。作为发展中的大国，中国的经济更需要长期保持较快的发展速度。第一，只有保持经济快速增长，才能到2020年实现人均国民生产总值翻两番的目标。如果以2000年人均国民生产总值约850美元计算，“要达到全面建设小康社会的经济目标，就必须将年均增长的速度保持在7.5%左右，同时要把人口总量控制在15亿以内。”① 可见，如果没有经济的快速增长，全面建设小康社会的经济目标就不可能完成。第二，要体现社会主义制度的优越性，就必须保持经济的快速增长。如果在社会主义制度下，生产力发展缓慢，人民的物质文化生活水平仍然很低，社会主义制度就可能会失去凝聚力和吸引力，与资本主义制度相比其优越性就体现不出来。所以，只有极大地提高劳动

① 张云飞著：《科学发展观与全面小康》，社会科学文献出版社2005年版，第148页。

生产率，使经济保持快速增长，较好地满足人民日益增长的物质文化生活需要，社会主义优越性才能得到充分体现。第三，只有保持经济的快速发展，才能化解我国在发展进程中遇到的一些矛盾和问题。改革开放以来，虽然我国经济社会的发展取得了显著的成就，但是也存在着一些深层次的矛盾和问题，如城乡和区域发展不平衡，居民的收入差距拉大，社会保障水平与人民群众的需要还有不小的差距，就业、教育、医疗卫生、住房等民生问题亟待解决。这些问题的解决，虽然需要具备相应的经济、政治、文化等各方面的条件，但是如果没有经济的快速发展，这些问题的解决就失去了相应的物质基础。因此，我们在全面建设小康社会阶段，仍然要紧紧抓住以经济建设为中心不动摇，始终保持经济的持续快速增长。当然，在保持经济持续快速增长的过程中，必须正确处理好速度和效益的关系，使持续快速的经济增长建立在提高质量、优化结构、增进效益的基础上。如果没有经济持续快速的增长和经济效益的提高，我国在2020年实现全面建成小康社会的目标就可能完成不了，就会延误我国现代化的进程，在激烈的国际竞争中将处于不利地位。因此，要实现全面建设小康社会的宏伟目标，必须在提高经济效益的基础上保持经济持续快速地发展。

第三，要紧紧抓住和用好战略机遇期，努力实现全面建设小康社会的宏伟目标。[①] 党的十六大报告指出，现阶段是我国经济社会发展的重要战略机遇期。“所谓战略机遇期，是指国际国内各种因素综合作用形成的，能为发展主体提供良好经济社会发展机会和境遇，并对整个经济社会发展过程和目标产生全局性、长远性、决定性影响的特定的历史转折期。”[②] 进入21世纪以后，中国共产党在综合分析国际国内形势的基础上，作出了21世纪头20年是一个重要的战略机遇期的判断，认识到是否能抓住和用好战略机遇期，关系到全面建设小康社会的目标能否顺利实现。从国际社会发展的形势来看，进入21世纪以后，和平和发展仍然是当今时代的主题。因此，我国争取较长时期的和平稳定的国际环境，集中精力推动经济社会的快速健康发展是可以实现的。另外，随着经济全球化的深入发展，生产要素在世界范围内加速流动，国与国之间经济、政治、文化的交

① 参见张云飞著《科学发展观与全面小康》，社会科学文献出版社2005年版，第142—146页。

② 同上书，第142—143页。

流越来越频繁。在这样的国际环境中，我国完全可以利用有利的时机和条件加快自身的发展。从国内经济社会发展的实际情况来看，经过二十多年的改革开放，到 2001 年，生产力得到了较大的提高，综合国力显著增强，我国的国内生产总值达到了 95933 亿元，人民生活总体上达到小康水平，为我国夺取全面建设小康社会的新胜利提供了必要的基础和准备。从国际国内的发展形势可以看出，在 21 世纪的头 20 年，是我国经济社会加快发展的重要战略机遇期，我们必须抓住并用好这个战略机遇期，努力实现全面建设小康社会的宏伟目标。为此，我们在这个重要的战略机遇期，一是要有危机意识和忧患意识。我们应该清醒地看到，我国还处在社会主义初级阶段，在经济社会发展的进程中还存在着一些深层次的矛盾和问题。我们必须加快发展，才能有效化解新时期新阶段所出现的矛盾和问题。同时，世界并不太平，局部冲突仍时有发生，我国还面临着完成祖国统一的历史任务，必须时刻警惕分裂祖国的图谋。二是必须紧紧抓住经济建设这个中心不动摇。改革开放以来，我国发展水平和经济实力显著提升，国内生产总值已跃居世界第二位，但按人均计算仍属于中低收入国家。因此，我们必须紧紧抓住战略机遇期，坚定不移地推动经济较快发展，努力实现全面建设小康社会的经济目标。三是要实施科教兴国战略和人才强国战略。要紧紧抓住这个战略机遇期，实现发展目标，必须实施科教兴国战略，要把科技和教育摆在经济社会发展的重要位置，尽快提高我国科技水平，为经济社会发展提供有力支撑；必须实施人才强国战略，努力造就数以亿计的高素质劳动者、数以千万计的专门人才和一大批拔尖创新人才，为全面建设小康社会和实现中华民族的伟大复兴提供重要保证。

第五章　当代中国社会发展动力理论创新

——推动当代中国社会科学发展的动力系统与运行机制

社会发展动力的理论源远流长，从古到今不少思想家在不同的历史条件下对人类社会发展的动力进行过不同程度的探讨。在马克思之前的思想家要么从人出发去寻找社会发展的动力，要么从人之外的神秘力量去寻求社会发展的动力。从人类早期的自然动力论到中世纪的神学动力论，从文艺复兴时期以来的人性动力论到德国古典哲学集大成者黑格尔的理性动力论，都从不同的角度对社会发展动力进行了不同的思索，提出了不少有价值的思想，同时又没有正确地解决这个问题。马克思从“现实的人”出发，在科学实践观基础上寻求人类社会历史发展的动力，最终得出了生产力、生产关系（经济基础）、上层建筑三者之间的矛盾运动是推动人类社会历史发展的根本动力，而生产力是其中最为根本的动力的结论，从而实现了人类社会历史发展动力观的革命性变革，创立了科学的人类社会历史发展动力理论。在19世纪90年代，恩格斯针对当时把历史唯物主义归结为经济唯物主义和技术经济史观的观点，提出了人类社会历史发展的根本动力和合力的理论，对马克思主义社会发展动力理论进行了阐述。新中国成立后，党的三代中央领导集体根据不同时期我国社会发展的实际情况，从不同的角度对社会发展的动力进行思索，提出矛盾动力论、“科学技术是第一生产力”论、改革动力论、创新动力论等。进入21世纪以后，以胡锦涛同志为核心的党中央根据新世纪新阶段我国经济社会发展的新要求，在全面建设小康社会和构建社会主义和谐社会的历史进程中提出了科学发展观。在深入贯彻落实科学发展观的实践中，推动我国经济社会科学发展和促进社会和谐的动力因素有哪些？这些动力因素是怎样具体地产生作用？又是怎样形成一种积极的合力，朝着一个共同的方向去推动经济社会科学发展和促进社会和谐？这就需要我们进行更为深入地探索，以进一步丰富和发展马克思主义社会发展动力理论。

一　当代中国社会发展动力系统

党的十六大以来，党带领全国各族人民踏上了全面建设小康社会的新征程，在推动经济社会科学发展的实践中取得了历史性的成就和进步。在经济社会科学发展的进程中，我们将各种不同的动力因素连接和有机统一起来，形成一种推动经济社会科学发展和促进社会和谐的合力，为全面建设小康社会和构建社会主义和谐社会提供了动力保障。

（一）发展目的论和发展动力论的统一

在党的十六届三中全会上，以胡锦涛同志为核心的党中央适应新时期新阶段经济社会发展的新要求，提出了以人为本的科学发展观。在党的十七大报告中，胡锦涛指出以人为本是科学发展观的核心。坚持以人为本，就是要把最广大人民的根本利益作为党和国家一切工作的出发点和落脚点，就是要把促进人的自由全面发展作为经济社会发展的目标追求，就是要使发展为了人民、发展成果由人民共享，充分体现了我国经济社会发展的价值取向和终极目的，明确回答了“为谁发展”的问题。同时，坚持以人为本，就是要尊重人民的主体地位，发挥人民的首创精神，在我国经济社会发展进程中要做到发展依靠人民，明确回答了“靠谁发展”的问题，集中体现了马克思主义社会发展动力论的思想。[①] 坚持以人为本的科学发展观，在经济社会发展的实践中就将发展目的论和发展动力论有机统一起来了。

坚持以人为本的科学发展观，明确回答了“为谁发展”的问题，使党关于经济社会发展的目的更加清晰，发展的价值取向更加明确，集中体现了党全心全意为人民服务的根本宗旨，集中体现了马克思主义社会发展目的论的思想。

第一，要把最广大人民群众的根本利益作为中国共产党各项工作的出

① 参见胡锦涛《高举中国特色社会主义伟大旗帜　为夺取全面建设小康社会新胜利而奋斗》，人民出版社 2007 年版，第 15 页。

发点和落脚点。中国共产党的根本宗旨是全心全意为人民服务。在革命战争年代，中国共产党是为最广大人民群众的根本利益而奋斗；在社会主义现代化建设年代，中国共产党仍然是为了最广大人民群众的根本利益而努力奋斗。虽然中国共产党在不同的历史发展阶段的工作任务有所不同，但为最广大人民群众的根本利益而奋斗这个出发点和落脚点始终没有变。江泽民在《目前形势和经济工作》中指出："要赢得群众拥护，最根本的是要把实现和维护最广大人民群众的利益作为我们一切工作的出发点和落脚点，努力使工人、农民、知识分子等基本群众共同享受到改革发展的成果。党的一切方针政策，都要以是否符合最广大人民群众的利益为最高标准，以最广大人民群众满意不满意为根本准则。"① 现阶段，中国共产党带领和团结全国各族人民踏上了全面建设小康社会的新征程，在经济建设、政治建设、文化建设、社会建设和生态文明建设中，必须要围绕人民群众最现实、最关心、最直接的利益来开展工作，从最广大人民群众的根本利益出发谋发展、促发展。

第二，要把促进人的自由全面发展作为我国经济社会发展的目标追求。人的自由全面发展是人类社会历史发展的终极价值追求，实现人的自由全面发展是一个漫长的、永无止境的过程。现阶段，实现人的自由全面发展，必须处理好人的自由全面发展和经济社会发展之间的关系。一方面，经济社会发展是人的自由全面发展的前提和基础。经济社会发展的程度制约着人的发展状况。如果没有经济社会的健康发展，将会阻碍人的自由全面发展，甚至会危及人的生存。另一方面，促进人的自由全面发展是经济社会发展的价值追求，离开了人的发展，经济社会的发展就失去了发展的目的和动力。人的自由全面发展是经济社会发展的最终目的和价值追求，经济社会发展是人的自由全面发展的手段。同时，人的自由全面发展和经济社会发展又是互为条件、互为因果，二者相互协调、相互促进，在经济社会发展的进程中不断地促进人的自由全面发展。人越自由全面发展，就越能更好地去推动经济社会健康发展。坚持以人为本的科学发展观，就是要把促进人的自由全面发展作为经济社会发展的目的。因此，我们要在经济社会发展的历史进程中，坚持以人为本的发展理念，把促进人的自由全面发展贯穿到各项工作中去，不断地提高人的素质和能力，从而

① 《江泽民文选》第2卷，人民出版社2006年版，第444—445页。

在推动经济社会发展的同时不断地促进人的自由全面发展。

第三，坚持以人为本的科学发展观，就是要做到发展的成果由人民共享。坚持以人为本的发展理念，让经济社会发展的成果惠及广大人民群众，这充分体现了“共同富裕”的社会主义的本质。但是，现阶段收入分配拉大的趋势还未根本扭转，城乡和区域发展还不平衡，城乡贫困人口和低收入人口还占相当数量，民主政治建设还需进一步加大力度，等等。诸如此类问题的存在意味着我国经济社会的发展虽然取得了辉煌的成就，人民生活总体上达到小康水平，但这个小康是低水平的、不全面的、发展很不平衡的小康。因此，进入 21 世纪以后，党带领全国各族人民开始了全面建设小康社会的新征程，把以人为本的科学发展观贯彻到我们的各项工作中去，让经济社会发展的成果惠及广大人民群众。

坚持以人为本的科学发展观，体现了发展目的论和发展动力论的辩证统一。坚持以人为本的发展理念，既体现了推动经济社会科学发展的目的是为了人民，又蕴含着“发展依靠人民”这一经济社会发展的动力思想。因此，在经济社会的发展进程中，我们要坚持以人为本的科学发展观，尊重人民群众的主体地位和首创精神，坚持依靠人民群众的力量谋发展促发展，从而充分体现马克思主义的发展动力论思想。

首先，在推动经济社会发展的进程中要充分尊重人民主体地位。马克思主义认为，人民群众是历史的创造者。无论是物质生活资料的生产，还是精神产品的生产；无论是生产力的发展，还是生产关系和上层建筑的变革，其主体都是人民群众。马克思在《神圣家族》中批判了鲍威尔等人将“英雄”等同于主动的“精神”，把“群众”等同于消极的“物质”的英雄史观，强调了物质利益在历史发展中的重要作用，有力地论证了人民群众才是历史的真正主体。[①] 在建设中国特色社会主义实践中，人民群众是促进社会全面进步和实现人的自由全面发展的主体。因此，在全面建设小康社会和加快推进社会主义现代化的历史进程中，必须尊重人民群众的主体地位，坚定相信人民群众，紧紧依靠人民群众。

其次，在经济社会发展过程中要紧紧依靠人民群众谋发展促发展。人民群众是推动人类社会历史发展的根本力量，离开了人民群众，发展就成了无源之水、无本之木。无论是推动经济社会的全面进步，还是促进人的

① 参见《马克思恩格斯文集》第 1 卷，人民出版社 2009 年版，第 287 页。

自由全面发展，都要依靠人民群众才能得以进行。因此，在全面建设小康社会和加快推进社会主义现代化的历史进程中，要紧紧依靠人民群众谋发展促发展，必须要坚持群众观点，走群众路线。从群众中来，到群众中去，一切为了群众，一切依靠群众，这是中国共产党长期以来在革命和建设实践中总结出来的宝贵经验。革命和建设年代的事实表明，无论是革命战争年代所取得的胜利，还是社会主义现代化建设时期经济社会发展所取得的伟大成就，都是在人民群众的积极参与下实现的。只有坚持群众观点，走群众路线，紧紧依靠人民群众谋发展促发展，我们才能不断地夺取全面建设小康社会的新胜利，才能早日实现社会主义的现代化。另一方面，依靠人民群众谋发展促发展，还必须把一切积极因素调动起来。要实现中华民族的伟大复兴，建设社会主义现代化强国，靠少数人是不可能取得成功的，必须要把一切积极因素都调动起来，实现中国各族人民群众共同的理想和奋斗目标。因此，现阶段我们要团结为祖国的繁荣富强贡献力量的社会各阶层人士，把社会各阶层、各方面的力量调动好、凝聚好，推动经济社会又好又快发展，不断地夺取全面建设小康社会的新胜利，为21世纪中叶基本实现现代化打下坚实的基础。

最后，在经济社会发展过程中要充分调动人民群众的积极性和创造性。坚持以人为本的科学发展观，就要在经济社会发展进程中依靠人民群众。而要做到发展依靠人民，不仅要充分尊重人民群众的主体地位，还要在经济社会发展进程中充分发挥人民群众的积极性和创造性。为此，一是要尊重人民群众的首创精神。人民群众是社会实践活动的主体。中国特色社会主义事业是一项前无古人的开拓性事业，它需要广大人民群众在实践活动中去探索。因此，我们必须尊重人民群众的首创精神，在人民群众的实践活动中推进经济社会的健康发展。二是要激发广大人民群众的创新热情。要依靠人民群众的力量谋发展促发展，就需要调动人民群众的积极性和创造性；而要调动人民群众的积极性和创造性，就要大力激发人民群众的创新热情。因此，在经济社会发展进程中，要营造尊重创新、鼓励创新、推动创新、保护创新的良好氛围，最大可能地激发人民群众的创造热情，为全面建设小康社会和实现社会主义现代化贡献自己的力量。三是要进一步完善社会主义民主制度。在经济社会发展进程中要调动人民群众的积极性和创造性，必须要在国家制度上为人民群众参与国家事务、参与管理经济和文化事业、参与管理社会事务营造良好的制度环境。为此，就要从机制和程序上保证人民群众的民主参与，使人民群众在民主实践中发挥自己的积极性和创造性，把中国特色社会主义事业不断地推向前进。

总之，在全面建设小康社会和加快推进社会主义现代化的历史进程中，要深入贯彻落实以人为本的科学发展观。以人为本的科学发展观明确回答了新世纪新阶段中国经济社会"为谁发展"和"靠谁发展"等重大问题，深刻阐明了中国特色社会主义事业的发展目的和发展动力理论，将"发展为了人民"和"发展依靠人民"有机统一在全面建设小康社会的历史进程中，统一在加快推进社会主义现代化事业的历史进程中，从而将新世纪新阶段马克思主义社会发展目的论和发展动力论有机统一起来，不断地推动当代中国经济社会又好又快发展。

（二）根本动力与直接动力

在新世纪新阶段，我国树立和落实以人为本的科学发展观，推动经济社会科学发展，促进社会和谐，取得了伟大的成就，人民生活水平显著提高，综合国力明显增强，改革开放和全面建设小康社会取得重大进展，为21世纪中叶基本实现现代化打下了坚实的基础。在新世纪新阶段是什么力量推动当代中国取得这样伟大的成就呢？进入新世纪以来这些经济社会发展成就的取得离不开改革开放的强大动力，离不开科学技术的快速发展，离不开理论和实践的创新。可以说，推动经济社会科学发展是一个由各种动力因素构成的复杂的动力系统。在这个动力系统中，推动经济社会科学发展的根本动力又是什么呢？要揭示当代中国经济社会发展的根本动力，有必要对人类社会历史发展根本动力理论进行历史考察。在此基础上，结合当代中国经济社会发展实际，具体分析推动当代中国经济社会科学发展的根本动力。

虽然历史上许多思想家对人类社会历史发展的根本动力进行过不同程度的探讨，但对人类社会历史发展根本动力形成较为系统看法的是近代以来的资产阶级历史学家和哲学家。18世纪法国唯物主义者对人类社会历史发展的最后动因进行过一些有益的探讨，提出了"人是环境的产物"的命题。他们认为，人依赖于环境，人的全部性格包括人的缺点都是被社会环境所决定的，而人的社会环境又主要是由法律和政治制度决定的。有好的理性就会有好的法律和政治制度，而好的理性是教育的结果，教育能帮助人们克服错误的意见。错误的意见是政治腐败和道德腐败的真正原因。因此，法国唯物主义者就做出了“意见支配世界”的推论，并由“意见支配世界”得出了“英雄创造历史”的历史唯心主义结论。19 世纪的空想社会主义者也认为社会的命运决定于某个社会改革家的“意见”，但他们同时也提出了一些新的观点。如圣西门认为人类社会发展是有规律的，并看到了财产关系和阶级斗争在社会发展中的重要作用。但是在他那里，社会发展的动力不是物质生产和阶级斗争，而是理性和理性进步。具有高度理性的人对社会发展必然具有决定作用，而天才人物是具有高度理性的人，只有依靠天才的人才能改造社会关系，决定社会发展。圣西门的发展动力观也陷入了历史唯心主义泥潭。法国复辟时代的历史学家们在研究中看到了人民群众在历史发展中的作用，但他们心目中的人民群众主要是指资产阶级。同时，他们也对阶级斗争在社会发展中的作用予以重视，并试图探究阶级斗争的经济根源。除此之外，法国复辟时代的历史学家还看到了财产关系是一个国家政治制度的基础，但他们不得不用“征服”来解释财产关系及其起源，并引入人的“天性”来解释征服。法国复辟时代的历史学家们在历史发展动力观上仍然滑入了历史唯心主义的泥潭。德国古典哲学集大成者黑格尔认为“民族精神”或“时代精神”是历史发展的最后动力，而“民族精神”或“时代精神”又是绝对精神发展的一个环节。他认为历史从低级阶段向高级阶段发展，不过是绝对精神从一个阶段上升到另一个阶段的外部表现。虽然黑格尔在历史观上提出了许多合理的见解，但他的历史观本质上是唯心主义。

从 18 世纪法国唯物主义者到黑格尔虽然在历史发展根本动力方面提出了一些有价值的思想，但他们都不能科学地说明历史发展的根本动力。马克思、恩格斯批判地继承了这些思想家关于历史发展根本动力的合理因素，在科学实践观基础上，第一次科学地解决了人类历史发展的根本动力问题。马克思在《莱茵报》时期，遇到了要对物质利益发表议论的难事。在《黑格尔法哲学批判》中，马克思认为家庭和市民社会决定着国家，是国家产生和存在的前提和基础。在《1844 年经济学哲学手稿》中，马克思把生产劳动看成是社会存在和发展的基础。他指出：“整个所谓世界历史不外是人通过人的劳动而诞生的过程，是自然界对人说来的生成过程。”① 在《神圣家族》中，马克思指出，不是观念决定历史，而是物质

① 《马克思恩格斯全集》第 42 卷，人民出版社 1979 年版，第 131 页。

生产决定历史。历史的发源地不是在天上的云雾中，而是在尘世的粗糙的物质生产中。在《关于费尔巴哈的提纲》中，马克思确立了科学实践观，并在此基础上揭示了社会生活的实践本质，正确地阐述了社会实践是历史发展的动力。在《德意志意识形态》中，马克思、恩格斯批判了费尔巴哈的唯心史观，阐明物质生产是人类社会存在和发展的基础。① 可见，生产实践是人的最基本的活动。马克思、恩格斯进一步指出，人们只要进行生产实践活动，人与自然之间、人与人之间就立即发生关系。一方面，生产实践活动首先是改造自然的活动，人与自然之间就会发生关系，表现为一定的生产力；另一方面，在生产实践活动中，人与人之间也必然要结成一定的交往关系，即生产关系。在马克思、恩格斯看来，生产力决定生产关系的性质和状况，生产关系对生产力有着能动的反作用。马克思、恩格斯把人们在生产实践活动中结成的生产关系，即社会经济结构，确定为社会的经济基础。在这个社会经济基础之上，又耸立着由政治法律制度和社会意识形态构成的全部上层建筑。马克思、恩格斯指出："在过去一切历史阶段上受生产力制约同时又制约生产力的交往形式，就是市民社会。"② 市民社会这个"名称始终标志着直接从生产和交往中发展起来的社会组织，这种社会组织在一切时代都构成国家的基础以及任何其他的观念的上层建筑的基础。"③ 在这里，马克思、恩格斯仍用"市民社会"的概念来说明经济基础，但其含义实际上是指"生产关系"。马克思、恩格斯认为经济基础决定上层建筑。同时，马克思、恩格斯又揭示了上层建筑对经济基础的反作用。他们指出，在资本主义社会里，国家和法只是资产阶级维护自己阶级的利益和私有财产的工具。后来，在《〈政治经济学批判〉序言》中，马克思集中阐述了生产力、生产关系（经济基础）、上层建筑三者之间相互影响、相互制约的关系，揭示了人类社会历史的发展规律。④ 从前面的论述我们可以看出，马克思、恩格斯认为生产力、生产关系（经济基础）、上层建筑三者之间的矛盾运动贯穿于人类社会所有的发展阶段，推动着人类社会的变迁和发展，是人类社会发展的根本动力。

通过对人类历史上思想家们关于人类社会发展根本动力理论的梳理，我

① 参见《马克思恩格斯选集》第1卷，人民出版社1995年版，第78—79页。
② 同上书，第87—88页。
③ 同上书，第131页。
④ 参见《马克思恩格斯选集》第2卷，人民出版社1995年版，第32—33页。

们认识到马克思、恩格斯在科学实践观基础上，正确地揭示出生产力和生产关系之间、经济基础和上层建筑之间的矛盾运动是推动人类社会发展的根本动力。马克思、恩格斯的这一社会发展动力理论也充分体现在当代中国社会发展的动力理论中。进入社会主义社会后，当代中国社会的基本矛盾仍然是生产力和生产关系之间、经济基础和上层建筑之间的矛盾。但是这种矛盾已经不是对抗性的矛盾，是可以经过社会主义制度本身不断地完善得到解决的。社会基本矛盾的辩证运动推动当代中国社会不断地向前发展，仍然是当代中国社会发展的根本动力。在建设社会主义社会的实践中，以毛泽东、邓小平、江泽民为核心的三代中央领导集体，分别提出了矛盾动力论、改革动力论、“科学技术是第一生产力”论、创新动力论等。进入21世纪以后，以胡锦涛同志为核心的党中央在全面建设小康社会的历史进程中，集中阐述了推动我国经济社会科学发展的动力因素。这些在不同历史发展阶段从不同的角度予以强调的发展动力因素，归根结底都要通过生产力、生产关系（经济基础）、上层建筑三者之间的矛盾运动才能发挥对社会发展的促进作用。社会基本矛盾贯穿于当代中国社会发展的不同阶段，支配着当代中国社会发展的其他一切矛盾。推动当代中国经济社会科学发展、促进社会和谐，归根到底是社会基本矛盾辩证运动的必然结果，因此社会基本矛盾运动仍然是推动当代中国经济社会科学发展的根本动力。

生产力、生产关系（经济基础）、上层建筑三者之间的矛盾运动推动了当代中国经济社会科学发展。而社会基本矛盾的作用实际上是通过具体的动力因素表现出来的。在阶级社会里，其社会基本矛盾集中体现在阶级斗争里，阶级斗争是推动社会发展的直接动力。在当代中国社会发展的进程中，社会基本矛盾是非对抗性的，生产关系与生产力之间、上层建筑与经济基础之间是基本相适应的，但生产关系和上层建筑也有一些环节和方面不适应生产力的发展。因此，推动当代中国社会发展的直接动力，主要是对生产关系和上层建筑进行改革和完善以解放和发展生产力，主要是进行科学技术革命以促进生产力的发展，而不是阶级斗争。正如江泽民指出的那样，在“中国已进入了全面建设小康社会、加快社会主义现代化的新的发展阶段”，我们将“把改革开放和科技进步作为动力”。①

① 中共中央文献研究室编：《十五大以来重要文献选编》（下），人民出版社2003年版，第2047页。

改革是推动当代中国经济社会科学发展的强大动力。我国进入社会主义社会以后，生产力与生产关系之间、经济基础与上层建筑之间基本上是相适应的，但也有不相适应的环节和方面。对于不相适应的环节和方面，则必须进行改革。邓小平早在1978年就指出："这场革命既要大幅度地改变目前落后的生产力，就必然要多方面地改变生产关系，改变上层建筑，改变工农业企业的管理方式和国家对工农业企业的管理方式，使之适应于现代化大经济的需要。"[①] 这就为经济体制改革和政治体制改革思想的提出奠定了基础。十一届三中全会以后，我国从农村到城市、从经济领域到其他各个领域，实行了社会全面改革，取得了举世瞩目的伟大成就。当然，改革不可能是一帆风顺的，我国在改革的进程中也存在着一些改革不到位、措施不完善等问题。进入21世纪以后，我国经济社会发展中仍然存在着一些突出的问题，需要进一步深化改革，有针对性地解决这些问题，如"三农"问题、收入差距拉大的问题、城乡和区域发展不平衡的问题、人与自然不和谐的问题、社会事业发展滞后的问题，等等。为了解决我国经济社会发展进程中出现的各种问题，有力推动科学发展、促进社会和谐，我们必须按照以人为本的要求推进改革，把改革的力度、发展的速度和社会可承受的程度结合起来，推进各方面体制改革创新，着力构建有利于推动科学发展、促进社会和谐的体制机制，为科学发展提供强大动力和体制保障。

科学技术是推动经济社会科学发展的重要动力。科学技术在整个社会生产和社会生活中占有越来越重要的地位。马克思早就指出："生产力中也包括科学。"[②] 邓小平进一步指出："依我看，科学技术是第一生产力。"[③] 可见，在当今时代，科学技术的发展是推动生产力跨越式发展的超常动力，科学技术已经成为了第一生产力。为什么科学技术是第一生产力，应从以下几个方面来理解：第一，现代生产力的各类要素之中，无一不渗透着科学因素。现代生产力系统包括独立的实体性要素，如劳动者、劳动资料和劳动对象；运筹性的综合因素，如生产管理、分工、协作等；准备性因素，如教育；渗透性因素，如科学，主要指自然科学。[④] 在人类社会发展进程中，把科学渗透到生产力的其他各类要素中去，在生产实践

① 《邓小平文选》第2卷，人民出版社1994年版，第135—136页。

② 《马克思恩格斯全集》第46卷（下），人民出版社1980年版，第211页。

③ 《邓小平文选》第3卷，人民出版社1993年版，第274页。

④ 参见赵家祥著《历史过程论和历史动力论》，吉林人民出版社2006年版，第280页。

中发挥作用，从而把科学从可能的生产力转变为现实的生产力。我们以科学渗透于劳动对象为例，来说明科学对于现代生产力系统其他各类要素的渗透性。随着科学技术的发展及其在生产上的应用，可以提高劳动对象的质量和利用率，扩大劳动对象的范围。如18世纪以来，随着科学技术的发展，人们利用石油制造出几百种产品；近年来为了缓解能源短缺的状况，新能源的开发和利用展现出可喜的前景。第二，科学对物质生产的发展起主导作用和超前作用。在现代社会里，如果没有科学理论做先导，新的现代化的生产工具就不能被发明创造出来，新材料和新能源也不会出现，生产者的需要将不会得到满足。随着人类社会的发展，要求科学不能再仅仅作为物质生产活动的结果，而是要求它能够走在生产实践的前面，为生产的发展开辟新道路，准备各种条件，并迅速转化为直接的现实的生产力。可见，只有在当代新的科技革命条件下，科学对物质生产具有主导作用和超前作用的时候，科学技术才成为第一生产力。第三，科技进步是推动生产力发展的杠杆。在人类社会发展的历史进程中，生产力与生产关系之间的矛盾始终是推动生产力发展的根本动力。在当代科技进步已经成为推动生产力发展的杠杆，它对生产力发展的推动作用主要表现在以下几个方面。首先，科学技术从可能的生产力转化为直接的现实的生产力的周期越来越短。其次，科学技术在生产上的广泛应用，使生产力的发展明显地呈现出加速度的趋势。再次，随着科学技术的不断进步，劳动生产率和经济增长率越来越高。我们从以上三个方面阐述了“科学技术是第一生产力”的基本涵义，这三个方面的涵义是最基本的、最主要的。为了避免对“科学技术是第一生产力”这个科学论断发生误解，我们应注意以下几个方面：一是提出“科学技术是第一生产力”的论断，并不否认人是生产力的主体，是生产力中的能动因素，因为科学发现和技术发明是由人做出来的。二是承认科学技术在推动生产力发展中的重要作用，并不否认生产工具是生产力发展水平的标志的观点。三是承认科学对物质生产发展的主导作用，并不否认物质生产对科学起归根结底的决定作用。四是承认科技进步是推动当代物质生产力发展的重大杠杆，并不否认生产力和生产关系之间的矛盾仍然是推动生产力发展的根本动力。① 总之，邓小平在

① 参见赵家祥著《历史过程论和历史动力论》，吉林人民出版社2006年版，第286—287页。

历史唯物主义基础之上，从科学技术在现代生产力发展中的作用或功能的意义上提出了“科学技术是第一生产力”的论断，与历史唯物主义其他基本原理没有丝毫矛盾。

进入21世纪以后，我国人民的生活总体上达到了小康水平，综合国力显著增强，党领导全国各族人民踏上了全面建设小康社会的新征程。但与发达国家相比，我国的生产力发展还比较落后，工业化和信息化滞后，城镇化和农业现代化进程缓慢，这些问题都是我国全面建设小康社会所面临的严峻考验。在21世纪，科学技术在经济社会发展中的作用越来越重要，江泽民曾经指出：“二十一世纪，科技创新将进一步成为经济社会发展的主导力量。”[①] 因此，为解决经济社会发展中存在的这些问题，我们必须推进科技创新，使科学技术得到飞速发展，为全面建成小康社会，基本实现社会主义现代化打下坚实的基础。首先，科学技术的飞速发展是贯彻落实科学发展观的内在要求。科学发展观的第一要义是发展，离开了发展，科学发展观就成了无源之水、无本之木。而要实现经济社会又好又快发展，必须要推进科技创新，大力提高社会生产力。此外，要贯彻落实科学发展观，实现经济社会的可持续发展，必须依靠科学技术的飞速发展。科学技术可以使自然资源得到更充分、合理、经济的利用，可以大量节约有限的自然资源，可以开发新的资源以代替日益减少的不可再生资源，还可以有效地治理环境污染等。可见，科学技术的飞速发展是贯彻落实科学发展观的内在要求。其次，科学技术是实现工业化和信息化的主要手段。当今世界主要发达国家已经实现了工业化，正迈入信息社会。因此，我国要在相对集中的时间段内实现工业化和信息化，就要以信息化带动工业化，走新型工业化道路。如何实现以信息化带动工业化，关键是科学技术的创新和发展。最后，科学技术是实现城镇化和农业现代化的主要手段。我国是一个农业大国，如果没有农村的发展，要实现全面小康和社会主义现代化就不可能。因此，全面加强农业科技创新，加大农村科技推广的力度，以提高农民的科学文化素质，发展现代农业，就显得尤为重要。与此同时，农业发展起来了，一大批农村人口需要转移到城镇。要完成这一任务，一个重要的途径就是用科技创新去促进城镇第二、第三产业的发展，以加速城镇化的进程。可见，进入21世纪以后，科学技术是经济社会发

① 《江泽民文选》第3卷，人民出版社2006年版，第36页。

展的主导力量，科学技术的飞速发展有力地推动了我国经济社会的科学发展。

（三）“五位一体”的当代中国社会发展合力

随着改革开放的逐步深入，党对中国特色社会主义事业总体布局的认识经历了一个逐步深化和拓展的过程。从物质文明建设和精神文明建设协调发展①，到党的十三大报告号召为建设富强、民主、文明的社会主义现代化国家而奋斗，实际上就是要从经济建设、政治建设、文化建设等三个方面推进中国特色社会主义建设；从 2005 年 2 月胡锦涛指出中国特色社会主义事业总体布局从“三位一体”发展为“四位一体”，② 到党的十八大明确提出“五位一体”的中国特色社会主义事业总体布局，③ 表明党对中国特色社会主义事业总体布局的认识达到了一个新的阶段。可见，进入 21 世纪以后，从中国特色社会主义建设的实践需要出发，从现实生活中的矛盾和问题出发，社会建设和生态文明建设的重要性就凸显出来了。按照“五位一体”总体布局的要求，全面加强经济建设、政治建设、文化建设、社会建设和生态文明建设，就形成了推动当代中国经济社会又好又快发展的合力。

经济建设为当代中国社会发展提供了物质基础，也为推动当代中国社会发展提供了经济动力。推动人类社会发展的经济动力是由诸多要素构成的一个动力体系，其中生产力、生产关系是经济动力体系中的最为重要的因素。马克思、恩格斯从现实中的人出发去研究历史，揭示出生产力、生产关系（经济基础）、上层建筑三者之间的矛盾运动推动人类社会由低级阶段向高级阶段发展，揭示出生产力的发展决定了生产关系的发展变化，进而决定上层建筑的发展变化。④ 可见，生产力是人类社会发展的最终决定力量。作为人类社会发展最为根本的动力生产力是由劳动者、劳动资料、劳动对象所构成的有机系统，而科学技术渗透于现代生产力系统的各

---

① 中共中央文献研究室编：《十二大以来重要文献选编》（上），人民出版社 1986 年版，第 25 页。

② 参见胡锦涛《在省部级主要领导干部提高构建社会主义和谐社会能力专题研讨班上的讲话》，人民出版社 2005 年版，第 2 页。

③ 胡锦涛：《坚定不移沿着中国特色社会主义道路前进　为全面建成小康社会而奋斗》，人民出版社 2012 年版，第 9 页。

④ 参见《马克思恩格斯选集》第 2 卷，人民出版社 1995 年版，第 32—33 页。

类要素之中，成为推动生产力发展的强大杠杆，所以邓小平提出了“科学技术是第一生产力”① 的科学论断。作为推动当代中国社会发展的经济动力，除了生产力以外，还有使生产力得以形成和发挥作用的生产关系。劳动者通过生产工具与劳动对象发生作用，是一种社会行为，必然要与其他人发生关系。这种在生产过程中结成的人与人之间的关系，就是生产关系，本质上它是一种经济关系。生产关系既可以促进生产力的发展，也可以阻碍生产力的发展。因此，生产力、生产关系是推动社会发展的经济动力体系中的最为重要的因素。在现阶段，要使经济建设的动力作用充分体现出来，主要应做到以下几个方面：第一，要坚持以经济建设中心。科学发展观的第一要义是发展，在现阶段就是要坚持以经济建设为中心谋发展促发展。坚持以经济建设为中心，是由我国社会主义初级阶段的主要矛盾所决定的，它是发挥社会主义优越性的必然要求，是构建社会主义和谐社会的客观需要。第二，要切实转变经济发展方式，真正使经济发展建立在提高人口素质、高效利用资源、减少环境污染、注重质量效益的基础之上。第三，优化产业结构，加快服务业发展。对产业结构进行调整，是提高经济发展的质量和效益的根本性措施。每一次产业结构的优化升级，都会促进经济的进一步发展。加快发展服务业，是转变经济发展方式、促进产业结构优化升级的一项重要任务，它是落实科学发展观和构建和谐社会的必然要求。

政治建设为当代中国社会健康发展提供政治保障，也为推动当代中国社会发展提供了政治动力。政治建设应当维护人民的生存发展权力、促进经济和社会各项事业的健康发展，为推动当代中国社会发展提供政治动力。具体说来，政治建设能够为当代中国社会发展提供“权威力、法制力、加速力和道德力”②。首先，经济动力对推动当代中国社会发展的作用巨大，但这些经济动力的作用并不是自发完成和实现的，而是在一定的经济体制和经济秩序中完成和实现的。经济体制和经济秩序的建立、经济发展战略的制定，都需要合法的政治权力的支持，都需要政府所拥有的公共政策权威性的支撑。其次，市场经济不是绝对自由的经济，它需要依靠

---

① 《邓小平文选》第 3 卷，人民出版社 1993 年版，第 274 页。

② 杨信礼等著：《当代社会发展的哲学研究与论辩》，百花洲文艺出版社 2007 年版，第 92 页。

法制来保障其正常有序的运转。因此，必须加强政治法律制度建设，建设社会主义法治国家，从而推动经济和社会健康有序的发展。可见，法制建设是当代中国社会健康发展必不可少的保障力量和推动力量。最后，在市场经济条件下，努力提高效率和效益是政府追求的目标之一。通过加强政府机关工作作风的建设，推进政府机关的改革，可以节约成本，提高政府运转的效率和效益，从而加速推动当代中国经济和社会的健康发展。第四，市场经济在追求效率的过程中，也会导致贫富两极分化。因此，为防止社会贫富两极分化现象的出现，就需要政府对社会资源进行公平、公正的分配，就需要内蕴着公平、公正等道德含量的政治权力的权威和法律制度的力量。在现阶段，加强政治建设，提高推动当代中国社会发展的政治动力，需要做到以下几个主要方面：第一，要坚持好、发展好适合我国国情的社会主义政治制度，推进社会主义民主的制度化、规范化和程序化，进一步扩大社会主义民主。第二，要坚持正确方向，积极稳妥地推进政治体制改革，从而增强党和国家的活力，调动人民群众的积极性、主动性和创造性，促进经济发展和社会全面进步。第三，要坚持依法治国基本方略，全面推进法制建设，建设社会主义法治国家，为推动当代中国社会发展提供一个以健全法制为保障的环境。

文化建设为当代中国社会发展提供良好的文化环境和智力支持，也为推动当代中国社会发展提供文化动力。文化对于社会发展的动力作用，是通过影响人的价值观念、思维方式以及情感态度得以实现的，它是社会发展的重要精神动力。作为观念形态的文化，它是人的精神活动创造的产物，是对经济、政治、社会活动的反映，又为经济、政治、社会的发展提供精神动力和智力支持。首先，市场经济的发展需要理性精神的促动。在市场经济的运行过程中，不仅孕育出越来越完善的经济理论，而且需要孕育出平等自由、公平公正、诚实守信等经济活动中的理性精神，从而促进市场经济的健康发展。其次，加强文化建设，培育相应的政治文化，是建设社会主义民主与法治国家的需要。在现代社会发展进程中，建设民主政治与法治国家，需要确立劳动者在经济利益上的主体地位，需要确立政治平等、自我主宰的民主意识，需要培育人民的法治精神。民主意识和法治精神的培育，离不开相应的政治文化的支持。最后，社会理性是社会发展的强大的精神动力。社会理性是“对于社会的内在本性、发展规律和基本趋势的深刻洞察以及以此为基础的对未来社会的构想。”① 社会理性通过文化对人们进行的渗透和熏陶，使人们形成一种理想和信仰，激发人们为理想和信仰而奋斗，从而有力地促进社会发展。除此之外，各类文化现象中蕴含的科学理性精神、道德价值观念等，也是社会发展的重要精神动力。在现阶段，要使文化动力作用在当代中国社会发展进程中充分体现出来，主要应做到以下几个方面：第一，要大力加强马克思主义理论研究和建设，在新的实践基础上不断地推进马克思主义理论的创新和发展。第二，要在马克思主义理论的指导下建设社会主义核心价值体系，从而为推动当代中国社会发展提供强大的精神动力。第三，坚持正确导向，营造积极健康的思想舆论氛围，形成一种开拓进取的主流精神，为推动当代中国社会发展提供思想保证和良好的文化环境。第四，要积极发展文化事业和文化产业，逐步形成比较完备的公共文化服务体系，为人民群众提供更多更好的优秀文化产品。

社会建设为当代中国社会发展提供有利的社会条件和良好的社会环境，从而有力推动当代中国社会科学发展。进入21世纪以后，我国的发展站在了一个新的历史起点上。我国的生产力水平有了很大提高，人民生活总体上达到小康水平，综合国力显著增强，为全面建设小康社会打下了坚实的基础。但是，在我国社会发展的过程中又出现了一些亟待解决的突出矛盾和问题，如就业形势严峻，教育质量和公平问题已引起了人们的普遍关注，居民的收入差距拉大，社会利益关系更加复杂，等等。这些问题与人民群众的切身利益息息相关，如不妥善解决，将影响社会的和谐稳定，进而影响我国社会的科学发展。因此，我们要实现全面建设小康社会的宏伟目标，推动当代中国社会科学发展，就必须正确应对这些矛盾和问题，妥善处理好各种社会矛盾，协调好各方面的利益关系，解决好与人民群众的切身利益息息相关的民生问题。为此，党的十七大明确指出“社会建设与人民幸福安康息息相关”②，并对加快推进以改善民生为重点的社会建设进行部署。党的十八大进一步指出，“加强社会建设，是社会和

---

① 杨信礼等著：《当代社会发展的哲学研究与论辩》，百花洲文艺出版社2007年版，第98页。

② 胡锦涛：《高举中国特色社会主义伟大旗帜　为夺取全面建设小康社会新胜利而奋斗》，人民出版社2007年版，第37页。

谐稳定的重要保证”①，并根据我国社会发展的实际情况对加强社会建设进行了全面部署。现阶段，要加强社会建设，就要分别从办人民满意的教育、实现更高质量的就业、增加居民的收入、统筹推进城乡社会保障体系建设、提高人民健康水平、加强和创新社会管理等六个方面入手，② 着力保障和改善民生，加快推进社会体制改革，构建中国特色社会主义社会管理体系，从而促进社会和谐，为当代中国社会发展提供良好的社会环境和有利的社会条件，有力推动当代中国社会科学发展。

生态文明建设为当代中国社会发展提供良好的生态环境，有力推动当代中国社会持续发展。自然界是人类生存和发展的基本条件。但是，随着我国经济的快速发展，人与自然之间的矛盾越来越突出，环境污染、资源短缺、生态恶化等问题日益凸显。这些问题不仅直接影响到当前的经济社会发展，也严重制约长期的可持续发展；不仅影响到当前人们的生活质量和健康素质，也损害了后代人生存和发展的权利。因此，建设生态文明，是当代中国经济社会发展的需要，顺应了全国人民过上美好生活的新期待。现阶段，为推动当代中国社会持续健康发展，应主要从以下几个方面加强生态文明建设。首先，要转变发展观念，树立尊重自然、顺应自然、保护自然的生态文明理念。要从传统的经济社会发展观念向可持续的发展理念转变，把生态文明建设摆在经济社会发展的突出地位，推动全社会共同参与生态文明建设，努力形成人人关心、人人珍惜、人人保护生态环境的良好氛围。其次，完善有利于可持续发展的体制机制，进一步健全相关法律法规，为建设生态文明提供制度和法律保障。第三，要转变经济发展方式，促进资源节约，加大自然生态系统和环境保护力度。因此，大力发展循环经济，建设资源节约型与环境友好型社会，是当代中国社会发展的必然选择。总之，大力推进生态文明建设，是党中央为实现经济社会的可持续发展，从当代中国经济社会发展的实际情况出发作出的一项重大决策，它是“关系人民福祉、关乎民族未来的长远大计”③。

进入 21 世纪以后，随着改革开放的逐步深入，我国经济社会的发展取得了伟大成就，但是也存在着一系列矛盾和问题。面对这些在经济社会

① 胡锦涛：《坚定不移沿着中国特色社会主义道路前进　为全面建成小康社会而奋斗》，人民出版社 2012 年版，第 34 页。

② 同上书，第 34—38 页。

③ 同上书，第 39 页。

发展进程中出现的矛盾和问题，基于建设中国特色社会主义事业的实践需要，党中央相继提出了社会建设和生态文明建设，将中国特色社会主义事业的总体布局，由“三位一体”发展到“四位一体”，进而发展到“五位一体”，[①] 表明我国对社会主义现代化建设规律的认识进一步深化，表明中国特色社会主义事业的总体布局是一个随着社会主义现代化建设的实践需要而不断拓展的开放系统，而不是一个封闭的体系。“五位一体”的各部分并非简单的毫无联系的方面，而是具有内在联系的有机整体。它们共同作用，形成一个推动当代中国社会科学发展的合力。“五位一体”是中国特色社会主义事业总体布局的一个开放系统，也是推动当代中国社会科学发展的开放动力系统。它一定还包含着其他一系列推动当代中国社会科学发展的因素，如人民群众物质文化生活需要、体制创新与社会和谐等。

二　当代中国社会发展驱动机制

十一届三中全会以后，我国在经济、政治、文化等领域的改革取得了举世瞩目的成就，人民的生活水平得到了大幅度提高，综合国力显著增强。但是，我国仍然是世界上最大的发展中国家，仍处于并将长期处于社会主义初级阶段，人口多、底子薄、生产力不发达仍然是我国最大的实际。虽然我国人民生活总体上达到小康水平，但这个小康是低水平的、不全面的、发展很不平衡的小康。因此，根据新世纪新阶段经济社会发展的新要求，党在全面建设小康社会的进程中提出了科学发展观，并在经济社会发展进程中深入贯彻落实科学发展观，以推动当代中国经济社会科学发展。要推动当代中国经济社会科学发展，必须要有动力驱动。当然，当代中国经济社会科学发展的动力只能从社会的现实存在出发，从社会结构体系内部的矛盾运动中去寻找，如社会基本矛盾仍然是推动当代中国经济社会科学发展的根本动力，改革和科学技术是推动当代中国经济社会科学发展的直接动力，“五位一体”是推动当代中国经济社会科学发展的合力。那么，这些推动经济社会科学发展的内在动力究竟是怎样具体地发生作用的，发生的方式又是怎样的，这就是我们需要探讨的推动经济社会科学发

---

① “三位一体”是指经济建设、政治建设、文化建设，“四位一体”是指经济建设、政治建设、文化建设、社会建设。

展的驱动机制问题。

（一）驱动机制的构成要素和环节

人类社会是一个复杂的有机体，它是由各种因素、各个子系统组成的一个自适应、自协调、自组织的有机系统。研究当代中国经济社会科学发展的驱动机制，就需要揭示出各种动力要素是怎样发生作用的，以及发生的方式又是怎样的。驱动机制的构成要素有哪些呢？一般来说，构成驱动机制的基本要素大体上可以分为三类：第一类，驱动主体；第二类，驱动客体；第三类，动力介体。

驱动主体是指经济社会发展的动力产生的源泉。在推动经济社会科学发展的进程中，首先需要有作为动力源的驱动主体的存在。这种动力源可以产生动力，推动经济社会的发展。驱动客体是指驱动主体作用的对象，是接受驱动的受动者。在经济社会发展的驱动过程中，不仅要有驱动主体，而且还要有驱动的对象，否则驱动的作用便不能实现。动力介体是指连接驱动主体和驱动客体的动力传输系统。在经济社会发展的驱动过程中，驱动主体所产生的动力往往要按照一定的方式，通过各种层次进行传输和分配，才能最终作用于驱动客体。动力介体的选择和运用将决定着动力作用的发挥。在经济社会发展的驱动过程中，对于某一个具体的驱动过程来说，其驱动主体、驱动客体、动力介体是相对稳定的。但在经济社会发展的大系统中，驱动主体、驱动客体、动力介体可以根据不同的情况轮流转换，其角色并非固定不变，从而形成一种普遍的互动关系。

推动当代中国经济社会科学发展的动力是多方面的，但根据这些动力在推动社会发展过程中所起的作用和所处的地位，可以将社会发展驱动机制的基本要素分为三类。与之相适应，可以将社会发展的驱动过程划分为五个环节，即动力源开发、动力产生、动力传输、驱动形成、驱动结果反馈等。

1. 动力源开发

人是社会的主体，人的实践活动推动了人类社会的发展。人的实践活动并不是盲目的，而是有一定目的的，其目的受人的需要的制约。因此，要开发动力源，就要激发人们与生产力发展水平相适应的各种合理的需要。当然，人们的需要是分层次的，可以根据不同的需要主体，将人们的需要分为个体需要、群体需要和社会需要。动力源的开发应当是全面的，可以激发并兼顾个体、群体和社会的需要，开发各种层次的动力。

2. **动力产生**

需要只是社会发展的潜在动力，还没有表现为社会发展的现实动力。为了满足人们的需要，人们就必须从事满足需要的社会实践活动。马克思、恩格斯认为，“为了生活，首先就需要吃喝住穿以及其他一些东西。因此第一个历史活动就是生产满足这些需要的资料，即生产物质生活本身。”[①] 可见，物质生产是人类社会发展的最为根本的动力。人们的需要是可以分为不同的种类和不同的层次的，因此满足人们各种各样的需要的实践活动以及由此而形成的实践关系也是多种多样的，所形成的动力也是多种多样的。从作为社会发展潜在的动力源的需要到为满足需要而进行的社会实践活动，社会发展的动力就从潜在的动力状态发展到现实的动力状态。

3. **动力传输**

通过动力介体将动力主体产生的动力传输给动力客体即受动者，这一过程就是动力传输。在社会发展的驱动过程中，不仅要开发出不同层次、不同类型的动力源和促使潜在的动力变为现实的动力，还要将已经产生的动力通过相应的传输系统传递给受动者即动力客体。依照动力主体和动力客体之间联系的紧密程度，可以把驱动过程中的动力传输环节划分为直接的动力传输和间接的动力传输等不同情况。但从总体上看，驱动过程中的动力传输环节呈现出多层次、发散性的特点。

4. **驱动形成**

通过动力传输环节，动力主体所产生的动力作用于动力客体。动力客体在所接受的动力的推动下，使自己得到发展，从而使动力推动社会发展的作用充分发挥出来，这就是驱动形成环节。在驱动形成环节，动力主体通过动力介体作用于动力客体，其所起的驱动作用在整个社会发展过程中的地位又是不一样的，存在着各种差别。有的对社会发展起着根本动力的作用，有的对社会发展起着主要动力的作用，有的可能对推动社会发展的作用较小，这些差别的存在是由动力主体和动力客体在整个社会结构体系中所处的客观的逻辑地位所决定的。

5. **驱动结果反馈**

在社会发展的驱动过程中，动力主体通过动力介体作用于动力客体，

---

① 《马克思恩格斯选集》第1卷，人民出版社1995年版，第79页。

总会产生一定的驱动结果。驱动结果是否达到预期目标的信息将通过动力传输体系反馈给动力主体。动力主体获得这些反馈信息后，将对驱动过程进行调整，要么调整动力的强度，要么调整动力的方向，其目的是为了最大限度地实现社会发展的总体目标。

上述的三类要素和驱动过程的五个环节是相互联系在一起的，这些要素通过驱动过程的各个环节相互作用、相互制约，最终形成一个驱动结果。这就是所谓的驱动机制。在社会发展的进程中，驱动机制的实际运行状况会呈现出各种不同的情况。驱动机制的正常运行状况是动力主体、动力客体和动力介体等三类要素的作用能够得到较好的发挥，驱动过程的五个环节能够依次顺利展开，并能在各要素相互作用、相互制约的驱动过程中及时进行调整和矫正，以形成一个适度的动力推动社会健康发展。反之，则是构成驱动机制的基本要素的作用不能充分发挥，驱动过程各个环节的展开不顺利，动力的作用不能有效地体现出来，导致社会发展的动力不足，从而影响人类社会的健康发展。

（二）驱动机制正常运转的条件

任何机制都不能抽象地存在，而只能在各种具体条件下存在并起作用。社会发展的驱动过程能否正常的展开，驱动机制的各构成要素能否发挥自己应有的作用，都要受到一定阶段上社会发展的各种具体条件的影响和制约。因此，要考察驱动机制正常运转的条件，就应从处于一定发展阶段社会各领域的既有状况着手进行分析。在一定的社会发展阶段，社会各领域的既有状况不仅是以往经济社会发展的结果，而且是以后经济社会新发展的基础，并构成了这一社会发展阶段驱动机制借以发生作用的条件。因此，一定社会发展阶段驱动机制正常运转的条件应包括经济条件、政治条件、文化条件、社会条件和生态条件等。

经济条件包括生产力和生产关系的状况，其中生产力的发展状况对整个社会的发展具有最为根本的意义。一定社会发展阶段驱动机制的运转离不开一定社会的经济条件。要开发动力源，就要激发人们与生产力发展水平相适应的合理需要，换言之，生产力发展水平的高低制约着动力源开发的程度。要产生动力，就要为满足人们的合理需要去进行相应的社会实践活动，而人们的实践活动水平的高低必须受到现实的生产力发展状况的制约。此外，驱动机制必须要借助一定的物质资料和手段才能运转，物质条件不具备，驱动机制的运转就会发生困难。而人们各种合理的需要的激发和物质资料的提供，都离不开生产关系的制约，因为生产关系直接涉及利益的分割和物质资料的分配，并通过经济制度和经济体制体现出来，不同的生产关系将影响着驱动过程的展开和驱动作用的发挥。

政治条件包括一定社会发展阶段上的相对确定的政治制度和政治体制，以及一定社会发展阶段上政治运行的现实方式和实际状态，也就是一定社会发展阶段的政治关系的现实状况，它反映了这个发展阶段政治文明的真实发展水平。一定社会发展阶段的政治关系的状况对驱动机制的运转有着重大影响。从整体上看，政治制度、政治体制等属于上层建筑的范畴，上层建筑对经济基础具有反作用，进而通过生产关系反作用于生产力，或者是阻碍生产力的发展，或者是促进生产力的发展，从而最终影响人类社会的发展。在这个过程中，社会发展的驱动机制必然受到政治条件的影响和制约，尤其是在政治领域内的驱动过程的展开受政治条件的影响更大。如政治体制改革，它的目标是对政治关系进行调整，以更好地适应经济社会的发展。在改革过程中，其动力源的开发，动力的产生，动力的传输等都离不开现存的政治制度和政治体制以及政治运行的现实方式和实际状态，这些政治条件将影响和制约着驱动作用的发挥和驱动结果的形成。

文化条件主要是指社会的思想道德体系状况和文化事业发展水平，这方面的条件也是一定社会发展阶段的驱动机制正常运转所不可或缺的。一定社会发展阶段的驱动机制要正常运转并发挥良好的作用，就必须要获得比较普遍的认同，要有良好的思想基础、观念支持和舆论氛围。在良好的思想文化指引下，人们将产生符合一定社会道德要求的合理需要，由此而产生的社会实践活动将会对社会发展产生积极、健康的影响。否则，如果没有良好的文化条件，开发动力源的需要就可能是不合理的，甚至是违背道德标准的需要，依据这样的需要去进行社会实践活动，必然会危害经济社会的健康发展和不利于人的自由全面发展。

社会条件主要是指与经济、政治、文化、生态相并列的社会关系、社会环境、社会管理等方面的状况，这方面的条件对一定社会发展阶段驱动机制的运转和作用的发挥起着重要的作用。驱动机制各基本构成要素作用的发挥，驱动过程各环节的正常展开，都需要一个良好的环境和社会保障。这就需要加强社会建设，通过整合社会资源、协调社会利益、完善社会功能、健全社会保障、完善社会管理，形成一个与经济、政治、文化、生态等领域的发展相协调的社会环境和良好的社会秩序，从而为驱动机制的正常运转提供良好的环境和社会保障。反之，则会影响驱动机制各基本构成要素作用的发挥，使驱动过程的各个环节不能正常地展开，从而使驱动的效果受到影响。此外，如果社会建设与经济建设、政治建设、文化建设和生态文明建设不协调，经济、政治、文化、生态等领域的发展也将受到影响和制约，进而也会影响和制约着驱动机制的正常运转。

生态条件主要指经济社会发展所需要的资源、环境和生态系统等方面的状况。生态条件的好坏将对一定社会发展阶段驱动机制的运转和作用的发挥产生重要的影响。驱动过程的展开和作用的发挥都是在一定社会发展阶段进行的，或多或少都将受到资源的状况和生态环境的影响，尤其是一些对资源、环境和生态系统依赖性较大的驱动过程更需要有一个良好的生态环境。可见，一个良好的生态环境，将会为驱动过程的展开和作用的发挥提供必要的资源、良好的环境和生态系统，从而使驱动过程的各个环节能正常展开，驱动机制各基本构成要素的作用能得到更好地发挥。反之，生态环境恶化将使人类社会逐步失去持续发展的基础，也会使经济、政治、文化、社会等领域的发展受到影响和制约，驱动机制的正常运转和作用的发挥也必将受到严重的影响和制约。因此，必须加强生态文明建设，将生态文明理念融入经济建设、政治建设、文化建设、社会建设的各个方面，为驱动机制的正常运转和作用的发挥营造一个良好的生态环境。

我们考察影响和制约驱动机制正常运转的条件，除了考察经济、政治、文化、社会、生态等方面的条件以外，还应考虑与之相对应的社会主体方面的条件。社会主体方面的条件主要是指主体认识的状况和实践的状况，主体素质的状况和主体结构的状况。在一定发展阶段上，社会主体的素质、结构以及思维方式、认识水平和实践能力都将影响和制约着驱动机制构成要素作用的发挥和驱动过程各环节的展开。如果社会主体的认识水平高，参与社会实践的实际能力强，就会有效地激发动力，产生良好的驱动效果，从而推动经济社会健康发展。反之，社会主体方面的条件不具备，将会影响驱动机制的正常运转，无法发挥其应有的作用。

当然，无论是作为社会客体的政治、经济、文化、社会、生态等方面的条件，还是社会主体方面的条件，都是在长期的历史发展中形成的，都会具有各自相应的历史传统。这些社会客体和社会主体方面的历史传统将会作为一种惯性的力量对驱动机制的正常运转产生影响。因此，在考察驱动机制运转的条件时，要从历史与现实相统一的角度出发，全面考察影响和制约驱动机制正常运转的各方面的具体条件。

三　当代中国社会发展整合机制

在当代中国经济社会发展进程中，人们的需要呈现出层次性和多样性的特点，基于各种需要基础上的社会实践活动也表现出多样性，由此产生的动力也呈现出多样性和多向性。这些推动社会不同发展趋向的动力的存在，就需要有一种机制将这些不同趋向和力量统一起来，使之形成一种积极的合力。这样，所形成的合力将推动社会朝着一个共同的方向发展。这种将各种动力统一起来形成一种积极的合力的机制就是当代中国社会发展的整合机制。

（一）整合目标和整合手段

要考察当代中国社会发展的整合机制，首先就要分析其整合目标和整合手段，因为整合目标和整合手段是整合机制所必备的两大要素。任何一个社会发展阶段上的整合机制，首先都需要确定整合目标，然后根据确定好的整合目标选择相应的整合手段，将各种不同趋向的动力统一起来，朝着一个共同的方向发展，最终达到确定好的整合目标。

1. 整合目标

要进行整合运作，首先要确定整合目标。也就是说，要解决将各种发展趋向和力量统一起来，朝着哪一个方向发展和实现一个什么样的发展目标的问题。在社会发展进程中存在着不同的发展趋向和力量，这就需要我们必须形成一个符合社会发展规律的、能够为各方面力量所接受的、能够将各方面力量统一起来的共同目标。这种共同目标应该具备以下几个方面的要求：一是所确定的整合目标应该与人类社会历史发展的趋势相一致，应该符合人类社会历史发展的客观规律。在人类社会历史发展的进程中，人们的需要是多种多样的，带有很强的主体选择性，这就使人类社会历史呈现出明显的主体性的特点。正如恩格斯所指出的那样，“人们总是通过每一个人追求他自己的、自觉预期的目的来创造他们的历史"①。但问题在于，"在这些动机背后隐藏着的又是什么样的动力？在行动者的头脑中以这些动机的形式出现的历史原因又是什么？"② 可见，恩格斯在探索决定人们动机背后的深层次的原因。恩格斯认为，"历史进程是受内在的一般规律支配的。"③ 因此，不管人们的活动呈现出怎样的偶然性，但这种偶然性始终是受内部隐蔽着的规律支配的。人们的活动不能违背人类社会历史发展的客观规律。所以，一定的社会发展阶段上人们所确定的整合目标是否正确，能否最终得到实现，就必须要符合人类社会发展的客观规律，就应该与人类社会历史发展的趋势相一致。二是所确定的整合目标要与一定社会发展阶段的具体历史条件相适应。一定社会发展阶段上人们的实践活动总是在一定社会的具体历史条件下完成的，离开了这些具体的历史条件，人们的任何实践活动都不可能进行。要实现社会发展的目标就必须考虑这些具体的历史条件的特殊影响。因此，在确定一定社会发展阶段上的整合目标时，要充分考虑到这些具体历史条件的影响，以确定一个能为大家所接受的、与一定社会发展阶段的具体历史条件相适应的整合目标。三是所确定的整合目标应该与最广大人民群众的根本利益相一致。马克思主义认为，人民群众不仅是物质生活资料的生产者，也是精神产品的生产者，并在政治上层建筑的变化中起着重要作用。可见，人类社会从低级阶段向高级阶段的发展是靠人民群众的力量实现的，人民群众是历史的创造者。而人民群众的社会实践活动都是与他们自身的利益相关，并围绕着利益问题进行各种实践活动，推动人类社会历史向前发展。因此，所确定的整合目标要为各方面力量所接受和认同，并能将各种发展趋向和力量统一起来，形成一个预期的发展合力。这就要求所确定的整合目标必须符合最广大人民群众的根本利益，使他们在这个整合目标的旗帜下联合起来。

2. 整合手段

确定了适宜的整合目标，就需要采取合适的整合手段来实现整合目标。按照不同社会领域的标准划分，大体上可以将整合手段划分为以下几

① 《马克思恩格斯选集》第4卷，人民出版社1995年版，第248页。

② 同上。

③ 同上书，第247页。

大类：经济领域的整合手段、政治领域的整合手段、思想文化领域的整合手段、社会领域的整合手段和生态领域的整合手段等。这些不同领域的整合手段在不同的社会历史发展阶段又各有不同，并随着具体历史条件的变化而变化。在经济领域里，在不同的历史发展阶段，其主要的经济形式是不一样的。在人类社会历史发展过程中，主要存在着自然经济、市场经济和计划经济等经济形式。在自然经济条件下，主要的整合手段是自给自足；在市场经济条件下，主要的整合手段是市场竞争；而在计划经济条件下，其主要的整合手段是计划指令。在政治领域里，主要的整合手段有专制、集权、民主等。这就需要根据不同社会发展阶段的具体历史条件来选择相应的整合手段，有的选择专制的手段，如奴隶社会和封建社会；有的选择集权的手段，如苏联高度集权的政治体制；有的选择民主的手段，如社会主义的民主和资本主义的民主。在思想文化领域里，在不同的历史发展阶段，有的选择了思想专制、文化专制的整合手段，如旧中国的蒋家王朝；有的选择了“百家争鸣、百花齐放”的整合手段，如新中国成立后我国在思想文化领域所采用的整合手段。在社会领域里，现阶段我国加强以民生为导向的社会建设，来协调各种社会关系，完善社会管理，整合各种力量为经济、政治、文化和生态文明建设提供良好的环境和社会保障。在生态领域里，首先需要树立尊重自然、顺应自然、保护自然的生态文明理念，建立健全节约资源、保护生态系统和环境的相关法律法规，并加大对破坏生态环境的惩处力度，整合各种力量朝着社会主义生态文明新时代前进。当然，这五大类整合手段都将随着社会历史条件的变化而选择相应的不同形式。根据一定社会历史发展阶段的具体条件，我们可以在经济、政治、文化、社会、生态等领域里选择不同的整合手段来实现预定的整合目标。在选择和运用整合手段时，首先要根据不同社会历史发展阶段的具体历史条件，选择具有针对性的、与具体历史条件相适应的、具有可操作性的整合手段。然后根据已选定的整合手段本身的规则去实施整合，以达到预定的整合目标。因为每一种整合手段都有自己特殊的运行规则，如果不按照其特有的规则去实施，就不能有效地发挥整合手段的作用，这样将影响到整合目标的实现。

（二）整合程序

整合机制的作用要充分发挥出来，必须要将整合目标和整合手段有机统一起来，展开为一种整合过程，实施整合，实现整合目标。为此，在考察了整合目标和整合手段等整合机制的两大要素后，还要考察社会发展的整合程序。社会发展的整合程序主要有以下几个环节：整合目标的形成、整合手段的选择、整合活动的实施、实现整合目标、整合结果的反馈等。

第一，整合目标的形成。社会发展进程中存在着各种趋向的力量，要达到的目的也是多种多样的。这样，社会发展进程中各方面的力量相互碰撞、相互沟通，最终会形成一个合力，朝着一个共同的方向推动社会发展。因此，在确定整合目标时，必须要符合人类社会历史发展的客观规律，必须要与最广大人民群众的根本利益相一致，根据一定社会历史发展阶段的具体历史条件确定相应的、切实可行的整合目标。当然，整合目标形成后，还应该为实现整合目标所涉及的社会相关方面所了解和接受。第二，整合手段的选择。在确定了适宜的整合目标以后，就需要选择有效的整合手段来实现整合目标。在选择整合手段时，首先要分析整合目标，然后根据整合目标的特点选择相应的整合手段，或者是经济领域里的整合手段，或者是政治、文化、社会、生态等领域里的整合手段，或者是各领域的整合手段的综合运用。这些都需要根据当时社会历史发展的具体条件和整合手段自身的特点来选择整合手段。第三，整合活动的实施。在确定好适宜的整合目标和选择好有效的整合手段以后，就需要展开整合行动，将社会发展的各种趋向和力量通过相应的整合手段纳入到相应的规则和秩序中去，通过各种趋向和力量的相互碰撞，并抑制与整合目标不一致的趋向和力量，从而将各方面的力量统一起来，形成一种合力。第四，实现整合目标。在有效的整合手段的作用下，将社会发展的各种趋向和力量纳入相应的规则和秩序中去，将各种趋向和力量联合起来，形成一种预期的发展合力，朝着一个共同的方向发展，从而实现整合目标。第五，整合结果的反馈。每一次整合活动的实施都会获得一定的整合结果，这个整合结果将会通过反馈途径传递给整合主体，整合主体将与预定的整合目标相比对，整合主体将根据比对结果对整合过程进行调适和修正，以最大限度地实现整合目标。总之，在一定的社会历史发展阶段，各类整合要素依照这些环节展开整合过程，实现整合活动，就形成了一定社会发展阶段的整合机制。

考察了社会发展的整合目标、整合手段和整合过程的几个环节以后，可以看出影响和制约整合效果的因素主要有以下几个方面：第一，所确定的整合目标是否适宜。整合目标直接影响和制约着社会发展的整合程度。如果整合目标符合社会发展的客观规律，能够体现最广大人民群众的根本利益，得到人民群众的赞同和接受，那么就能极大地调动人民群众的积极性和主动性，从而能使整合机制的作用得到充分发挥。第二，所选择的整合手段是否有效。不同的整合手段在不同的历史条件下，所达到的整合效果是不一样的。适宜的整合手段可以更好地发挥整合作用，实现整合目标。反之，不适宜的整合手段将不能很好地整合各种发展趋向和力量，达不到理想的整合效果，甚至违背整合目标的要求。第三，整合过程是否正常展开。在社会发展进程中，各类整合要素按照整合过程的几个环节依次展开，并根据反馈的整合结果进行调整和修正，以最大限度地保证整合目标的实现。但是，如果整合过程的展开出现障碍，各个环节不能依次进行，则整合效果将得不到保证，预期的整合目标也难以实现。要达到良好的整合效果，确保整合目标的顺利实现，就要从整合目标、整合手段以及整合过程的各个环节入手，确定适宜的整合目标，选择有效的整合手段，优化整合程序，以使整合机制的作用得到充分发挥。

改革开放以来，中国经济社会的发展取得了辉煌的成就，综合国力大幅度跃升，人民生活总体上实现了从贫困经温饱到小康的历史性跨越。但是，我国经济社会发展也进入了一个矛盾多发期。尤其是进入 21 世纪以后，我国经济社会的发展呈现出一系列新的阶段性特征，如生产力水平总体上还不高，社会主义市场经济体制还需要进一步完善，收入分配差距拉大的趋势还未根本扭转，城乡和区域发展还不平衡，社会主义民主政治建设还需进一步加强，各种思想文化的碰撞激烈，社会建设还较为滞后，等等。基于新世纪新阶段我国经济社会发展的新形势新要求，党提出了以人为本的科学发展观。在贯彻落实科学发展观的实践中，如何整合好推动我国经济社会发展的各方面力量，形成一种合力推动当代中国社会科学发展，就成为当前我国经济社会发展进程中的一项重要课题。大体上讲，整合好各方面的力量推动我国经济社会科学发展要注意以下几个方面的问题。首先，要确定好当前中国经济社会发展的整合目标。现阶段，我们可以把“推动科学发展、促进社会和谐”作为我国经济社会发展的整合目标。当然，这是一个宏观的整合目标，还可以从经济领域、政治领域、文化领域、社会领域和生态领域等确定我国经济社会发展的中观的整合目标，每一个中观的整合目标也可以划分为若干微观的整合目标。无论是宏观的整合目标，还是中观的整合目标、微观的整合目标，都要符合经济社会的发展规律，都要与最广大人民群众的根本利益相一致，都要与当前中国经济社会发展的具体历史条件相适应。其次，选择好推动当前中国经济社会科学发展、促进社会和谐的整合手段。现阶段，在经济领域里采用的整合手段主要是进一步完善社会主义市场经济体制，确保市场竞争公平、公正、有序地进行。在政治领域里采用的整合手段主要是进一步完善社会主义民主政治，使人民群众的政治、经济、文化、社会、生态等方面的权益得到切实尊重和保障。在文化领域里采用的整合手段主要是在“百家争鸣、百花齐放”方针指导下，进一步加强文化建设，推动中国特色社会主义文化的大发展大繁荣。在社会领域里采用的主要整合手段是加强以民生为导向的社会建设，来协调各种社会关系，完善社会管理，整合各种力量为经济、政治、文化、生态文明建设提供良好的环境和社会保障，从而有力地推动经济社会的科学发展。在生态领域里采用的主要整合手段是树立生态文明理念，建立健全节约资源、保护环境和生态系统的法律法规，有力推动资源节约型、环境友好型社会的建设，为经济、政治、文化、社会等领域的健康发展提供良好的生态环境。当然，整合手段要根据具体的历史条件和预定的整合目标来选择，不同层次、不同种类的整合目标在不同的历史条件下需要选择不同的整合手段与之相适应，有的整合目标需要一种整合手段就可以完成，有的整合目标需要不同领域里的多种整合手段共同起作用才能得以实现。因此，对整合手段的选择，要根据实际情况具体问题具体分析。第三，优化整合机制运转的条件。整合机制是在一定社会历史发展阶段的具体条件下运转并起作用，在不同的条件下整合机制作用的结果也会相去甚远。因此，要使整合机制能够发挥最大效用，还要进一步优化整合机制存在和起作用的各种具体条件。当前，我国正处于全面建设小康社会的关键阶段，推动科学发展、促进社会和谐是我国经济社会发展所追求的目标。为此，我们必须优化整合机制借以发生作用的各方面条件，如经济条件、政治条件、文化条件、社会条件、生态条件等社会客体方面的条件。除此之外，还要考虑社会主体方面的条件，以及社会主体和客体方面的历史传统，将社会主体和社会客体的历史与现实统一起来，为整合机制的正常运转提供良好的条件，以整合各方面的力量，形成一种积极的合力，推动经济社会科学发展。

第六章　当代中国社会建设理论创新

——坚持以人为本，在改善民生和创新管理中推进社会建设

马克思主义创始人始终关注着人类社会的发展问题，并在科学实践观的基础上创立了唯物史观，揭示了人类社会发展的客观规律。在马克思、恩格斯的理论活动和实践活动中，他们从不一般地谈论社会建设，而是在对一些问题的论述中蕴含着丰富的社会建设思想，尤其是在对资本主义社会现实的批判中和对未来社会的构想中包含着丰富的社会建设思想。由于历史任务的限制，他们关于社会建设的思想并不系统和成熟，但他们关于社会建设的相关思想为这一问题的深入研究开辟了道路。十月革命胜利后，列宁根据苏维埃政权是在落后的沙皇俄国基础上建立起来的实际，在向社会主义过渡和建设社会主义的实践探索中，创造性地阐述了社会主义社会建设问题，其中蕴含着丰富的我们今天理解的狭义社会建设思想。但是，列宁关于社会主义社会建设的实践探索时间还不长，对社会主义社会建设思想的研究还毕竟是初步的，还不够深入。这一任务就落到了后来的马克思主义理论家肩上，他们在社会主义社会建设实践中逐步丰富和发展了社会建设的相关思想。新中国成立以后，以毛泽东、邓小平、江泽民为核心的中央领导集体在不同的历史发展阶段，根据不同历史时期我国的实际情况，对社会主义社会建设问题进行了积极探索，把对社会建设问题的研究和实践逐步推向深入。尤其是进入 21 世纪以后，以胡锦涛同志为核心的党中央顺应新世纪新阶段社会发展的新要求，提出了以人为本的科学发展观，并进一步提出了构建社会主义和谐社会的任务，把促进社会和谐作为全面建设小康社会的重要目标之一。构建和谐社会是一个涵盖经济、政治、文化、社会、生态等领域在内的广义的社会建设；而与经济、政治、文化、生态等领域并列的社会建设，是狭义的社会建设。本章所讲的

当代中国社会建设是指狭义的社会建设。党的十六大以来，我国在深入贯彻落实科学发展观和构建社会主义和谐社会的进程中，在全面建设小康社会的实践中进一步丰富和发展了社会建设理论，使对社会建设理论的探索和实践发展到一个新的阶段。

一　科学发展观与当代中国社会建设

科学发展观从新世纪新阶段我国社会主义现代化建设新的实践出发，科学回答了为什么发展、为谁发展、怎样发展等重大问题，它涵盖了经济建设、政治建设、文化建设、社会建设、生态文明建设等多方面内容，是指导我国经济社会健康发展的新理念。因此，在社会建设进程中，必须深入贯彻落实科学发展观，将科学发展的理念渗透到社会建设的各个方面。同时，社会建设的不断完善又将有力地推动经济社会的科学发展。

（一）以人为本与社会建设

以人为本是科学发展观的核心，在经济社会的发展进程中坚持以人为本的发展理念，这是科学发展观的最重大的价值所在。以人为本发展理念的提出，解决了发展为了谁和依靠谁的问题。一方面，促进人的自由全面发展是人类社会历史发展的价值追求。坚持以人为本，就是要从最广大人民群众的根本利益出发谋发展促发展，在经济社会的科学发展进程中不断地促进人的自由全面发展。另一方面，经济社会的发展不仅要为了人民，而且要依靠人民。历史唯物主义认为人民群众是历史的创造者，强调了人民群众在经济社会发展进程中的伟大作用。因此，在全面建设小康社会和构建社会主义和谐社会的进程中，必须相信人民群众、依靠人民群众，充分发挥人民群众的主体性、创造性和能动性。可见，我们必须坚持以人为本的发展理念，依靠人民群众谋发展促发展，使发展的成果惠及全体人民，从而在经济社会的发展进程中不断地促进人的自由全面发展。

新世纪新阶段，我国要在构建社会主义和谐社会的进程中实现科学发展、促进社会和谐，就必须要坚持以人为本的发展理念。在构建社会主义和谐社会的历史进程中，既要依靠广大人民群众，又要不断地满足人民群众日益增长的物质文化需要，促进人的自由全面发展。因此，在构建和谐社会的进程中必须坚持以人为本的价值取向。第一，坚持以人为本，才能尊重人民群众的创造愿望，充分调动人民群众从事创造活动的积极性和主动性，从而促使人民群众的创造活力竞相并发，使一切劳动、知识、技术、管理和资本等要素的作用最大化，有力推动社会主义和谐社会的建设进程。第二，坚持以人为本，才能形成体现最广大人民群众根本利益的利益协调机制。在人类社会发展进程中，总是存在着各种各样的利益诉求，有的甚至是截然相反的利益诉求，这就给和谐社会的构建造成了一定的障碍。因此，在和谐社会的建设进程中，坚持以人为本的价值取向，就能既着眼于最广大人民群众的根本利益，又能兼顾不同阶层、不同方面群众的利益诉求，从而及时形成一个有效协调各方面的利益关系、体现最广大人民群众根本利益的利益协调机制。第三，坚持以人为本，才能促进社会和谐，实现全体人民的和谐相处。要促进社会和谐，使全体人民和谐相处，就需要妥善处理好各种各样的社会关系，尤其是人们之间的利益关系。人类的活动都或多或少与自身的利益相联系。因此，要构建社会主义和谐社会，必须要处理好人们之间的利益关系。要妥善处理好人们之间的利益关系，就必须坚持以人为本的价值取向。只有坚持以人为本的价值取向，才能及时形成科学的利益协调机制，才能激发人民群众的创造活力，从而促进社会和谐，实现人民群众的和谐相处，把社会主义和谐社会的建设不断地推向深入。

社会主义和谐社会建设是一个涵盖经济建设、政治建设、文化建设、社会建设、生态文明建设等方面的整体发展过程，其中社会建设是构建社会主义和谐社会的核心内容。加强社会建设，必须要坚持以人为本的发展理念。现阶段，就是要以民生为导向大力推进社会建设，使经济发展的成果更多地体现在改善民生上来。

第一，要优先发展教育，满足人民对教育的需求。教育关系到广大人民群众的切身利益，必须要坚持以人为本的发展理念，保证人民平等享有接受教育的机会和合理配置教育资源。现阶段，首要的是促进教育公平，使优质教育资源得到合理配置，以逐步缩小教育发展的差距，推动教育事业协调发展。其次，要逐步增加对教育的投入，尤其是要加大对农村义务教育的投入力度，切实改善农村中小学的办学条件。

第二，牢固树立就业是民生之本的观念。我国是一个人口大国，人力资源十分丰富。但是，由于在城镇化、工业化和信息化的进程中，劳动力供求总量矛盾与结构性矛盾并存，新增劳动力的就业与失业人员的再就业问题相互交织，使我国就业问题面临着巨大的压力和挑战。就业问题关系到人民群众的切身利益，它影响着社会的和谐与稳定。因此，我国必须坚持以人为本的理念，努力扩大社会就业，把积极促进就业作为我国长期坚持的基本国策，把扩大就业作为我国当前和今后一段时期内社会建设的重要着力点。

第三，努力提高人民群众的收入水平。坚持以人为本的发展理念，就必须深化收入分配制度改革，使人民群众的收入增长水平与经济发展水平同步提高。当前，社会成员之间存在收入差距难以避免，但是必须控制在合理的范围之内。如果社会成员之间的收入差距持续扩大，并长期得不到有效解决，将会影响人民群众的积极性，使社会矛盾日益激化。要实现发展的成果由人民共享，就必须坚持以人为本的发展理念，进一步深化收入分配制度改革，采取有效措施规范分配秩序，逐步扭转收入分配差距扩大的趋势，缩小社会成员之间的收入差距。同时，在国民经济发展的基础上努力提高人民群众的收入水平。

第四，要积极推进城乡社会保障体系建设，保障人民基本生活。社会保障是保障人民基本生活的一项基本制度。在经济社会发展进程中，为保障人民群众的基本生活需要，有力推进改革发展、保持社会和谐稳定，我国必须坚持以人为本的发展理念，建立与经济发展水平相适应的、覆盖城乡居民的社会保障体系。为了在更大范围内保障人民群众尤其是社会困难群体的基本生活，党的十八大报告从社会保险制度的改革和完善，住房保障制度的建立，社会救助体系的完善，儿童、老人和残疾人的权益保障等多方面阐述了建成覆盖城乡居民社会保障体系的着力点和重要内容，以指导我国在今后的社会保障体系建设中逐步建立一个为人民群众提供可靠保障的安全网。

第五，深化医疗卫生体制改革，提高人民健康水平。改革开放以来，随着经济社会的快速发展，人民健康水平也不断提高。同时也应看到，我国的医疗卫生服务还存在许多不足，如看病难、看病贵的问题比较突出，公共卫生事业发展滞后，还不能很好地满足人民群众对医疗卫生服务的需求。而健康是促进人的自由全面发展的必然要求，医疗卫生事业关系到人民群众的身体健康和生命安全。可见，医疗卫生事业的发展与广大人民群众的切身利益密切相关。因此，在夺取全面建成小康社会新胜利的进程中，必须坚持以人为本的发展理念，进一步深化医疗卫生体制改革。在医疗卫生体制改革进程中，要坚持为人民健康服务的方向，按照保基本、强基层、建机制的要求，完善公共卫生和医疗服务体系，加强公共卫生建设，推动卫生事业全面发展，不断地提高人民健康水平。

第六，坚持以人为本的发展理念，进一步创新社会管理。加强和创新社会管理，维护社会安定团结，保持社会和谐稳定，是经济社会健康发展的重要前提，也是广大人民群众的共同心愿，它关系到广大人民群众的切身利益。因此，在加强和创新社会管理，提高社会管理科学化水平的进程中，必须坚持以人为本的发展理念，树立社会管理是为人民服务的观念。同时，要改进政府为人民提供服务的方式，进一步发挥城乡社区、企事业单位、人民团体、社会组织在社会管理中为人民服务的作用，在协调各方面利益关系、应对各种风险和加强社会治安综合治理中充分体现出以人为本的发展理念。

（二）全面协调可持续与社会建设

中国特色社会主义经济建设、政治建设、文化建设、社会建设、生态文明建设是相互联系、相互促进的有机统一体。要进一步加强社会建设，必须要按照全面协调可持续的基本要求，处理好现代化建设中各方面的关系，在经济社会健康发展进程中不断地推动社会建设向前发展。

1. 全面发展与社会建设

全面发展是科学发展观的基本要求之一，它是指“发展要有全面性、整体性，不仅经济发展，而且各个方面都要发展”[①]。当然，强调全面发展，并不是否定以经济建设为中心，而是要紧紧抓住经济建设这个中心，在任何情况下都不能放松，否则全面发展将会失去物质基础。强调经济建设的中心地位，也不是只抓经济，或者是以牺牲其他方面的发展为代价，而是经济、政治、文化、社会、生态文明等方面全面发展。因此，要加强社会建设，必须要处理好经济、政治、文化、社会、生态等各方面之间的关系。第一，经济建设将为社会建设奠定坚实的物质基础。如果没有经济的发展，就缺乏满足人民日益增长的物质文化需要的物质条件，以民生为导向的社会建设将不能顺利推进，使民生得到改善的愿望将会成为空中楼阁。第二，政治建设为社会建设提供政治保障。如果政治建设滞后，将会

① 中共中央宣传部：《科学发展观学习读本》，学习出版社2008年版，第37页。

影响和制约人民群众参与国家事务和社会事务的积极性、主动性，使社会建设缺少一个具有政治和法律制度保障的发展环境。第三，文化建设为社会建设提供必要的精神支撑。如果文化建设落后，就会导致信仰缺失、道德滑坡现象出现，就会导致整个社会的创新意识缺乏、创新能力不足，使人们缺少一种开拓进取的奋斗精神，使社会建设缺乏必不可少的精神支撑。第四，生态文明建设为社会建设提供良好的生态环境。如果资源约束趋紧、环境污染严重、生态系统退化的严峻形势得不到根本扭转，社会建设将会缺乏一个必不可少的自然环境，就会导致社会建设的目标和任务难以实现。当然，社会建设也会为其他各方面建设提供有利的社会条件和良好的社会环境。可见，经济、政治、文化、社会、生态等方面的发展是相互影响、相互制约的，任何一个方面的发展都离不开其他方面的发展与之相适应，它们是一个相辅相成、共同发展的有机整体。因此，在构建社会主义和谐社会进程中，必须按照全面发展的基本要求推进社会建设。一是充分认识到经济建设对我国社会发展的重要性，紧紧抓住经济建设这个中心，促进国民经济健康发展，为社会建设的全面推进奠定坚实的物质基础。二是稳步推进政治体制改革，不断实现社会主义政治制度的自我完善和发展，走出一条中国特色社会主义政治发展道路，从而调动广大人民群众的积极性、主动性和创造性，有力推进社会建设全面展开。三是适应人民群众精神文化生活的多样性、多层次性特征和社会思想意识日益活跃的新情况，建设和发展先进文化，为全面推进社会建设，促进社会和谐提供智力支持和精神支撑。四是大力推进生态文明建设，把尊重自然、顺应自然、保护自然的生态文明理念融入社会建设的全过程，为社会建设创造一个良好的生态环境。与此同时，要在经济社会全面发展的进程中更加注重社会建设。要坚持以人为本的发展理念，在教育、就业、医疗卫生、社会保障、收入分配制度改革、社会管理等方面不断取得新进展，促进社会更加和谐，使人民过上更好的生活。可见，在全面推进社会建设的进程中离不开经济、政治、文化、生态等方面的健康发展，社会建设的全面推进也为其他各方面的健康发展提供了有利的社会条件和创造了良好的社会环境。因此，要按照五位一体总体布局的要求，全面推进中国特色社会主义事业向前发展。

2. 协调发展与社会建设

把协调发展作为深入贯彻落实科学发展观的基本要求，就是要在加强社会建设的进程中，处理好改革、发展、稳定的关系，处理好新形势下的各种矛盾关系，处理好各方面的利益关系，积极稳妥地推进改革，让改革的成果由全体人民共享。因此，按照协调发展的基本要求全面推进社会建设，主要做到以下几个方面：一是要以经济建设为基础，使经济、政治、文化、生态等方面相互适应、相互支撑、协调互动，为全面推进社会建设提供物质基础、政治保障、精神支撑和良好的生态环境。社会建设的全面展开，离不开经济、政治、文化、生态等方面的健康发展。只有现代化建设的各个方面相互适应、相互促进，才能推动整个社会有机体健康发展，社会建设才能达到预期的目的。二是要处理好新形势下人民内部矛盾和其他各种矛盾。新世纪新阶段，我国进入了改革攻坚期和矛盾多发期，各种各样的矛盾如果得不到及时有效地化解，将会影响到经济社会的健康发展和全面建设小康社会目标的顺利实现。因此，在经济社会发展进程中，要坚持发展的协调性，有效地化解和减少各种社会矛盾，促进社会和谐，为全面建成小康社会提供良好的社会环境。三是要协调好各方面的利益关系，以民生为导向推进社会建设。在社会主义市场经济条件下，利益需求呈现出多元化和多层次化的特征，这就会出现不同利益主体之间的矛盾和对立。因此，在社会建设进程中，要妥善处理好各方面的利益关系，要以最广大人民群众的根本利益为出发点和落脚点，解决好教育、就业、医疗卫生、社会保障、住房、生态环境等问题，使人民群众过上更好生活。四是在经济社会发展的进程中，要处理好改革、发展、稳定的关系，保障社会稳定，促进社会和谐。改革是推动我国经济社会发展的强大动力，维护社会稳定才能不断为改革发展创造有利的条件。因此，必须加强社会建设和创新社会管理，保障社会稳定，促进社会和谐，为进一步深化改革和推动经济社会的健康发展提供有利的社会条件和良好的社会环境。

3. 可持续发展与社会建设

可持续发展是科学发展观的基本要求之一，它是指“发展要有持久性、连续性，不仅当前要发展，而且要保证长远发展。”① 可持续发展要求处理好人与自然之间的关系，为人类社会的发展提供有利的自然条件和良好的生态环境，不仅使当前发展能够顺利实现，而且还要兼顾子孙后代

① 中共中央宣传部：《科学发展观学习读本》，学习出版社2008年版，第37页。

发展的需要，保证发展具有持久性和连续性。在全面建设小康社会的进程中，按照可持续发展的基本要求，加强社会建设需要做到以下几个主要方面：第一，在全面推进社会建设的进程中，要树立尊重自然、顺应自然、保护自然的生态文明理念，把生态文明理念融入社会建设的各方面和全过程。第二，良好的自然环境是人和社会持续发展的基本条件，在社会建设实践中要处理好与自然之间的关系。坚持节约资源和保护环境的基本国策，从源头上扭转生态环境恶化的趋势，从而为社会建设创造良好的生态环境，使社会建设能顺利推进。第三，按照可持续发展的基本要求，在社会体制改革的进程中要加快形成可持续的公共服务体系，进一步加强和创新社会管理，真正做到在服务中实施管理，在管理中体现服务，通过强化社会服务提高社会管理实效。第四，按照可持续发展的基本要求，加快推进以保障和改善民生为重点的社会建设，增强社会保障体系的可持续性，使以保障和改善民生为重点的社会建设持续取得新进展。总之，只有坚持可持续发展的基本要求，才能使社会建设始终充满生机和活力。

二　社会建设与构建社会主义和谐社会

进入21世纪以后，党带领全国各族人民踏上了全面建设小康社会的新征程，并紧紧抓住难得的重要战略机遇期谋发展促发展，使我国经济社会的发展取得了伟大成绩，综合国力显著增强，人民的收入和生活水平有了极大提高。但是，我国在经济社会发展进程中也表现出了明显的不协调性，尤其是对社会发展重视不够，导致社会事业的发展相对滞后。为了抓住机遇、应对挑战，不断地化解矛盾，最大限度地减少不和谐因素，党把构建社会主义和谐社会摆在更加突出的地位。我们要构建的社会主义和谐社会，是经济、政治、文化、社会、生态等各方面全面发展的社会。因此，我们既要从“大社会”着眼，在经济、政治、文化、社会、生态等各个方面落实构建社会主义和谐社会的重要战略任务；又要从“小社会”着手，在改善民生和创新社会管理中加强社会建设，促进社会和谐。在新世纪新阶段，需要弄清楚社会建设与构建社会主义和谐社会之间的关系，以便在构建社会主义和谐社会的历史进程中更加有力地推进社会建设，在加强社会建设的进程中更加有力地推动社会主义和谐社会建设。

（一）社会和谐是当代中国社会建设的目标追求

实现社会和谐是人类不懈追求的一个社会理想。在我国历史上就曾经产生了许多社会和谐的思想。从孔子的“和为贵”到孟子的“老吾老以及人之老，幼吾幼以及人之幼”的社会状态，从太平天国提出的“有田同耕，有饭同食，有衣同穿，有钱同使，无处不均匀，无人不饱暖”的社会状态到康有为在《大同书》中提出的“人人相亲，人人平等，天下为公”的社会状态，都体现出广大人民群众对社会和谐的向往。①

实现社会和谐，是马克思主义者不懈追求的社会理想。在马克思、恩格斯以前的空想社会主义者，就提出了许多社会和谐的思想。法国空想社会主义者傅立叶在《全世界和谐》一文中指出，“和谐制度”必将代替现存的不合理的资本主义制度。英国空想社会主义者欧文以“新和谐”命名在美国印第安纳州进行的共产主义实验。马克思、恩格斯对空想社会主义者关于社会和谐的主张给予肯定，他们在《共产党宣言》中曾明确指出，“它们关于未来社会的积极的主张”就包括“提倡社会和谐”，但马克思、恩格斯同时指出：“这些主张本身还带有纯粹空想的性质。”② 马克思、恩格斯继承了前人合理的思想成果，对未来社会的发展方向作出了科学设想，指明了构建和谐社会的前进方向。他们认为，未来社会将是一个没有阶级之间、城乡之间、脑力劳动和体力劳动之间的差别和对立的社会，是一个人与人、人与自然之间形成和谐关系的社会，是一个实现每个人自由而全面发展的社会。

新中国成立以后，党在实践中不断探索和发展社会主义社会建设理论。以毛泽东、邓小平、江泽民为代表的中国共产党人在社会主义建设实践中提出了许多蕴含社会和谐的思想，为促进社会和谐进行了艰辛探索和不懈努力，取得了重要进展。新世纪新阶段，党根据我国经济社会发展的实际情况，提出了构建社会主义和谐社会的重大战略任务，推动和谐社会建设取得了新的成效。可见，社会和谐是中国特色社会主义的本质属性，实现社会和谐是当代中国社会建设的目标追求。

---

① 参见胡锦涛《在省部级主要领导干部提高构建社会主义和谐社会能力专题研讨班上的讲话》，人民出版社2005年版，第8页。

② 参见《马克思恩格斯选集》第1卷，人民出版社1995年版，第304页。

第一，社会和谐是科学社会主义的价值追求，实现社会和谐是马克思主义的崇高理想。理想和现实存在着一定的差距，但正因为有一定的距离存在，人们对理想充满了向往和期待，从而使理想成为人类生存发展、进取创造的不竭精神动力。社会和谐是人类思想家对未来社会的一种价值理想，这些社会和谐的思想都带有不同时代和提出者阶级地位的烙印。空想社会主义者虽然看到了资本主义社会存在的罪恶，把未来代替资本主义社会的社会主义社会看作是和谐与自由的社会，提倡社会和谐，但是他们没有认识到资本主义社会的本质矛盾，更没有找到实现社会变革的正确途径，导致他们的社会理想只能陷于空想。马克思创立了唯物史观和剩余价值学说，找到了实现社会变革的正确路径，扬弃了空想社会主义而创立了科学社会主义。但是，马克思、恩格斯并没有否定空想社会主义者对未来社会的理想追求，而是从人类社会发展规律的高度论证了社会主义价值理想实现的必然性，并设想未来社会是人与人之间、人与自然之间形成了和谐关系的社会。可见，追求社会和谐，是科学社会主义的内在要求。

第二，实现社会和谐是党的根本宗旨和我国政权性质的鲜明体现。中国共产党在任何时候都把群众利益放在第一位，以实现、维护和发展最广大人民的根本利益为己任。我们的国家是人民民主专政的国家，人民群众是国家的主人。党和国家与人民群众是紧密联系在一起的，人民群众的利益与党和国家的利益具有一致性，这就是我们能够不断促进社会和谐、最终建成社会主义和谐社会的根本政治前提。现阶段，我国在经济社会快速发展的进程中还存在着许多问题和矛盾，这些问题和矛盾在一定程度上影响着我国社会的和谐。因此，必须根据我国经济社会发展的实际情况，充分发挥中国共产党领导和社会主义国家政权的优势，不断促进社会和谐，实现全体人民共享和谐社会的目标。

第三，实现社会和谐是推动中国特色社会主义事业继续前进的需要，是当代中国社会建设的目标追求。进入 21 世纪以后，我国经济社会的发展取得了举世瞩目的成就，综合国力显著增强，人民的生活水平有了较大提高。但是，我们也要清醒地看到面临的严峻挑战。国际上风云变幻，影响世界和谐的不稳定、不确定因素增多；国内利益格局深刻调整，思想观念深刻变化，深层次矛盾逐步显现，影响社会和谐的问题明显增多。如果我们不下决心解决这些影响社会和谐的矛盾和问题，势必会影响社会稳定，制约着经济社会的健康发展。因此，我们必须协调好经济、政治、文化、社会、生态等各方面的关系，大力推进社会主义和谐社会建设，按照五位一体总体布局的要求推动中国特色社会主义事业继续向前发展。同时，要从“小社会”着手，从维护最广大人民根本利益的高度，加快健全公共服务体系，加快推进社会体制改革，解决好人民最关心最直接最现实的利益问题，以进一步促进社会和谐，让人民共享和谐社会的成果。可见，实现社会和谐，努力让人民过上更好生活，是当代中国社会建设的价值追求。

构建社会主义和谐社会是一个随着经济社会的发展而不断推进的很长的历史过程。因此，我们要立足当代中国的实际情况，在推进经济建设、政治建设、文化建设和生态文明建设的同时，扎扎实实地推进社会建设，为实现社会和谐而努力奋斗。要实现社会和谐，在社会建设进程中主要应注意以下几个方面。第一，使各种社会主体能够公平公正地获得资源，并能够在经济社会发展的进程中相互促进、相互制衡。第二，使社会结构具有合理性。要实现社会和谐的目标，人口结构、家庭结构、职业结构、民族结构、阶级结构等社会结构应当合理，这样就会使利益协调、社会管理、社会控制、社会整合比较容易进行，能够较好地维护社会稳定、促进社会和谐。如果社会结构不合理，就会拉大社会距离，扩大社会矛盾，使社会冲突不断，从而影响到社会稳定，不利于社会和谐目标的实现。第三，使社会行为具有规范性。要实现社会和谐的目标，必须具有健全的社会约束机制，规范好社会行为，使社会能够有序运行，从而维护社会的稳定，促进社会健康发展。第四，使利益协调具有有效性。要实现社会和谐的目标，应当具有良好的协调和运筹机制，从维护最广大人民根本利益的高度，综合运用多种手段有效调节不同群体的利益关系，解决好人民最关心最直接最现实的利益问题，努力让人民过上更好生活。

（二）社会建设是构建社会主义和谐社会的基本途径与核心内容

为了实现我国经济社会的协调发展与党和国家的长治久安，在党的十六届四中全会上第一次提出构建社会主义和谐社会的重大战略任务，它涵盖了经济、政治、文化、社会、生态等领域，体现了广大人民群众的根本利益和共同愿望。

从“大社会”着眼，我们所构建的社会主义和谐社会，是经济、政治、文化、社会、生态等方面协调发展的社会。第一，经济建设是构建社会主义和谐社会的基础。在科学发展观指导下构建社会主义和谐社会，必须牢牢抓住经济建设这个中心，创新发展理念、破解发展难题，为社会的和谐发展提供物质基础。第二，政治建设是构建社会主义和谐社会的政治保障。在政治建设进程中坚持中国特色社会主义政治发展道路，不断地扩大社会主义民主，完善社会主义法制，促进社会各阶层、社会各团体之间和谐，这就为构建社会主义和谐社会提供了必要的政治保障。第三，文化建设是构建社会主义和谐社会的灵魂。文化是人与人之间互相联系的精神纽带，是对一定社会发展状态的深层次反映。在构建社会主义和谐社会的历史进程中，文化建设为经济建设、政治建设、社会建设和生态文明建设提供思想保证、精神动力、文化环境和智力支持，是构建社会主义和谐社会的灵魂。第四，社会建设是构建社会主义和谐社会的基本途径与核心内容。社会主义和谐社会建设是一个涵盖经济、政治、文化、社会、生态等各方面在内的范围更为广泛的过程，它落实到中国特色社会主义事业五位一体的总体布局中去。其中，社会建设是构建社会主义和谐社会的基本途径与核心内容，为其他建设提供了有利的社会条件和良好的社会环境。第五，生态文明建设为构建社会主义和谐社会提供了良好的生态环境。自然界是人类社会赖以生存和发展的基本条件。人类社会要实现永续发展，必须要建立在人与自然和谐相处的基础之上。因此，我们在构建社会主义和谐社会的历史进程中，必须树立生态文明理念，努力建设美好中国，为构建社会主义和谐社会提供良好的生态环境。

从“小社会”着手，我们构建的社会主义和谐社会，其基本途径与核心内容是社会建设。所谓社会建设，是指“通过动员社会力量、整合社会资源、协调利益关系、发展社会事业、完善社会功能、健全社会保障、增强社会活力、建立新的体制机制、构建全体人民各尽所能、各得其所而又和谐相处的社会环境，形成与社会主义经济建设、政治建设、文化建设相协调的社会秩序”①。在现阶段的社会建设中，主要涵盖以下几个方面的内容：第一，尽可能地化解经济社会发展进程中出现的各种社会矛盾，解决出现的社会问题，有效整合各种社会关系，促进各种社会力量良性互动。第二，以保障和改善民生为重点，推进社会事业和公共服务的发展，在教育、就业、医疗卫生、社会保障、住房等方面取得新进展，努力

① 梁树发主编：《社会与社会建设》，人民出版社 2007 年版，第 40 页。

让人民过上更好生活。第三，推进社会体制改革，进一步加强社会制度建设，以形成中国特色社会主义社会管理体系，从而提高社会管理科学化水平。

加强社会建设，是构建社会主义和谐社会的基本途径与核心内容，对推动社会主义和谐社会建设具有十分重要的作用。首先，加强社会建设，是全面建设小康社会的必然要求。进入21世纪以后，我国人民生活水平总体上达到小康水平，并在党和政府的领导下踏上了全面建设小康社会的新征程。根据国际经验，在这个特殊的发展阶段，既是一个黄金发展期，又是一个矛盾凸显期。如果处理不好经济社会发展进程中出现的矛盾，就会导致经济发展停滞和社会长期动荡的局面出现；如果能够有效地化解矛盾，就能够使经济社会保持健康发展的势头。可见，我国正处于这一特殊的发展阶段，必须积极应对，化解矛盾，以避免其他国家在这一发展阶段所出现的后果。因此，党提出要进一步加强社会建设，以解决经济社会发展中出现的社会矛盾，激发社会活力，就能抓住这一发展的重要战略机遇期，实现全面建成小康社会的宏伟目标。其次，加强社会建设，是贯彻落实科学发展观的内在要求。改革开放以来，我国经济社会的发展取得了伟大成就，但是我们也应清醒地看到，经济社会发展进程中的不平衡、不协调、不可持续问题突出，社会发展与经济发展相比较为滞后。因此，要深入贯彻落实科学发展观，就必须加强社会建设，解决我国经济社会发展进程中出现的“一条腿长、一条腿短”的问题，从而有利于促进人的自由全面发展和经济社会的全面、协调、可持续发展。最后，加强社会建设，是构建社会主义和谐社会的必然要求。胡锦涛在党的十八大报告中指出：“加强社会建设，是社会和谐稳定的重要保证。”① 因此，在构建社会主义和谐社会的进程中，要把人民群众的利益放在第一位，妥善解决好与人民群众的切身利益息息相关的民生问题，要建立有效的社会管理体制和覆盖城乡、可持续的公共服务体系，加快形成现代社会组织体制和社会管理机制，这样才能激发全社会的创造活力，推动社会进步，从而促进社会和谐，推动社会主义和谐社会建设。在新时期构建社会主义和谐社会，需要我们必须加强社会建设，把社会建设摆在更加突出的位置上来。

---

① 胡锦涛：《坚定不移沿着中国特色社会主义道路前进　为全面建成小康社会而奋斗》，人民出版社2012年版，第34页。

三　改善民生和创新管理：当前社会建设的首要任务

党对社会建设高度重视，以胡锦涛同志为核心的党中央在党的十八大报告中主要从两个方面对当前社会建设的任务进行了部署，一是以保障和改善民生为重点加强社会建设，二是加强和创新社会管理。这两个方面既有机统一，又相辅相成，共同促进社会和谐，维护社会稳定。一方面，要搞好社会管理，就必须解决好与人民群众的切身利益息息相关的民生问题，努力让人民过上更好的生活。只有这样，社会管理的群众基础才会变得更加坚实。另一方面，要加快推进以保障和改善民生为重点的社会建设，就必须加强和创新社会管理。努力做到在管理中体现服务，在服务中实施管理，通过强化社会服务提高社会管理实效，解决好与人民群众的切身利益息息相关的民生问题，不断让人民群众得到实实在在的利益。

（一）以改善民生为重点推进社会建设

民生问题是关系到人民群众的衣食住行、生老病死等日常生活的相关问题，民生问题能否妥善解决与人民群众的幸福生活息息相关。在党的十七大报告中胡锦涛指出："社会建设与人民幸福安康息息相关。必须在经济发展的基础上，更加注重社会建设，着力保障和改善民生。"① 可见，在社会建设进程中改善民生具有重要意义。

第一，以改善民生为重点加强社会建设是中国共产党巩固执政基础的内在要求。中国共产党执政的阶级基础和群众基础是广大人民群众。因此，全心全意为人民服务是中国共产党的根本宗旨。自中国共产党成立以来，就为了人民的解放和中华民族的伟大复兴前赴后继。新中国成立后，中国共产党团结和带领全国人民奋发图强、改革创新，取得了经济社会发展的伟大成就。但是，我们也要清醒地看到，我国在经济社会发展进程中还存在着一些矛盾和问题，尤其是一些关系人民群众切身利益的民生问题的存在，已经影响到经济社会的健康发展。如果这些与人民群众的日常生活息息相关的民生问题解决不好，就会逐步失去人民群众对中国共产党的

① 胡锦涛：《高举中国特色社会主义伟大旗帜　为夺取全面建设小康社会新胜利而奋斗》，人民出版社 2007 年版，第 37 页。

拥护和爱戴，就会逐步削弱中国共产党的执政基础。因此，随着我国生产力水平的明显提高，综合国力显著增强，在已经为解决民生问题奠定了较为坚实的物质基础的条件下，胡锦涛在党的十八大报告中明确指出："加强社会建设，必须以保障和改善民生为重点。"① 可见，党始终把人民群众的根本利益作为自己工作的出发点和落脚点，从教育、就业、医疗卫生、社会保障、住房等方面着手，解决好与人民群众的切身利益息息相关的民生问题。可以说，以改善民生为重点推进社会建设，是中国共产党得到人民群众拥护和爱戴的源泉，也是巩固中国共产党执政基础的内在要求。

第二，以改善民生为重点加强社会建设是全面建设小康社会的应有之义。党的十六大报告提出要在21世纪的头20年，实现全面建设小康社会的"六个更加"目标，其中"社会更加和谐"是更高水平小康社会的应有之义。② 在这里，党把"社会和谐"作为全面建设小康社会奋斗目标的一项重要内容。虽然在党的十六大报告中没有单独提出"社会建设"的命题，但党的十六大报告中包含着丰富的社会建设的内容，如教育落后问题、贫困人口问题、老龄人口比重上升问题、就业问题、社会保障问题等等。③ 在现阶段这些还存在的突出问题，都与社会建设密切相关，许多问题是与人民群众的日常生活息息相关的民生问题。党的十六届四中全会，第一次将党以前有关社会建设和社会管理方面的工作，整合成"社会建设"这一全新概念，并与中国特色社会主义经济建设、政治建设、文化建设相并列。在以夺取全面建设小康社会新胜利为主题的党的十七大报告中，对以改善民生为重点的社会建设作出全面部署。在我国进入全面建成小康社会的决定性阶段，在党的十八大报告中提出必须以保障和改善民生为重点加强社会建设，并指出"要多谋民生之利，多解民生之忧"④。在现阶段，党始终关注着社会建设中的民生问题，民生问题解决得好坏与否，直接关系到全面建成小康社会宏伟目标的实现。

---

① 胡锦涛：《坚定不移沿着中国特色社会主义道路前进 为全面建成小康社会而奋斗》，人民出版社2012年版，第34页。

② 参见江泽民《全面建设小康社会 开创中国特色社会主义事业新局面》，人民出版社2002年版，第19页。

③ 同上书，第18页。

④ 胡锦涛：《坚定不移沿着中国特色社会主义道路前进 为全面建成小康社会而奋斗》，人民出版社2012年版，第34页。

第三，以改善民生为重点加强社会建设是实现社会和谐发展的基础。改革开放以来，经济社会的发展取得了伟大成就，人民生活由贫困经温饱达到了总体小康的水平。但是，我们也应看到，我国在经济社会发展进程中还存在着许多矛盾和问题，其中社会建设严重滞后于经济发展的水平，还不能满足人民群众对民生的需求，如现阶段人民群众对医疗卫生服务水平的需要、对优质教育资源的需求、就业困难、收入差距拉大、住房价格与人民群众的收入不成比例，等等。导致这些民生问题出现的原因大体说来有以下几个方面：一是虽然我国的国民生产总值在世界范围处于第二位，但是人均国民生产总值不高，这就意味着我国的经济发展水平与世界发达国家相比还存在着一定的差距，导致我国在民生方面的投入相对不足，致使民生问题长期得不到有效的解决。二是我国的社会体制机制有待于进一步完善。如自改革开放以来我国的教育投入均存在不足的现象，直到现在这种局面才刚刚扭转。可见，必须建立具有法律保障和约束力的体制机制来保障和改善民生，以加快推进社会建设。如果这些与人民群众的日常生活息息相关的民生问题得不到有效解决，将会导致社会的矛盾冲突，影响到社会的和谐与稳定。可见，民生问题能否妥善解决，直接影响到社会和谐的实现。因此，在党的十七大报告中，胡锦涛提出要加快推进以改善民生为重点的社会建设，并指出“社会建设与人民幸福安康息息相关”①。在党的十八大报告中，胡锦涛指出：“加强社会建设，是社会和谐稳定的重要保证。”② 可见，党已经充分认识到以改善民生为重点加强社会建设是实现社会和谐的基础和重要保证，正在采取有力措施改善民生，逐步满足人民群众对民生的需求，推动社会主义和谐社会建设。

2007 年 10 月 15 日，胡锦涛在党的十七大报告中，一方面，从“大社会”着眼，把“促进社会和谐”作为大会主题的重要内容，将“促进社会和谐”的理念体现到经济建设、政治建设、文化建设、社会建设等各个方面的重大部署之中。另一方面，又从“小社会”着手，对加快推进以改善民生为重点的社会建设进行全面部署。2012 年 11 月 8 日，胡锦

① 胡锦涛：《高举中国特色社会主义伟大旗帜　为夺取全面建设小康社会新胜利而奋斗》，人民出版社 2007 年版，第 37 页。

② 胡锦涛：《坚定不移沿着中国特色社会主义道路前进　为全面建成小康社会而奋斗》，人民出版社 2012 年版，第 34 页。

涛在党的十八大报告中进一步指出，“加强社会建设，必须以保障和改善民生为重点”①，并在我国进入全面建成小康社会决定性阶段，对以改善民生为重点的社会建设进行全面部署。党十分重视以改善民生为重点的社会建设，在现阶段我国应主要从以下几个方面推进以改善民生为重点的社会建设。

第一，坚持教育优先发展，努力办好人民满意的教育。随着经济全球化迅速发展，当今世界的竞争也日趋激烈，这些竞争说到底是民族素质的竞争。这就要求我们要坚持教育优先发展战略，充分发挥教育对提高人的素质的基础性作用。从国内来看，教育对促进经济社会发展、实现社会公平、提高人的素质具有基础性和战略性的作用。人是经济社会发展的实践主体和价值主体。经济社会发展的根本目的是促进人的自由全面发展，同时经济社会发展的核心动力是人。因此，人的素质高低是决定经济社会发展程度的重要因素。而教育则是传承文明、提高国民素质的根本途径。从人民群众的需求来看，随着国际国内竞争加剧，经济社会发展对人的素质的要求越来越高，为了更好地适应当今时代经济社会发展的要求，人民群众越来越需要接受良好的教育以提高自身的素质。人民群众对良好教育的需要是否能够得到满足，与人民群众的切身利益息息相关。我国教育经过几十年的发展，已经为我国经济社会健康发展培养了大量的人才，不断为经济社会发展注入强劲的动力。但是，现阶段要办好人民满意的教育，亟待解决两大问题：一个是提高教育质量问题。党的十八大指出，“全面实施素质教育，深化教育领域综合改革，着力提高教育质量，培养学生社会责任感、创新精神、实践能力”②，并强调要推动高等教育的内涵式发展。这是当代世界经济社会激烈竞争对人才的需要，是我国社会主义现代化建设的需要，也是广大人民群众接受更好教育的需要。另一个是教育公平问题。现阶段，由于经济社会发展的不平衡和城乡差别的存在，我国优质教育资源分布不均，事实上出现了一定程度上教育不公平的现象。为了逐步解决教育公平问题，要合理配置公共教育资源。当然，要解决这些存在的问题，需要我

---

① 胡锦涛：《坚定不移沿着中国特色社会主义道路前进　为全面建成小康社会而奋斗》，人民出版社2012年版，第34页。

② 同上书，第35页。

们政府制定、完善相关的法律、法规和制度，采取切实有效的措施，努力办好人民满意的教育。

第二，坚持就业优先发展战略，实施积极就业政策，推动实现更高质量就业。就业关系到人民群众的切身利益，就业与否直接关系到人民生活水平的提高。就业是民生之本，它与人民群众的切身利益息息相关。现阶段，由于新增劳动力就业与农村富余劳动力的转移、下岗和失业人员的再就业问题相互交织，使我国的就业形势日趋严峻。尤其是近几年从各级各类学校毕业的青年学生的就业问题更是成为社会关注的焦点。一方面，这些青年学生学历层次较高，知识面广，是我国宝贵的人力资源，将会为我国经济社会发展注入新的活力；另一方面，如果这些青年学生的就业问题得不到妥善解决，将会给国家造成一定程度上的人力资源浪费，甚至会在一定程度上对社会稳定造成不利影响。因此，为了解决好就业这一关系到人民群众切身利益的民生问题，我们必须坚持就业优先发展战略，实施积极的就业政策，推动实现更高质量的就业。为此，一是坚持在发展中解决就业问题。科学发展观的第一要义是发展。按照科学发展观的要求，优化经济结构，转变经济发展方式，增加就业岗位。二是转变就业观念，鼓励多渠道多形式就业。实施积极的就业政策，引导劳动者转变就业观念，积极支持自主创业、自谋职业，以创业带动就业。三是健全职业技能培训制度，加强创业培训和再就业培训。通过对全体劳动者的职业技能培训，提高劳动者的整体素质，增强劳动者就业和创业能力，进一步提高就业的稳定性。四是进一步健全和完善就业服务体系和劳动关系协调机制，为劳动者提供就业服务和维护劳动者的合法权益，构建和谐的劳动关系。

第三，深化收入分配制度改革，千方百计增加居民收入。随着我国经济社会快速发展，从整体上看居民收入水平稳步提高。但是，我们也应看到，当前收入分配领域存在的矛盾还比较突出，已经在一定程度上影响到社会和谐。近年来，虽然我国城乡居民收入在稳步增长，但城乡、地区、行业之间的收入差距拉大趋势还未得到根本扭转，尤其是一些特殊行业的收入过高，分配秩序较为混乱，已经引起社会广泛关注。如果这些问题长期得不到解决，就会挫伤广大劳动者的积极性，影响社会的团结和稳定。收入分配问题已经成为人民群众非常关注的民生问题，它直接影响到人民群众生活水平的提高。要解决好这一事关人民群众根本利益的民生问题，应注意以下几个方面：一是随着经济的发展，要逐步提高居民收入水平。

党的十八大报告提出“两个同步”和“两个提高”①，为提高居民的收入水平从政策层面给出指导性意见。可见，随着我国经济社会的快速发展，党和政府对增加居民收入的民生问题作出了总体部署。二是在经济发展基础上，更加注重社会公平。在收入分配制度改革中，要兼顾效率和公平，处理好在分配过程中效率和公平的关系。胡锦涛在党的十八大指出，“初次分配和再分配都要兼顾效率和公平，再分配更加注重公平”②；并指出要健全税收、社会保障、转移支付等调节机制，努力保障社会公平。三是要千方百计增加居民收入，逐步扭转收入差距拉大的趋势。要多渠道增加居民收入，尤其是要增加低收入者的收入，努力提高居民的收入水平。同时，要规范收入分配秩序，调节过高收入，取缔非法收入。

第四，统筹推进城乡社会保障体系建设，保障人民基本生活。社会保障以缩小社会不公平和确保社会公平为职责，以调节收入分配差距、改善民生为出发点与基本目标，它与人民群众的幸福安康息息相关。健全的社会保障体系是市场经济发展的推进器，也是社会和谐稳定的调节器和稳定器，它在保障人民群众基本生活、调节收入分配、维护社会稳定等方面，具有十分重要的作用。党的十六大以来，我国社会保障体系建设取得了显著成绩，全体人民群众享受医疗保险基本实现，初步建立了城乡基本医疗卫生制度，基本解决了人民群众看病难、看病贵的问题；基本建立了覆盖城乡的基本养老保险制度，基本形成了新型社会救助体系；为解决一部分低收入者的住房困难问题，积极推进保障房建设。但是，我们也应看到，我国的社会保障体系初步建立，仍不完善，存在许多亟待解决的问题，如统筹层次低，机制不够健全，保障水平还不高等。目前，为了统筹推进城乡社会保障体系建设，使全体人民有基本的生活保障，无后顾之忧，主要应注意以下几个方面：一是提高统筹水平，扩大社会保障基金的筹资渠道，加强基金监管，并确保基金安全和保值增值。二是要坚持全覆盖、保基本、多层次、可持续方针，全面推进城乡社会保障体系建设。三是将社

---

① “两个同步”和“两个提高”是指努力实现居民收入增长和经济发展同步、劳动报酬增长和劳动生产率提高同步，提高居民收入在国民收入分配中的比重，提高劳动报酬在初次分配中的比重。胡锦涛：《坚定不移沿着中国特色社会主义道路前进　为全面建成小康社会而奋斗》，人民出版社2012年版，第36页。

② 胡锦涛：《坚定不移沿着中国特色社会主义道路前进　为全面建成小康社会而奋斗》，人民出版社2012年版，第36页。

会保险与社会救助、社会福利、慈善事业和优抚安置工作结合起来，增强整体保障效应，在更大范围内保障人民群众特别是社会困难群体的基本生活。

第五，加强医疗卫生服务，提高人民健康水平。不断提高人民群众健康水平是促进人的自由全面发展的必然要求，它与人民群众的生活密切相关。提高人民群众的健康水平，需要进一步深化医疗卫生体制改革，推动卫生事业全面发展。改革开放以来，我国医疗卫生事业得到较快发展，人民健康水平不断得到提高。尤其是进入21世纪以后，我国进一步深化医疗卫生体制改革，并取得显著成绩。目前，已经基本实现全民医保，初步建立城乡基本卫生制度，基本上缓解了看病难、看病贵问题。但是，我们也应看到，在医疗卫生事业的发展中还存在许多不足，如优质医疗资源分布不均问题、食品药品安全问题、因病致贫和因病返贫问题，等等。为了不断提高人民健康水平，促进人的自由全面发展，现阶段需要进一步深化医疗卫生体制改革，加强医疗卫生服务。因此，针对目前医疗卫生事业发展中存在的不足，我们应注意以下几个方面：一是按照保基本、强基层、建机制的要求，深化医疗卫生体制改革，为广大人民群众提供安全有效、方便、价廉的医疗卫生服务，着力提高人民健康水平。二是采取有力措施，提高基层医疗服务水平。在健全农村医疗卫生服务网络条件下，采取多种措施提高农村医疗卫生队伍的服务能力。三是进一步健全食品药品监管体制机制，确保人民群众的食品药品安全。四是在医疗保险全覆盖条件下，逐步提高医疗保险报销比例，并建立重特大疾病的保障和救助机制，防止因病致贫、因病返贫的现象发生。

（二）在创新社会管理中加强社会建设

社会管理，是指通过社会专门组织及其成员自觉地、有目的地对社会系统、社会组织、社会结构和社会过程施加影响的活动，它通过调节社会共同体之间的关系，以达到保障社会进步和安定和谐的目的。[①] 现阶段，加强和创新社会管理，促进社会和谐，是进一步加强社会建设的内在要求。

自新中国成立以来，我国积极探索适应国情的社会管理方式，并取得

① 参见李善峰等著《科学发展观·社会建设论》，山东人民出版社2008年版，第206页。

重大成绩，为我国进一步创新社会管理积累了宝贵经验。我国的社会管理总体上是适应我国国情的。但是，随着经济社会不断发展，尤其是随着工业化、信息化、城镇化和农业现代化进程的不断加快，我国利益格局深刻调整、思想观念深刻变化，同时社会结构、社会组织形式也发生深刻变动，给我国的社会管理带来了许多新问题。为了解决我国社会管理领域内存在的问题，需要进一步加强和创新社会管理，全面提高社会管理科学化水平。

2011 年 2 月，胡锦涛总书记明确提出建设中国特色社会主义社会管理体系的目标。为了实现社会管理的根本目的，就要深入认识新形势下社会管理规律，进一步加强和创新社会管理，加快构建中国特色社会主义社会管理体系，以解决社会管理领域中存在的问题和矛盾，进一步促进社会和谐。党的十八大进一步指出，要围绕构建中国特色社会主义社会管理体系，加快形成社会管理领域内的相关体制机制，以促进社会和谐，维护社会稳定。因此，加强社会建设，必须进一步加强和创新社会管理，构建中国特色社会主义社会管理体系。

第一，发挥各方优势，加快形成社会管理体制。胡锦涛在党的十八大报告中提出，要“加快形成党委领导、政府负责、社会协同、公众参与、法治保障的社会管理体制”①。按照党的十八大提出的要求，党委在社会管理体制中处于领导核心地位，发挥总揽全局、协调各方的领导作用。政府在党委的领导下具体负责社会管理的各项事务。因此，要改革和创新政府负责的管理体制，建设服务型政府。社会组织协同政府按照民主协商、平等合作、互惠互利的关系执行一部分社会管理任务，形成一个多元的社会管理网络体系。公民是社会的主体，是社会管理的重要力量。要充分发挥公民的主人翁作用，提高公民参与社会建设和管理的程度。要建立健全适应我国国情的社会管理的相关法律法规，使国家机关、企事业单位、民间组织以及社会公众能按照相关法律法规承担在社会管理中的责任，依法完成社会管理的相关任务。因此，社会管理的各方要发挥优势，创新社会管理，充分调动社会管理各方面的积极性、主动性和创造性，加快形成党委领导、政府负责、社会协同、公众参与、法治保障的社会管理体制。

---

① 参见胡锦涛《坚定不移沿着中国特色社会主义道路前进 为全面建成小康社会而奋斗》，人民出版社 2012 年版，第 34 页。

第二，全面推进社区建设，加快形成基本公共服务体系。随着改革的不断深化，社会流动逐步加快，社区已成为社会的基本单位。在城市，由于越来越多的社会成员由“单位人”变成“社会人”，城市社区已成为各种社会群体的聚集点，是社会动态的观察点和社会管理的第一线。只有把城市社区的工作做好，社会管理的各项任务才能真正落到实处。在农村，由于城乡发展不平衡的影响，存在许多影响社会和谐的问题和矛盾。因此，就有必要把农民群众动员组织起来，而农村社区建设则是一个有效的抓手。通过农村社区建设，不仅可以推动社会主义新农村建设，可以扩大基层民主、完善村民自治，还可以提高农民群众的生活质量和文明程度。加强基层社会管理和服务体系建设，增强城乡社会服务功能，加快形成一个“政府主导、覆盖城乡、可持续的基本公共服务体系”①，对推动社会主义和谐社会建设具有重要作用。

第三，健全社会组织，形成现代社会组织体制，增强服务社会功能。在我国，社会组织主要是指民间组织，一般是由民间设立的从事社会公益和互益活动的非营利性组织。随着我国经济社会的快速发展，社会组织已经成为改革开放和建设和谐社会的客观要求。但是，与社会转型期间我国经济社会发展的需求相比，我国还需要进一步重视社会组织的建设和管理。具体说来，我国社会组织存在以下几个主要问题：一是由于一些社会组织的制度建设不完善，相关法律法规又没有明确要求，使这些社会组织各行其是、无所适从。二是由于一些社会组织缺乏明确的理念和强烈的使命感，致使这些社会组织自我发展的能力较为低下。三是有一部分社会组织是通过获取自上而下的资源建立和发展起来的，在观念、组织、管理体制等各方面都依赖于政府，因而这些社会组织的独立性严重不足。因此，我国必须加强社会组织的建设和管理，增强社会组织服务社会的功能。为此，我们在建设社会组织时要注意以下几个方面：一是转变社会组织是政府隶属单位的传统观念，树立社会组织与政府之间平等合作的观念，真正做到政社分开，使社会组织能够独立开展自己的活动。二是政府应主动将微观管理的一些职能交还给社会组织，并明确社会组织与政府之间的权限、职责和关系。三是要建立健全与社会组织有关的法律法规，使社会组

① 胡锦涛：《坚定不移沿着中国特色社会主义道路前进　为全面建成小康社会而奋斗》，人民出版社2012年版，第34页。

织能够按照法律法规履行自己的职责。同时，引导各类社会组织加强自身建设，提高自律性和诚信度。总之，我们必须在创新社会管理的进程中加快形成“政社分开、权责明确、依法自治的现代社会组织体制”①，以进一步增强各类社会组织服务社会的功能。

第四，完善应急管理机制，加强社会治安综合治理，加快形成有效的社会管理机制。现阶段，是我国经济社会发展的一个重要战略机遇期，同时也是一个矛盾凸显期。当前，在经济社会发展进程中，影响社会和谐稳定的社会问题和社会矛盾明显增多，安全生产、社会治安、执法司法等关系群众切身利益的问题较多，给我国社会管理带来了巨大的压力。尤其是在我国进入全面建成小康社会决定性阶段的关键时期，加强和创新社会管理，维护社会和谐稳定具有重要意义。因此，我们要进一步加强社会治安综合治理，完善应急管理机制，加快形成有效的社会管理机制。为此，我们应主要做好以下几个方面的工作：一是认真分析社会问题和矛盾产生的原因，以便从源头上正确处理和化解社会矛盾。二是建立健全维护人民群众权益的机制，畅通和规范群众维护自己权益的渠道。三是建立健全应对各类突发公共事件的应急管理机制，提高政府应对公共危机的能力。四是进一步深化平安建设，加强和完善立体化的治安防控体系，保障人民生命财产安全。总之，我们要在推进社会体制改革中进一步创新社会管理，加快形成“源头治理、动态管理、应急处置相结合的社会管理机制”②，以确保社会和谐稳定的大局，为我国经济社会又好又快发展提供良好的社会环境。

加强和创新社会管理，促进社会和谐，是全面建成小康社会的基本条件，也是构建社会主义和谐社会的必然要求。现阶段，进一步加强和创新社会管理，需要处理好社会管理与群众工作之间的关系，与以民生为重点的社会建设之间的关系。首先，要处理好加强和创新社会管理与群众工作之间的关系。高度重视群众工作，在思想上尊重群众、感情上贴近群众、工作上依靠群众，这是由中国共产党的性质和根本宗旨决定的。社会管理的最终目标是为了促进人的自由全面发展。正如胡锦涛所强调的那样，

① 胡锦涛：《坚定不移沿着中国特色社会主义道路前进　为全面建成小康社会而奋斗》，人民出版社2012年版，第34页。

② 同上。

“社会管理，说到底是对人的管理和服务”①。可见，搞好社会管理，关键在于做好新形势下的群众工作。因此，在加强和创新社会管理的过程中，要坚持党的群众路线，发挥人民群众的首创精神，充分调动广大人民群众的积极性、主动性和创造性，紧紧依靠人民群众加强和创新社会管理，促进社会和谐，为经济建设、政治建设、文化建设、生态文明建设提供有利的社会条件和良好的社会环境。其次，要处理好加强和创新社会管理与以民生为重点的社会建设之间的关系。现阶段，社会建设主要包括两个大的方面，一个是社会管理，一个是以民生为重点的社会建设。这两个主要方面相辅相成、有机统一，共同推动社会主义和谐社会建设。一方面，抓好以民生为重点的社会建设，为搞好社会管理奠定坚实的群众基础。以民生为重点的社会建设搞好了，妥善解决好与人民群众息息相关的利益问题，提高人民群众的物质文化生活水平，就会为进一步加强和创新社会管理奠定坚实的群众基础。另一方面，加强和创新社会管理，就会进一步促进以民生为重点的社会建设的开展。2011 年 2 月，胡锦涛提出要建设中国特色社会主义社会管理体系的目标。这就需要我们进一步加强和创新社会管理，加快形成新形势下社会管理的体制机制。这些社会管理的体制机制建立健全后，将会更好地服务于以民生为重点的社会建设，最大限度地减少教育、就业、居民收入、医疗卫生、社会保障、住房保障等关系到人民群众切身利益的不和谐因素，有力推动社会主义和谐社会建设。

① 李章军：《扎扎实实提高社会管理科学化水平　建设中国特色社会主义社会管理体系》，《人民日报》2011 年 2 月 20 日第 1 版。

结 语

中国是世界上最大的发展中国家，这就意味着我国与发达国家相比还存在着不小的差距，还仍然落后于发达国家。落后不是一件好事，但承认落后才能走出落后。我国不仅可以吸纳发达国家在社会发展进程中所取得的先进成果尽快发展自己，而且可以汲取它们在社会发展进程中的经验和教训，结合我国实际走出一条具有中国特色的社会发展道路。迄今为止，西方学者在社会发展理论的研究方面取得了不少成果，其中固然有许多精辟的思想应当吸收和借鉴，但西方的社会发展理论大都是依据西方发展的模式而建立的，并不能完全回答人类所面临的众多问题。因此，我们不能按照西方的社会发展理论来对待中国问题，而要遵循人类社会发展规律，顺应当代中国社会发展的要求，努力寻求和创造适应时代要求、符合当代中国经济社会发展实际情况的新的理论逻辑和发展理论。科学发展观是关于发展的世界观和方法论的集中体现，是马克思主义同当代中国实际和时代特征相结合的产物。科学发展观吸纳了西方社会发展理论的合理成分，汲取了西方社会发展的经验和教训，是在总结和概括当代中国社会发展实践经验的基础上，顺应当代中国社会发展的新要求而提出来的，它是指导我国社会发展必须长期坚持的指导思想。在深入贯彻落实科学发展观的实践中，我国经济社会的发展取得了显著成就，同时也在实践中进一步丰富和发展了马克思主义社会发展理论。

本书在分析和整合国内学者对社会发展理论研究成果的基础上，借鉴和汲取国外社会发展理论的合理内容和有益成果，在贯彻落实科学发展观的新实践基础上，从人的发展理论、社会转型理论、社会发展阶段理论、社会发展动力理论、社会建设理论等方面揭示出当代中国社会发展理论所取得的新发展。在贯彻落实科学发展观的新实践基础上，当代中国社会发展理论所取得的新发展的主要内容如下。

第一，人的自由全面发展是当代中国社会发展的价值追求。新中国成立以后，以毛泽东、邓小平、江泽民为代表的中国共产党人在不同的历史发展阶段对人的发展思想进行阐述，提出了很多宝贵的思想。但是，在经济社会发展的实践中，一些地区和部门过于注重经济增长，而对人的发展有所忽视，人越来越被技术及其物化的结果所遮蔽。因此，以胡锦涛同志为核心的党中央提出了以人为本的科学发展观与构建社会主义和谐社会的重大战略任务，指出当代中国经济社会发展的价值追求是为了人的自由全面发展。科学发展观的以人为本是一种全新的社会发展理念，体现了人类社会发展的实践主体和价值主体的高度统一，蕴涵着人是经济社会发展的前提、目的、动力、标准等丰富内容。科学发展观也蕴含着人的自由全面发展意义，促进人的自由全面发展是科学发展观的目的。随着科学发展观的贯彻落实，将会不断地促进人的自由全面发展。同时，为了化解社会发展与人的发展之间的矛盾，在新时期新阶段党提出了构建社会主义和谐社会的重大战略任务，指出社会和谐是中国特色社会主义的本质属性。在构建社会主义和谐社会的进程中，要不断地促进人的自由全面发展，这是人类社会发展终极价值追求的具体体现。在现阶段，就是要努力促进人与自然的和谐发展、人与社会的和谐发展、人与人的和谐发展以及人自身的和谐发展。可见，在当代中国社会发展进程中不断地促进人的自由全面发展，才能使人的自由全面发展和社会的全面进步在全面建设小康社会的历史进程变得更为明晰和具体。

第二，当代中国社会转型呈现出人本性、整体性与和谐性的特征。现阶段，当代中国经济社会的发展正处于一个特殊的转型时期。从经济社会形态的视角看，当代中国处于从高度集中的社会主义计划经济体制向社会主义市场经济体制转换的特殊时期。当前，我国社会主义市场经济体制改革正进入了一个攻坚克难的关键时期，许多深层次的矛盾和问题都先后暴露出来，如不妥善予以解决，将会影响我国经济社会的健康发展。从技术社会形态的视角看，当代中国处于从农业社会向工业社会和信息社会转型的时期。这就意味着我国要在一个相对集中的时间段完成其他发达国家在很长的历史时期完成的工业化任务，并要尽可能多地吸收信息革命的成果，加快推进我国社会现代化的进程。在这个特殊的转型时期，我国经济社会发展进程中的矛盾和问题就集中凸显出来，如不妥善应对，将会延缓我国社会现代化的进程。为了顺应转型期当代中国经济社会发展的新要求，党提出了以人为本、全面协调可持续的科学发展观与构建社会主义和谐社会的重大战略任务，使当代中国社会转型呈现出新的特点和发展趋势。一是社会转型的人本性。我国正处于双重转型的特殊阶段，其社会转型的跨度大，面对的矛盾和问题也相对集中，影响和制约了经济社会的健康发展，进而阻碍了人的自由全面发展的实现。为此，在当代中国社会转型的特殊时期，必须从以物为本的社会发展理念向以人为本的社会发展理念转变，将以人为本的社会发展理念贯彻到社会转型的各个方面中去，使当代中国社会转型呈现出人本性的特征。二是社会转型的整体性。当代中国社会转型是一个整体性的社会发展过程，它涵盖了经济层面的转型、政治层面的转型、文化层面的转型、社会层面的转型和生态层面的转型等几个方面。这几个方面既相互促进又相互制约，共同推动当代中国社会转型的历史进程，从而促进整个经济社会全面发展、协调发展、可持续发展。三是社会转型的和谐性。随着经济社会的快速发展，我国社会和谐的程度越来越高。虽然我国社会总体上是和谐的，但我国正处于一个特殊的社会转型时期，各种影响社会和谐的矛盾和问题集中凸显出来，影响和制约我国经济社会的健康发展。因此，党提出构建社会主义和谐社会的重大战略任务，在社会转型进程中促进社会和谐，化解转型期内出现的矛盾和问题，使当代中国社会转型呈现出和谐性的特征。总之，在当代中国社会转型期，要在科学发展观的指导下，按照社会转型的人本性、整体性、和谐性的要求，使当代中国社会转型呈现出崭新的面貌和发展趋势，推动转型期当代中国经济社会健康发展。

第三，对当代中国社会发展进入全面建设小康社会发展阶段的认知。厘清当代中国社会发展阶段的特征，弄清楚当代中国社会所处的发展阶段，对明确当代中国社会发展的历史任务，化解当代中国社会发展所面临的矛盾，促进当代中国社会科学发展具有重要意义。在借鉴和吸收西方思想家关于人类社会发展阶段划分思想的合理因素基础上，根据马克思主义社会形态划分理论和马克思主义经典作家关于未来社会发展阶段的构想，我国处于不发达的社会主义阶段，即社会主义初级阶段。从纵向看，我国已经进入了社会主义社会，但处于不发达的社会主义阶段。从经济社会形态的视角看，我国正处于社会主义市场经济体制改革进一步深化的阶段。从技术社会形态的视角看，我国又处于从农业社会向工业社会转型的后期。从横向看，我国所处的社会发展阶段与西方发达国家所处的发展阶段相比有优势也有劣势。从经济社会形态的视角看，虽然我国处于社会主义初级阶段，但我国毕竟已经进入了社会主义社会，与西方发达国家相比在社会类型上具有优越性。但是，由于历史原因我国生产力水平落后于西方发达国家，我国在经济社会的发展进程中还必须吸收西方发达国家所取得的积极成果。从技术社会形态的视角看，世界上的发达资本主义国家已完成了从农业社会向工业社会的转型，现在已经进入了信息社会。而我国正处于从农业社会向工业社会和信息社会转型的特殊发展阶段，必须要把工业化和信息化的双重任务浓缩起来，走出一条具有中国特色的新型工业化道路。基于当代中国社会发展阶段的特征和发展趋势，党根据生产力发展状况和人民生活的改善程度，在社会主义初级阶段提出了“三步走”发展战略和全面建设小康社会的宏伟目标。江泽民在党的十六大报告中指出：“当人类社会跨入二十一世纪的时候，我国进入了全面建设小康社会、加快推进社会主义现代化的新的发展阶段。”[①] 并认为 21 世纪头 20 年是实现第三步战略目标必经的承上启下的发展阶段。可见，全面建设小康社会阶段是在社会主义初级阶段内当代中国现代化建设的新阶段，全面建设小康社会的提出进一步深化了社会主义初级阶段理论。

第四，对推动当代中国社会科学发展的动力因素及其运行机制的新认识。马克思在科学实践观基础上，揭示出人类社会发展的根本动力是生产力与生产关系、经济基础与上层建筑之间的矛盾运动，生产力是其中最为根本的动力，从而实现了人类社会发展动力理论的革命性变革。在 19 世纪 90 年代，恩格斯对马克思主义社会发展动力理论进行阐述，提出合力理论。新中国成立以后，党在继承马克思主义社会发展动力理论基础上，根据我国不同发展阶段的具体情况，提出了矛盾动力论、改革动力论和创新动力论等。胡锦涛根据我国经济社会进入新世纪新阶段后出现的新特点，提出科学发展观与构建社会主义和谐社会的重大战略任务，以推动当代中国经济社会科学发展，促进社会和谐。现阶段，坚持以人为本的科学发展观，就将马克思主义社会发展目的论和社会发展动力论有机统一起来。在推动当代中国经济社会科学发展的动力系统中，生产力与生产关系、经济基础与上层建筑之间的矛盾运动仍然是推动当代中国经济社会科

---

① 江泽民：《全面建设小康社会　开创中国特色社会主义事业新局面》，人民出版社 2002 年版，第 1 页。

学发展的根本动力，改革和科学技术是推动当代中国经济社会科学发展的直接动力，“五位一体”是推动当代中国经济社会科学发展的合力。“五位一体”的各部分并非简单的毫无联系的方面，而是具有内在联系的有机整体。它们共同作用，形成一个推动当代中国社会科学发展的合力。“五位一体”是中国特色社会主义事业总体布局的一个开放系统，也是推动当代中国社会科学发展的开放动力系统。它一定还包含着其他一系列推动当代中国社会科学发展的因素，如人民群众物质文化生活需要、体制创新与社会和谐等。这些具体的动力因素在驱动机制的作用下，展开为不同的驱动过程，形成一个个推动当代中国经济社会科学发展的动力。由于这些动力具有多向性和多样性的特点，就需要一种整合机制将这些不同的趋向和力量统一起来，形成一种积极的合力推动当代中国经济社会科学发展。

第五，坚持以人为本，在改善民生和创新管理中推进社会建设。党的十六大以来，我国在全面建设小康社会的实践中，提出科学发展观与构建社会主义和谐社会的重大战略任务，使对社会建设理论的探索和实践发展到一个新的阶段，进一步丰富和发展了马克思主义社会建设理论。在科学发展观指导下，在当代中国的社会建设中要坚持以人为本的价值取向，将以人为本的理念渗透到就业、教育、医疗卫生、社会保障、居民收入、社会管理等方面中去。同时，要按照全面协调可持续发展的要求，处理好现代化建设中各方面的关系，在当代中国经济社会发展进程中不断地推动社会建设向前发展。在构建社会主义和谐社会进程中，社会建设是构建社会主义和谐社会的基本途径与核心内容，促进社会和谐是当代中国社会建设的目标追求。因此，要从“小社会”着手，推动社会建设与经济建设、政治建设、文化建设、生态文明建设协调发展，以进一步促进社会的和谐稳定。现阶段，就是要进一步改善民生和创新社会管理，这是当前社会建设的首要任务。一是要进一步加强教育、就业、居民收入、社会保障、医疗卫生等领域的民生建设，这是当前社会建设的重点任务，它与最广大人民群众的切身利益息息相关；二是要加强和创新社会管理，加快形成新形势下社会管理的体制机制，建设中国特色社会主义社会管理体系。这两个方面既有机统一，又相辅相成，共同推动社会主义和谐社会建设。

在科学发展观指导下，当代中国经济社会的发展取得显著成绩。根据贯彻落实科学发展观的新实践，本书从人的发展、社会转型、社会发展阶段、社会发展动力、社会建设等方面挖掘和梳理出当代中国社会发展理论所取得的新进展，从而丰富和发展了马克思主义社会发展理论。挖掘和梳理出的当代中国社会发展理论所取得的新进展，既是对当代中国贯彻落实科学发展观实践经验的总结和概括，也是对马克思主义社会发展理论的继承和发展，它对全面建成小康社会，不断夺取中国特色社会主义新胜利具有重要的理论意义和实践意义。

本书在对国内外社会发展理论已有研究成果进行分析和整合的基础上，根据贯彻落实科学发展观的新实践，初步理清了当代中国社会发展理论的逻辑体系。要厘清科学发展观视域下当代中国社会发展理论的逻辑体系，至少要弄清楚科学发展观视域下人的发展问题、社会转型问题、社会发展阶段问题、社会发展动力问题、社会建设问题。科学发展观的核心是以人为本，人的自由全面发展是当代中国社会发展的价值追求。当代中国社会正处于一个特殊的社会转型阶段，必须要弄清楚当代中国社会转型期社会发展的特点和趋势，以推动当代中国经济社会的健康发展，从而促进人的自由全面发展。同时，为了在新时期新阶段有力促进人的自由全面发展，必须弄清楚当代中国社会正处于一个什么样的发展阶段，以明确现阶段当代中国社会发展的历史任务，在推动当代中国社会科学发展的历史进程中促进人的自由全面发展。在厘清社会转型期当代中国社会发展的特点和趋势与当代中国社会所处的发展阶段基础上，还要对推动当代中国社会科学发展的动力系统和运行机制进行分析，以揭示出推动当代中国社会科学发展的具体动力因素以及这些具体动力因素是怎样发生作用的。在新时期新阶段，由于我国处于一个特殊的发展阶段，各种社会矛盾和问题交织在一起，在不同程度上影响了当代中国社会的健康发展。因此，怎样加强社会建设就成了当代中国社会发展进程中必须面对的一个重要课题。除了人的发展、社会发展阶段、社会转型、社会发展动力、社会建设等问题以外，当代中国社会发展还涉及别的一些问题。但上述问题应该看作是当代中国社会发展理论研究所应该涉及的一些最主要的问题。这些问题是十分紧密地相互联系着的，而不是相互隔绝和孤立地存在的。因此，在当代中国社会发展进程中，对这些问题进行研究和探讨，便形成了当代中国社会发展理论所应该具有的最基本的逻辑体系。

本书从人的发展理论、社会转型理论、社会发展阶段理论、社会发展动力理论、社会建设理论等五个方面挖掘和梳理了当代中国社会发展理论在科学发展观提出以后所取得的新进展，取得了一定的研究成果。但是，本书的研究仍然存在许多不足之处，有待于进一步深入研究。不足之处主要有以下两个方面：第一，在科学发展观视域下当代中国社会发展理论所取得的新进展，本书主要从人的发展理论、社会转型理论、社会发展阶段理论、社会发展动力理论、社会建设理论等五方面入手进行挖掘和梳理，而对社会发展理论其他方面所取得的新进展则没有进行较为深入地研究，如公平与效率问题、全球化问题，等等。因此，本书的研究还只是初步的，只能起一个抛砖引玉的作用。第二，本书在科学发展观提出以后对人的发展理论、社会转型理论、社会发展阶段理论、社会发展动力理论、社会建设理论等五个方面所取得的新进展进行挖掘和梳理时，由于本人的学识有限，在贯彻落实科学发展观的实践基础上，挖掘当代中国社会发展理论所取得的新进展的深度还不够，还有待于进一步深入研究下去。

改革开放以来，中国经济社会的发展取得了伟大成就。尤其是进入21世纪以后，随着科学发展观的提出，当代中国经济社会发展呈现出新的面貌。与中国改革开放以来经济社会发展的实践，尤其是贯彻落实科学发展观的新实践相适应，不少学者提出了建构具有中国特色的马克思主义社会发展理论的任务。但是，建构具有中国特色的马克思主义社会发展理论是一项包含着理论创新和实践创新在内的重要而艰巨的任务，如何去建构这一理论学者们还处于探索阶段。因此，本书从贯彻落实科学发展观的实践出发，揭示出人的发展理论、社会转型理论、社会发展阶段理论、社会发展动力理论、社会建设理论等方面所取得的新进展，形成了一个相对完整的当代中国社会发展理论的基本框架，为更深入更系统地建构具有中国特色的马克思主义社会发展理论奠定了一定的基础。党的十八大指出，“我国进入全面建成小康社会的决定性阶段，要在理论与实践上为全面建成小康社会做好准备，并进而为新中国成立一百年时建成富强民主文明和谐的社会主义现代化国家做好理论与实践上的准备。为此，本书的现有研究成果将成为我今后继续研究的起点，在中国特色社会主义建设新的实践基础上，更深入更系统地研究当代中国社会发展理论所取得的新进展，为建构具有中国特色的马克思主义社会发展理论准备条件。

参考文献

一　著作类

1.《马克思恩格斯选集》第1—4卷，人民出版社1995年版。
2.《马克思恩格斯全集》第25卷，人民出版社1974年版。
3.《马克思恩格斯全集》第30卷，人民出版社1995年版。
4.《马克思恩格斯全集》第39卷，人民出版社1974年版。
5.《马克思恩格斯全集》第42卷，人民出版社1979年版。
6.《马克思恩格斯全集》第46卷（上），人民出版社1979年版。
7.《马克思恩格斯全集》第46卷（下），人民出版社1980年版。
8.《马克思恩格斯文集》第1卷，人民出版社2009年版。
9.《列宁选集》第1—4卷，人民出版社1995年版。
10.《毛泽东选集》第1—4卷，人民出版社1991年版。
11.《毛泽东选集》第5卷，人民出版社1977年版。
12.《毛泽东文集》第7卷，人民出版社1999年版。
13.《毛泽东文集》第8卷，人民出版社1999年版。
14.《邓小平文选》第1卷，人民出版社1994年版。
15.《邓小平文选》第2卷，人民出版社1994年版。
16.《邓小平文选》第3卷，人民出版社1993年版。
17.《江泽民文选》第1—3卷，人民出版社2006年版。
18. 江泽民：《全面建设小康社会　开创中国特色社会主义事业新局面》，人民出版社2002年版。
19. 胡锦涛：《高举中国特色社会主义伟大旗帜　为夺取全面建设小康社会新胜利而奋斗》，人民出版社2007年版。

20. 胡锦涛：《坚定不移沿着中国特色社会主义道路前进　为全面建成小康社会而奋斗》，人民出版社 2012 年版。
21. 《毛泽东邓小平江泽民论青少年和青少年工作》，中央文献出版社、中国青年出版社 2000 年版。
22. 《邓小平思想年谱（1975—1997）》，中央文献出版社 1998 年版。
23. 中共中央文献研究室：《邓小平年谱（1975—1997）》（下），中央文献出版社 2004 年版。
24. 《江泽民论有中国特色社会主义（专题摘编）》，中央文献出版社 2002 年版。
25. 胡锦涛：《在省部级主要领导干部提高构建社会主义和谐社会能力专题研讨班上的讲话》，人民出版社 2005 年版。
26. 中共中央文献研究室：《三中全会以来重要文献选编》（下），人民出版社 1982 年版。
27. 中共中央文献研究室：《十三大以来重要文献选编》（上），人民出版社 1991 年版。
28. 中共中央文献研究室：《十五大以来重要文献选编》（上），人民出版社 2000 年版。
29. 中共中央文献研究室：《十六大以来重要文献选编》（上），中央文献出版社 2005 年版。
30. 中共中央文献研究室：《十六大以来重要文献选编》（中），中央文献出版社 2006 年版。
31. 《中国共产党第十六届中央委员会第六次全体会议文件汇编》，人民出版社 2006 年版。
32. 《政府工作报告——2012 年 3 月 5 日在第十一届全国人民代表大会第五次会议上》，人民出版社 2012 年版。
33. 鲍宗豪主编：《当代社会发展导论》，华东师范大学出版社 1999 年版。
34. 鲍宗豪、张华金等著：《科学发展观论纲》，华东师范大学出版社 2004 年版。
35. 邴正著：《发展与文化——马克思主义辩证法与当代社会转型分析》，吉林大学出版社 2008 年版。
36. 陈先达：《走向历史的深处——马克思历史观研究》，上海人民出版社 1987 年版。

37. 陈晏清主编：《当代中国社会转型论》，山西教育出版社 1998 年版。
38. 程新英著：《发展的意蕴——发展观的历史嬗变与科学发展观的当代价值》，中国社会科学出版社 2006 年版。
39. 陈志尚主编：《人的自由全面发展论》，中国人民大学出版社 2004 年版。
40. 范燕宁等著：《新时期中国发展观——兼与当代国外发展观的比较研究》，首都师范大学出版社 1999 年版。
41. 丰子义著：《现代化的理论基础——马克思现代社会发展理论研究》，北京大学出版社 1995 年版。
42. 丰子义著：《发展的反思与探索——马克思社会发展理论的当代阐释》，中国人民大学出版社 2006 年版。
43. 丰子义著：《发展的呼唤与回应——哲学视野中的社会发展》，北京师范大学出版社 2009 年版。
44. 高清海等著：《社会发展哲学——中国现代化的理性思考》，高等教育出版社 1999 年版。
45. 高燕宁、卢萍、柳春清著：《当代中国社会发展概论》，人民出版社 2005 年版。
46. 韩庆祥、亢安毅著：《马克思开辟的道路——人的全面发展研究》，人民出版社 2005 年版。
47. 贺善侃著：《当代中国转型期社会形态研究》，学林出版社 2003 年版。
48. 侯衍社著：《马克思的社会发展理论及其当代价值》，中国社会科学出版社 2004 年版。
49. 何中华著：《社会发展与现代性批判》，社会科学文献出版社 2007 年版。
50. 何中华、林聚任主编：《当代中国社会发展研究》第 1 辑，山东人民出版社 2006 年版。
51. 贾高建著：《社会发展理论与社会发展战略》，中共中央党校出版社 2005 年版。
52. 江金权著：《论科学发展观的理论体系》，人民出版社 2007 年版。
53. 林聚任、何中华主编：《当代中国社会发展研究》第 4 辑，山东人民出版社 2009 年版。
54. 李培林著：《和谐社会十讲》，社会科学文献出版社 2006 年版。

55. 李善峰等著：《科学发展观 · 社会建设论》，山东人民出版社 2008 年版。
56. 梁树发主编：《社会与社会建设》，人民出版社 2007 年版。
57. 刘曙光著：《历史决定论和主体选择论》，吉林人民出版社 2006 年版。
58. 刘森林著：《发展哲学引论》，广东人民出版社 2000 年版。
59. 刘森林著：《重思发展——马克思发展理论的当代价值》，人民出版社 2003 年版。
60. 林艳梅著：《历史进步论和历史代价论》，吉林人民出版社 2006 年版。
61. 林娅主编：《全球化与社会发展理论研究》，北京大学出版社 2006 年版。
62. 刘祖云著：《从传统到现代——当代中国社会转型研究》，湖北人民出版社 2000 年版。
63. 刘祖云著：《中国社会发展三论：转型 · 分化 · 和谐》，社会科学文献出版社 2007 年版。
64. 刘林著：《社会发展理论与实践》，黑龙江大学出版社 2010 年版。
65. 庞元正、丁冬红主编：《当代西方社会发展理论新词典》，吉林人民出版社 2001 年版。
66. 庞元正主编：《当代中国科学发展观》，中共中央党校出版社 2004 年版。
67. 邱耕田著：《发展哲学导论》，中国社会科学出版社 2001 年版。
68. 陶传友、窦爱兰主编：《科学发展观的哲学底蕴》，解放军出版社 2008 年版。
69. 田启波著：《发展主义的反思与超越——当代中国发展哲学的替嬗与鼎新》，社会科学文献出版社 2010 年版。
70. 王怀超主编：《社会发展理论研究》，中共中央党校出版社 2002 年版。
71. 王晶雄、王善平著：《社会发展：反思与超越——马克思主义社会发展理论研究》，学林出版社 2008 年版。
72. 徐春著：《人的发展论》，中国人民公安大学出版社 2007 年版。
73. 席大民著：《普遍交往和世界历史理论》，吉林人民出版社 2006 年版。
74. 徐素华著：《论中国化形态马克思主义哲学》，北京文化出版社 2006 年版。
75. 徐伟新著：《新社会动力观》，经济科学出版社 1996 年版。

76. 辛向阳著：《科学发展观的基本问题研究》，中国社会出版社 2008 年版。
77. 夏禹龙主编：《发展在中国的理论与实践》，上海社会科学院出版社 2001 年版。
78. 袁贵仁、韩庆祥著：《论人的全面发展》，广西人民出版社 2003 年版。
79. 袁吉富等著：《社会发展的代价》，北京大学出版社 2004 年版。
80. 袁吉富著：《历史认识论和历史方法论》，吉林人民出版社 2006 年版。
81. 杨信礼著：《发展哲学引论》，陕西人民出版社 2001 年版。
82. 杨信礼等著：《当代社会发展的哲学研究与论辩》，百花洲文艺出版社 2007 年版。
83. 杨信礼著：《科学发展观研究》，人民出版社 2007 年版。
84. 庄福龄主编：《简明马克思主义史》，人民出版社 2004 年版。
85. 郑杭生等著：《转型中的中国社会和中国社会的转型》，首都师范大学出版社 1996 年版。
86. 郑杭生主编：《走向更讲治理的社会：社会进步与社会管理》，中国人民大学出版社 2006 年版。
87. 赵家祥著：《历史过程论和历史动力论》，吉林人民出版社 2006 年版。
88. 张宁主编：《科学发展观与十六大以来的理论创新》，中央文献出版社 2012 年版。
89. 赵小芒著：《科学发展观——马克思主义发展观的创新成果》，人民出版社 2007 年版。
90. 张云飞著：《科学发展观与全面小康》，社会科学文献出版社 2005 年版。
91. 张艳玲著：《论“以人为本”——从马克思的唯物史观到科学发展观》，中国社会科学出版社 2010 年版。
92. 张治库著：《人的存在和发展》，中央编译出版社 2005 年版。
93. 张志伟主编：《西方哲学史》，中国人民大学出版社 2002 年版。
94. ［英］安东尼·吉登斯著：《失控的世界》，周红云译，江西人民出版社 2001 年版。
95. ［美］阿尔温·托夫勒著：《第三次浪潮》，朱志焱、潘琪、张焱译，生活·读书·新知三联书店 1983 年版。
96. ［古希腊］柏拉图著：《理想国》，郭斌和、张竹明译，商务印书馆

1986 年版。

97. ［美］丹尼尔·贝尔著：《后工业社会的来临——对社会预测的一项探索》，高铦、王宏周、魏章玲译，新华出版社 1997 年版。

98. ［法］弗朗索瓦·佩鲁著：《新发展观》，张宁、丰子义译，华夏出版社 1987 年版。

99. ［法］傅立叶著：《傅立叶选集》第 3 卷，汪耀三、庞龙、冀甫译，商务印书馆 1982 年版。

100. ［英］W. H. 沃尔什著：《历史哲学导论》，何兆武、张文杰，北京大学出版社 2008 年版。

101. ［德］黑格尔著：《法哲学原理》，范扬、张企泰译，商务印书馆 1961 年版。

102. ［德］黑格尔著：《美学》第 1 卷，朱光潜译，商务印书馆 1979 年版。

103. ［英］罗素著：《西方哲学史》上卷，何兆武、李约瑟译，商务印书馆 1963 年版。

104. ［英］罗素著：《西方哲学史》下卷，马元德译，商务印书馆 1976 年版。

105. ［美］罗斯托著：《经济增长的阶段——非共产党宣言》，郭熙保、王松茂译，中国社会科学出版社 2001 年版。

106. ［美］塞缪尔·P. 亨廷顿著：《变化社会中的政治秩序》，王冠华、刘为等译，上海人民出版社 2008 年版。

107. ［法］圣西门著：《圣西门选集》下卷，何清新译，商务印书馆 1962 年版。

108. ［英］汤因比著：《历史研究》上册，曹未风译，上海人民出版社 1959 年版。

109. ［美］约翰·奈斯比特著：《大趋势——改变我们生活的十个新方向》，林艳译，中国社会科学出版社 1984 年版。

110. ［美］伊曼纽尔·沃勒斯坦著：《现代世界体系》，尤来寅等译，高等教育出版社 1998 年版。

二 论文类

1. 邴正、钟贤巍:《当代社会发展趋势与中国社会的结构转型》,《北方论丛》2004 年第 5 期。
2. 陈先达:《唯物史观视野中的“以人为本”》,《中国人民大学学报》2004 年第 4 期。
3. 陈先达:《马克思主义的社会形态理论与和谐社会的构建》,《马克思主义研究》2006 年第 9 期。
4. 陈先达:《立足现实构建社会主义和谐社会》, 《党建》2006 年第 11 期。
5. 陈新夏:《马克思人的发展理论的二重维度》,《学术与探索》2005 年第 1 期。
6. 董德刚:《和谐社会理念对唯物史观的应用与发展》, 《理论前沿》2006 年第 5 期。
7. 冯颜利:《社会公正与和谐社会的构建》,《重庆社会科学》2009 年第 8 期。
8. 丰子义:《发展实践呼唤新的发展理念》, 《学术研究》2003 年第 11 期。
9. 丰子义:《深化对社会横向发展规律的研究》,《哲学研究》2011 年第 11 期。
10. 高清海、邴正:《别了,传统理性主义时代——面向 21 世纪的社会发展趋势和社会发展观变革》,《天津社会科学》1993 年第 3 期。
11. 高清海、余潇枫:《“类哲学”与人的现代化》,《中国社会科学》1999 年第 1 期。
12. 黄楠森:《论“以人为本”的思想渊源和科学内涵》,《伦理学研究》2011 年第 3 期。
13. 黄楠森:《马克思主义与“以人为本”——回答以人为本研究中的几点疑问》,《中国高教研究》2004 年第 4 期。
14. 郝立新:《历史辩证法视域中的当代中国社会发展》,《中国人民大学学报》2009 年第 6 期。
15. 何萍:《现代化与马克思恩格斯的东方社会理论》,《山东社会科学》

2003 年第 2 期。
16. 韩庆祥：《关于以人为本的若干重要问题》，《哲学研究》2005 年第 2 期。
17. 韩庆祥、张洪春：《怎样理解以人为本?》《社会科学辑刊》2005 年第 5 期。
18. 韩庆祥：《论“转型与发展”》，《天津社会科学》2010 年第 5 期。
19. 侯衍社：《马克思的社会形态理论辨正》，《烟台大学学报》（哲学社会科学版）2002 年第 2 期。
20. 侯衍社：《马克思主义社会发展理论的最新成果——对全面建设小康社会理论的评析》，《理论学刊》2003 年第 2 期。
21. 贾高建：《关于社会哲学研究的若干思考》，《哲学动态》2011 年第 10 期。
22. 梁树发：《科学发展观与构建中国特色社会主义建设哲学》，《北京行政学院学报》2006 年第 3 期。
23. 梁树发：《和谐思维是一种建设哲学》，《党政干部学刊》2007 年第 9 期。
24. 梁树发：《“以人为本”何以是一个唯物史观的科学命题》，《思想政治教育研究》2009 年第 4 期。
25. 刘森林：《透视唯物史观中的发展主义》，《河北学刊》2005 年第 3 期。
26. 庞元正：《论科学发展观的哲学基础》，《中共中央党校学报》2008 年第 5 期。
27. 庞元正：《论统筹兼顾》，《理论视野》2008 年第 6 期。
28. 邱耕田：《科学发展观：一种代价论视角的分析》，《教学与研究》2008 年第 8 期。
29. 邱耕田：《发展的“拐点”：基于科学发展观视角的分析》，《学习与探索》2009 年第 3 期。
30. 邱耕田：《科学发展精神的六个特征》，《河北学刊》2010 年第 1 期。
31. 邱耕田：《科学发展观与科学发展》，《理论视野》2011 年第 9 期。
32. 任平、陈忠：《当代发展观念的演变及发展趋势》，《教学与研究》1997 年第 6 期。
33. 任平：《新全球化时代的马克思主义：问题、视界与前景》，《苏州大学学报》（哲社版）2000 年第 2 期。
34. 孙晓春：《关于现代化的文化思考》，《社会科学战线》1988 年第 4 期。
35. 吴忠民：《论共享社会发展的成果》，《中国党政干部论坛》2002 年第 4 期。
36. 王金福：《对马克思关于实现人的自由全面发展理论的再思考》，《南京政治学院学报》2010 年第 5 期。
37. 王伟光：《关于构建社会主义和谐社会的若干哲学问题》，《理论前沿》2007 年第 3 期。
38. 王伟光：《深入研究中国发展道路和发展经验　丰富和发展马克思主义社会形态理论》，《中国社会科学》2011 年第 1 期。
39. 王永贵：《论马克思恩格斯的现代化思想》，《马克思主义研究》2001 年第 1 期。
40. 徐崇温：《科学发展观：提出的背景和根据》，《广东社会科学》2008 年第 5 期。
41. 徐崇温：《科学发展观推进了人类发展理论的创新发展》，《毛泽东邓小平理论研究》2010 年第 1 期。
42. 徐舒映：《人的现代化是社会主义现代化的关键》，《聊城大学学报》（社科版）2002 年第 6 期。
43. 杨多贵、牛文元：《跨越三大台阶中国实现可持续发展战略》，《科学决策》2000 年第 5 期。
44. 袁贵仁：《以人为本是科学发展观的核心》，《哲学研究》2005 年第 11 期。
45. 阎树群、张瑞才：《马克思主义社会发展动力理论中国化的历史轨迹与创新成果》，《思想战线》2010 年第 6 期。
46. 杨信礼：《社会发展的哲学审视》，《石油大学学报》（社会科学版）1997 年第 4 期。
47. 杨信礼：《社会发展的动力机制》，《广东社会科学》2002 年第 6 期。
48. 杨信礼：《马克思主义哲学在当代中国发展的新形态——发展哲学研究综述》，《理论学刊》2009 年 11 月。
49. 庄福龄、杨奎：《科学发展观：邓小平社会发展理论的时代创新》，《理论探索》2006 年第 5 期。

50. 庄福龄：《论马克思主义发展观及其在新世纪的理论升华》，《教学与研究》2007 年第 1 期。
51. 庄福龄：《马克思主义中国化进程中发展观的演变与创新》，《理论视野》2007 年第 4 期。
52. 郑杭生：《关于和谐社会建设的几个问题》，《江苏社会科学》2005 年第 5 期。
53. 赵成、梁树发：《论科学发展观对马克思主义社会发展理论的新发展》，《思想理论教育导刊》2004 年第 11 期。
54. 赵家祥：《社会发展动力的层次分析》，《教学与研究》2002 年第 5 期。
55. 赵家祥：《马克思人的本质理论的历史演变》，《党政干部学刊》2011 年第 4 期。
56. 张奎良：《“以人为本”的哲学意义》，《哲学研究》2004 年第 5 期。
57. 张奎良：《辨析以人为本的人》，《学术交流》2006 年第 1 期。
58. 张奎良：《关于马克思人的本质问题的再思考》，《哲学动态》2011 年第 8 期。
59. 张新：《论科学发展的本质和规律》，《教学与研究》2010 年第 3 期。
60. 张云飞：《当代中国社会建设的科学理论自觉》，《理论学刊》2010 年第 8 期。

后　记

本书是在我的博士学位论文的基础上修改、整理出版的。承蒙重庆社会科学院学术委员会与“重庆社会科学院、重庆市人民政府发展研究中心丛书”编委会厚爱，将本书列为出版资助项目。看着即将出版的书稿，思绪万千，感念甚多。

我要感谢我的博士生导师梁树发教授，恩师在课堂上对我的谆谆教导，在生活中给我的无私关怀，让我终生难忘。恩师高尚的人格、渊博的学识、严谨的治学态度，让我感佩不已，是我一生学习的榜样。在博士学位论文的撰写过程中，从论文选题、拟定提纲、组织材料到定稿，无不凝结着恩师的心血。我还要感谢庄福龄教授、马绍孟教授、曾枝盛教授、侯衍社教授对我的谆谆教导，他们深厚的理论修养、孜孜不倦地追求真理的精神深深地启发着我、影响着我，让我受益终生。

中国社会科学出版社马克思主义理论出版中心田文主任和各位编辑为本书的出版给予了很大帮助，在此对她们的支持与辛勤劳动表示真挚的感谢。

由于学识和水平有限，疏漏之处在所难免，恳请各位专家、读者批评指正。

邓龙奎
2015 年 6 月 28 日